献给恩师李洁教授

本书出版得到以下项目资助：

教育部人文社会科学一般项目"遏制重刑：从立法技术开始（08JA820013）"

遏制重刑
从立法技术开始

王志远　吴亚可　沙　涛◎著

CONTAINING
HEAVY PENALTY
Starting with Legislative Technology

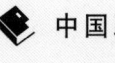

中国政法大学出版社

2020·北京

图书在版编目（ＣＩＰ）数据

遏制重刑：从立法技术开始/王志远，吴亚可，沙涛著. —北京：中国政法大学出版社，2020. 1

ISBN 978-7-5620-9346-6

Ⅰ.①遏… Ⅱ.①王… ②吴… ③沙… Ⅲ.①刑法－立法－研究－中国 Ⅳ.①D924. 02

中国版本图书馆CIP数据核字 (2019) 第278677号

出　版　者	中国政法大学出版社
地　　　址	北京市海淀区西土城路 25 号
邮寄地址	北京 100088 信箱 8034 分箱　邮编 100088
网　　　址	http://www.cuplpress.com (网络实名：中国政法大学出版社)
电　　　话	010-58908289(编辑部) 58908334(邮购部)
承　　　印	固安华明印业有限公司
开　　　本	880mm×1230mm　1/32
印　　　张	9
字　　　数	230 千字
版　　　次	2020 年 1 月第 1 版
印　　　次	2020 年 1 月第 1 次印刷
定　　　价	46.00 元

祭那份未完成的使命

"遏制重刑：从立法技术开始"原本是吉林大学法学院李洁教授主持的编号为"08JA820013"的教育部人文社会科学一般项目之课题名称。该项目与其后的国家社会科学基金重点课题"刑罚体系与结构改革研究"（13AFX009）一起，承载了先生的一份学术使命：对我国刑事立法和立法理论进行合理性反思。直至如今，先生念念不忘的还是"单纯限权思想指导下的刑法立法有损公正"。

毫无疑问，从规则体系建设的角度来看，改革开放四十多年来我国刑事立法无疑取得了巨大的成功：无论对于执法者、裁判者而言，还是对于社会一般公民而言，有法可依的历史任务，可以说基本得到了实现。然而同样不可否认的是，刑法规则的设定和运行，并非仅仅旨在制定和贯彻规则本身，更为重要的是规范内化，让社会一般民众和其他各类社会主体形成良性的规范意识，自觉依法守法。这一宗旨的实现，需要的是法的合理与公正，以及由此带来的法的权威性、公众对法的尊重和自觉遵从。如果在不必要动用刑罚的场合动用刑罚，或者是不当地动用刑罚，都会使刑法的可信赖性受到损害，进而损害刑法的权威，造成规范内化无从谈起。

站在合理性或者说法公正的视角予以观察，我国现行《刑法》既存在立法理念不当的问题，也存在立法技术运用方面的问题，而且这两方面的问题往往具有相互贯通性。一个重要的表现是，我国当前刑事立法较为片面注重对司法权的限制，采取了过度具体化的立法技术，因而可能带来较不合理的司法适用结论。诚然，罪刑法定原则的基本理念之一，就是保证法的明确性，以限制司法权的滥用。但是，一旦限权思想被过分强调，法的明确性就将被法的具体确定性所替代。以抢劫罪的刑罚升格条件设定为例，我国《刑法》第 263 条规定，以暴力、胁迫或者其他方法抢劫公私财物的，处 3 年以上 10 年以下有期徒刑，并处罚金；有下列情形之一的，处 10 年以上有期徒刑、无期徒刑或者死刑，并处罚金或者没收财产：①入户抢劫的；②在公共交通工具上抢劫的；③抢劫银行或者其他金融机构的；④多次抢劫或者抢劫数额巨大的；⑤抢劫致人重伤、死亡的；⑥冒充军警人员抢劫的；⑦持枪抢劫的；⑧抢劫军用物资或者抢险、救灾、救济物资的。可见，我国《刑法》对于抢劫罪的刑罚调整条件的设定显然采取了具体明列的立法方式，由此带来了三个需要注意的倾向性特征：其一，抢劫罪刑罚调整的绝对性，即只要具备《刑法》第 263 条所描述的 8 种情况之一，刑罚绝对升格为 10 年有期徒刑以上。其二，抢劫罪刑罚调整的排他性，即只要具备上述 8 种情况之一，刑罚绝对升格，不再考虑其他因素的影响。其三，抢劫罪刑罚调整的同一性，即立法者将上述 8 种情节在社会危害程度上等价视之。

　　针对抢劫罪法定刑调整条件设定以上三个特点，笔者曾经指导研究生做过一个实证调查。[1] 通过对社会一般人外行法直感的实验调查和分析，无论是抢劫罪法定刑调整条件设定的绝对性、排他性还是同一性，均不具有合理性。其中一个有代表性的情境和实验结论表明：行为人为了给重病的母亲筹集手术费用，潜入陋室抢劫少量财物，依法应被判处最低10年有期徒刑，这样的裁判虽然符合法律规定，但是却违背了社会一般人的正义观。这一情景同时证明，将具备法定入户情节的抢劫行为法定刑绝对升格到10年有期徒刑以上是不妥当的；而不考虑法定情形以外的量刑情节，如行为动机，也是不妥当的。该调查所得数据的SPSS分析结论也表明，人们对于8种法定加重处罚情节的社会危害性程度和应给予的加重惩罚程度存在显著差异，因此证明将它们等价视之并不妥当。

　　其实抢劫罪刑罚调整条件之具体明列设定的不合理性，也可以通过规范分析得到印证。众所周知，刑罚应与行为的社会危害性程度相适应，而行为的社会危害性程度的评价应当根据不同犯罪的具体情形进行综合性的判断。就此而言，我国抢劫罪的法定刑罚调整模式不符合这一原则，缺乏合理性。而具体到抢劫罪刑罚调整的绝对性，入户抢劫中的"入户"，因为增加了对居住安宁权的侵害，且对人身法益侵害程度有所加深，所以适当提高法定刑无可厚非，但比较而言，非法侵入住宅罪的社会危害程度最高也不过3年有期徒刑，考虑入户对人身法

────────────

〔1〕 参见刘慧："抢劫罪单一化法定刑升格条件立法评判"，吉林大学2015年硕士学位论文。

益侵害程度的加深，也不能与 4 年有期徒刑相对应。所以一个入户因素导致法定刑跃升 7 年有期徒刑，显然不合理。

过于具体的立法技术运用所导致的问题绝非个案，罪名设定上的同质行为过度分立，也是其中一个典型例证。[1] 所谓"罪名设定上的同质分立"，是指立法者基于特定规整目的的需要，将具有相同性质的行为分立为不同各罪罪名。根据分立设罪时所考虑的具体因素，可以将我国的同质分立设罪现象分为四种情形：同质行为手段分立、同质行为对象分立、同质行为主体分立及同质行为混合（因素）分立。而我国现行刑法分则中的"同质分立"共涉及 16 种行为，包括"窃取""骗取""滥用职权""叛逃""侵占""失职""生产、销售伪劣产品""走私""违反安全注意义务""过失致人重伤""过失致人死亡""为境外窃取、刺探、收买、非法提供国家秘密行为""买卖枪支弹药、爆炸物罪行为""夺取""虐待"及"行贿"；涉及的罪名共有近 90 个。同质分立的罪名设定模式，在司法实践中导致了大量的不合理结论。其中最为典型的就是罪质消融。所谓罪质消融，指的是基于同质行为分立设罪后的可能条文逻辑，原本具有犯罪性的行为在司法实践中却被不当地不予追究的情况。例如，对利用职务便利窃取公共财物的国家工作人员，如果不符合贪污罪成立之定量要求，不再考虑其是否成立盗窃罪的问题。

在我们看来，限权、确定和逻辑自洽只是实现法公正的手

---

〔1〕 具体可参见王志远："论我国刑法各罪设定上的'过度类型化'"，载《法学评论》2018 年第 2 期。

段和保障而已，相对于过分明确的立法设定以限制司法权，刑法立法的命脉更在于公正，如果脱离了公正，法形式上的稳定、法官自由裁量范围的缩小，不但无助于全社会规范意识的普遍性养成，更是有损于法治的真正实现。这一点在李洁教授2009年发表的《遏制重刑：从立法技术开始》一文中也得到了充分的强调。然而，片面限权思想主导下的过度具体化立法设定，只是我国现行刑法立法的不合理表现形式之一。除此之外，规范目的考量的缺失、制度实现方式选择不当等问题也不容忽视。概言之，由于忽视了"法的规范目的"在立法过程中的规范性指引作用，理论上也缺乏对特定制度的"法规范目的"及其实现方式进行合理性设计的相关思考，立法上往往倾向于从经验常识意义上选择应受《刑法》规制的社会现象、设定司法适用条件的"事实特征"，因而导致众多的立法争议和司法实践困境。

以共犯处罚条件的设定为例。在刑法理论上，刑法分则具体个罪所处罚的危害行为被称为"实行行为"，而与之相对应的，需要靠共犯制度为其提供处罚依据的就是"犯罪参与行为"，典型的如帮助犯、教唆犯。应当说，现代共同犯罪制度是为了解决犯罪参与行为的处罚条件和处罚原则而存在和发展起来的刑法制度。从这种规范需要意义上，共犯处罚条件设定实际上并不需要过分关注参与犯罪的实行行为人的处罚条件问题，也不需要根据犯罪参与者之间的"相互关系"来设定犯罪参与人的处罚条件，只需要根据参与行为的具体样态来设定犯罪参与人的处罚条件。相对于我国《刑法》第25条参与犯处罚条件的"主体间"设定模式，规范考量下的共犯处罚条件设定更应当采取上述"单方化"模式。[1] 我国刑法立法以"共同犯罪关系"这一核心因素为犯罪参与人预设的先决性刑罚处罚条件，存在显著的缺陷，导致了一系列的实践困境。概言之，主要包括以下两种类型：一类是刑事政策上的应对困境；另一类是逻辑论证困境。

所谓刑事政策上的应对困境，通俗地讲就是指立法逻辑所导向的处罚或者不处罚结论不符合立法所秉持的刑事政策要求，具体有以下三个方面的体现：①"共同犯罪关系"制度逻辑可能导致实践中不当扩大共犯的处罚范围。众所周知，我国传统共犯理论和实践是从客观的"共同犯罪行为"和主观的"共同犯罪故意"两个方面对"共同犯罪关系"这一事实特征进行分析的。从其实践效果来看，这种分析方式对于上述两个要素的把握往往失之宽泛，从而把一些仅具有日常生活意义但不具有类型化危害特征的参与行为也包含于处罚范围之中。②网络世界中的共犯制度适用不能。在日常生活情境之下，具备犯罪主体适格条件者对共同施害者的刑事责任能力缺乏认识，与不具备刑事责任能力的人共同施害时，我国刑事司法者通常会对具有刑事责任能力的犯罪参与人按照间接正犯予以处罚。这种问题处理方式泛化使用了"间接正犯"这一概念，但尽管如此，"泛化"充其量会导致司法逻辑论证上一定程度的困境，尚不足以影响到实践中的处罚不能。然而如果我们把上述情况放到网络情境中，则着实会导致政策性的处罚不

---

〔1〕 参见王志远：《共犯制度的根基与拓展：从"主体间"到"单方化"》，法律出版社 2011 年版。

能困境。因为在这种事件发生情境之下，具有刑事责任能力的犯罪参与人往往根本不可能知道其"合作者"的年龄、精神、生理状况，在主观犯罪意图上也就根本不可能被评价为存在利用并且控制后者危害社会的意思，于是，运用间接正犯这一范畴解决问题的可能性也就被彻底排除了。而更值得我们深思的是，试图适用共犯制度解决这种情势的可能性原本根本不存在。③最后，在片面共犯的情况下，我国共犯成立所要求的"共同犯罪参与人"之间的相互意思联络并不存在，因此所谓"片面参与者"无论如何都不能满足与其他犯罪参与人形成"共同犯罪关系"的条件，因此可以说，从我国共犯制度设定当中根本不可能求得片面共犯的处罚条件。

所谓逻辑论证困境，则是指尽管现有的参与犯处罚条件规定没有造成对某种特定的犯罪参与行为的实践处罚不能，但是按照现有制度逻辑论证说理时存在明显逻辑演绎障碍的情况。有以下四种典型表现：其一，由于"共同犯罪关系"这一核心事实特征不当地限制了共犯制度的适用效能范围，这导致了间接正犯概念的实践适用泛化现象。刑法理论上之所以能够将间接正犯与实行行为者作同等看待，是因为利用者，也即间接正犯对被利用者行为的支配性作用的存在。而目前，我国司法实践中忽视上述支配性因素使用这一概念是相当普遍性的情况：如不满足刑事责任能力要求的人与满足刑事责任能力要求的人共同实施犯罪行为，后者往往会被评价为间接正犯；再如，学界一种颇为有力的观点将片面共犯人解释为间接正犯予以处罚，而现实中片面共犯者对于犯罪进程往往缺乏支配性的控制作用；还有，在具有某种特定身份者帮助无此身份者实施只有前者才能构成犯罪的危害行为时，有理论观点将有身份者认定为利用有故意但无身份的人作为犯罪工具而构成的间接正犯，而无身份者则相应地被解释为间接正犯的帮助犯。且不论这时的有身份者是否有对无身份者行为的支配控制作用，将事实上完成了实行行为的无身份者解读为帮助犯就足以让人感到费解了。其二，同样地，由于我国当前共犯制度的适用范围被制度逻辑限定在过于狭窄的空间内，单纯教唆、帮助自杀行为这种原本就不属于杀人罪实行行为的情况在实践中出于无奈一般被解释为实行行为。这种处理方式显然打破了犯罪实行行为与参与行为的观念界限，而我国总则性共犯制度——为犯罪参与行为设定不同于实行行为的处罚条件和处罚原则——得以存在的根基正是"类型化地界分参与犯与实行犯"这种理念。其三，当前我国刑法理论上所谓"结果加重犯的共犯"问题的处理方式中，存在不当运用"共同犯罪关系"所包含的主体间逻辑的现象，从而导致前者问题解决过程中论理上的不畅。对于这个问题，我们认为应然的解决路径是，抛弃主体间共犯关系思维，将问题阐述逻辑从"结果加重犯的共犯"转变为"共犯的结果加重犯"，对"基本犯当中的特定共犯人是否应该对结果负责任"这一问题予以直接的考虑。其四，《刑法》第25条第1款所设定的统摄全部参与犯的主体间处罚条件设定与《刑法》第29条第2款规定予以处罚的但不存在"共同犯罪关系"的单纯教唆犯之间存在逻辑相互关系的困境。

因此，我们必须认真对待"法的规范目的"的合理设定问题，并根据其最有效的实现方式对《刑法》所要规制的客观社会现象进行规范性的选择与评价。然而，沿着强调法公正的思路，立法反思之路并不会到此为止：我国《刑法》中的惩罚措施设定是不是合理呢？在跨度相当长的时间里，李洁教授曾经对罚金刑和没收财产刑的现有规定进行了系统性的深刻反思。[1] 尽管在某些具体层面上，我与先生有不少的分歧，但是可以肯定的是，我国现行《刑法》当中的刑罚设定的确存在许多可反思和完善之处，比如制裁方式的多元化建构是否可行、如何可能，刑罚在应然的多元制裁体系当中应当占据何种重要程度，罚金刑是否应当具有剥夺功能、必并罚方式是否合理，等等。

如果说我国现行《刑法》的反思与完善是一个有意义的方向，那么我们需要采取一种综合的视角，对立法技术和立法理念两方面的问题进行研究。本书正是以"遏制重刑"为问题指向，结合立法理念对必然或者可能导致重刑的立法技术进行分析，试图找出我国重刑化的技术原因，并提出完善路径。我们认为，立法技术在造成刑法重刑化方面起着重要的、直接的作用。具体而言，犯罪成立条件、共同犯罪立法、犯罪未完成形态、拟制规定等所运用到的立法技术，以及附加刑适用方式、法定最高（低）刑立法规定、罪刑阶梯立法规定等所运用到的立法技术，均在直接意义上造成了现行《刑法》的重刑化。要改变我国现行《刑法》存在的重刑化问题，就有必

---

〔1〕 参见如李洁："罚金刑适用若干问题研究"，载《吉林大学社会科学学报》2000 年第 5 期；李洁："罚金刑之数额规定研究"，载《吉林大学社会科学学报》2002 年第 1 期；李洁："论一般没收财产刑应予废止"，载《法制与社会发展》2002 年第 3 期等。

要从立法技术角度对之进行改变，从而使我国的刑事立法走上科学化、合理化的道路。

需要说明的是，该书实际上是李洁教授 2008 年教育部人文社会科学一般项目的最终结项成果，但是由于某些原因，它实际上由本人和吴亚可、沙涛两位博士共同完成并结合最新成果予以完善。考虑到即将出版成果的理念和内容在很大程度上与李洁教授的观点不一致，本着文责自负的原则，我们并没有将李洁教授列入作者名单。但是，这并不代表我们对先生一直坚持的立法论研究方向有丝毫的质疑。我们仍然会以"法公正"和"规范内化"为基石理念，努力拓展研究路径，坚持不懈地为我国刑事实体规则建设的完善而努力。

最后，我还要向对书稿的校对做出贡献的邹玉祥博士表示衷心的感谢，同时也对那些一直支持和鼓励我的师长、好友表达谢意。人生苦短，何不畅快于学术狂想?！幸有同行人！

王志远

2019 年 2 月 17 日谨识

于中国政法大学学院路校区办公室

目 录
CONTENTS

中国刑法的重刑化品性

刑法作为规定犯罪与刑罚的人类制度性创造物,其运行的最终目的是在对行为人所实施之行为准确定性的基础上,将适当的刑罚施加于其身,以此证成自身的有效性和权威性,进而向守法的普通国民宣喻他们遵守刑法规范的行为是正确的行为,是应当予以提倡的行为,而违反刑法规范的行为则是错误的行为,应当作为不值一提的东西从其日常社会生活行为中排除,以此实现对于社会秩序稳定性的维护和对于国民自由权利的保护。由此,从刑法评价客体和适用对象的角度进行考察,刑事法律后果施加的合理与否将直接成为行为人和普通国民(普通国民作为守法的主体,同时亦可能是潜在的犯罪人)最为关注的一个重要问题。在此意义上,作为法律后果施加前提的刑法规范自身内容规定的合理性的重要性就凸显了出来。因为,刑法规范自身所规定之内容是否科学、合理、妥当,将在直接意义上表征着行为人是否会受到与其实施之行为所具有的社会危害性程度相匹配的惩罚,关涉刑法规范自身的可接受性和道德可信赖性,影响着国民是否会认可、接受实定化的刑法规范,以及是否会依据实定化的刑法规范安排自己的行为计划。

在此种认识前提下,让我们将目光转向现行《中华人民共和国刑法》(以下简称《刑法》)。众所周知,我国现行《刑法》自 1997

年全面修订、颁布施行以来，在 20 年的时间里，国家最高立法机关对其作出了 10 次修正，通过了 10 部《刑法修正案》，其中，所涉修改范围既包括对定罪规则的完善，亦包括对量刑规则的调整等。不可否认，对于现行《刑法》所作出的 10 次修正，在一定意义上均是刑法立法者在把握社会变化发展规律，迎合社会现实发展需要和满足国民现实生活需求的基础上所作出的修正，带来了现行《刑法》所规定之内容的渐趋科学、合理、完善。然而，根据我们的观察和思考，现行《刑法》在取得进步的同时，自身仍然存在一些较不科学、不合理的地方。换句话说，我国现行《刑法》之"功"无法遮蔽其之"过"。其中，一个突出的表现就是其在一定意义上呈现出了重刑化的品性和特点。

我国现行《刑法》中存在着一些（可能）会使行为人遭受不适当、与其实施行为不相匹配之惩罚的内容规定，表征着现行《刑法》的重刑化倾向，与刑罚轻缓化这一全球性刑罚发展趋势相背，在一定程度上阻碍着国民对于现行刑法规范的认可、接受和遵从。因此，在"刑法规范如何才能够获得国民的认可和信赖"这一问题意识的导引下，对我国现行《刑法》所规定之内容中呈现出重刑化品性的立法事实进行揭示，并分析其存在的缺陷就成为对其做出调整、完善时须予先行分析和思考的问题，因为缺少对于该问题的认识和揭示，必将导致研究对象的错误设置。本章我们将研究的重点放在了对上述问题的思考和论证之上。

第一节　刑法重刑化品性的判断基准问题

刑罚在本质上是一种恶，并且是一种必要之恶，是对犯罪这种恶害的对应性恶果。一般而言，为了保护社会的利益（这种社会利益的基本内容应该是为了个体利益的保护，社会不应该有脱离个体利益需要的整体利益，因为社会是为个体存在而不是相反），对于侵害了社会利益的个体，国家就应该有必要的反应形式，这种反应的最激烈的方式就是刑罚（抛开作为广义惩罚形式的战争）。因而以国家的名义剥夺国民一定的权利是应该予以肯定的，而且现在世界上所有国家都在以法的名义剥夺国民的部分权利。[1] 纵观中外刑罚的发展历史，我们不难发现，随着公正报应观念的日益深入人心，作为规定犯罪法律后果的刑罚法规经历了从感性走向理性，从同态报应走向同质报应再到公正报应的发展历程，在整体上呈现出一种向轻缓化方向发展的趋势和潮流。简而言之，在奴隶制社会，生命刑、身体刑在整个刑罚体系中占据着绝对性的地位；到了封建社会，自由刑在刑罚体系中的地位有了一定程度的提高，虽然死刑的适用范围仍然比较大，但是相对于奴隶制社会的刑罚而言，这样的变化在一定意义上还是体现出了刑罚轻缓化的发展趋势；到了自由资本主义时期，随着资产阶级启蒙思想家提出的自由、平等、人权等观念的广泛传播和日益深入人心，作为刑罚体系组成部分的生命刑、身体刑大量地被自由刑所取代，使得刑罚进一步向着轻缓化的方向发展；到了近现代，特别是现代，在世界各国，身体刑、肉刑基本已经被废止了，甚至一些国家明确废除了生命刑，并且自由刑的刑期在一定程度上大幅度减少，与之相反，财产刑的规定和适用比例却不断得到提高。上述对刑罚发展史作出的简单概括使我们认识到，刑罚体系和结构的改变从不同侧面反映出了刑罚法规朝着轻缓化方向前进的趋势。

　　然而，上述说明只是从宏观的世界视角，对刑罚的发展演变历程进行分析考察之后所得出的结论。在我们看来，这样的概括结论只具有一般的性质，并不必然说明我国当代的刑罚法规在静态上呈

---

〔1〕　李洁：《论罪刑法定的实现》，清华大学出版社 2006 年版，第 175 页。

现出的是何种品性。换言之，具体到当代中国，规定刑罚的现行法规究竟呈现出何种品性？是轻缓化，还是重刑化，抑或是轻重适中？这并不能从一般意义上得到答案。对于这一问题，国内刑法学者基于各自不同的学术立场和观察视角给出了不相一致，甚至是完全相反的回答。例如，有轻刑化论者认为，2011 年 2 月 25 日第十一届全国人大常委会第 19 次会议通过了《刑法修正案（八）》。与以往历次刑法修正相比，死刑改革、完善未成年人及老年人从宽处理规定、完善非监禁刑，推动了刑罚的轻缓化。[1] 然而，如果对此种观点进行仔细分析的话，我们不难发现其有以偏概全的嫌疑，因为这仅仅是从死刑这一种刑罚种类和非监禁刑适用条件的变化等得出的结论，而不是根据整体性的刑罚法规作出的分析。不可否认，学界评价赞誉度较高的《刑法修正案（八）》确实在限制死刑等方面做出了重大的贡献，减少了死刑适用的罪名，对刑罚结构也做出了一定程度的调整。但是，在目前我国仍然保留死刑的现状之下，提高有期徒刑的法定刑幅度却有导致刑罚整体趋重的危险。正如有学者认为的那样，"我国的生刑并不轻，提高生刑期限是回归重刑的体现，与刑罚轻缓化的趋势背道而驰，提高生刑期限将导致刑罚过剩，与刑法谦抑性原则相悖。"[2] 因此，我们认为，上述论述并不能必然得出我国现行《刑法》符合刑罚轻缓化的发展趋势的结论，也无法判断我国现行《刑法》究竟是呈现出何种轻重品性。

而有重刑化论者则认为，在立法上，由于我国的现行刑罚制度仍然是以死刑和自由刑为中心的重刑结构，而西方国家大多实行的

---

〔1〕 参见刘艳红："刑罚轻缓、人权保障与《刑法修正案（八）》——以相关国际公约为蓝本的分析"，载《法学家》2011 年第 3 期，第 36 页。

〔2〕 刘宪权："限制或废除死刑与提高生刑期限关系论"，载《政法论坛》2012 年第 3 期，第 85 页。

是以自由刑和财产刑为中心的轻刑结构。[1] 对于该种观点，我们有条件地保持赞同，因为这种横向对比的分析方法确实能够在一定范围内得出我国现行《刑法》比西方大多数国家要重的结论。但与此同时，我们也认为，根据这种横向对比的分析方法所得出的结论却具有一定的相对性，一旦转换观察视角和思维方式，就不能必然得出我国现行《刑法》具有重刑化品性的结论。诚如有论者认为的那样，"这种论断过于武断、僵化，没有看到刑罚轻重的变迁性。一则刑罚轻重密切关联于刑法的严密性，只有刑法严密性大致相同的国家，刑罚轻重才有可比性。"[2] 毕竟，每个国家的国民所具有的基本价值观念不同、社会治安状况不同、法治发展程度不同，以及国家一定时期内重点防范和打击的犯罪不同等，其刑法立法就会具有一定的倾向，并且所立之法也会有所不同。因此，可以说，前述学者所采用的分析路径是具有一定局限性的，不是说其没有道理，而是说其论证的角度并不全面，缺乏一个明确的判断基准。

　　此外，还有人从刑罚的适用方式、数量和幅度的角度进行分析，认为由于我国现行《刑法》规定的主刑都是以剥夺、限制人身自由为主要内容的刑罚方法，而附加刑虽然不以剥夺人身自由为内容，但是由于其适用方式大部分都是必并式，这就造成在适用中对行为人的处罚更加具有严厉性。同时，从现行《刑法》规定的刑罚数量的角度来看，由于我国《刑法》分则所规定的犯罪中，配置死刑的罪名有 55 个，配置无期徒刑的罪名有 100 个，配置 3 年以上有期徒刑的罪名有 367 个，因此得出我国现行《刑法》对于绝大多数犯罪都配置了重刑的结论。最后，从《刑法》分则规定的法定刑幅

---

[1]　朱勇："轻刑化简论"，载《沈阳工程学院学报（社会科学版）》2008年第 3 期，第 380 页。

[2]　张立刚："中国刑罚轻重辨——以《刑法修正案（八）》为视角"，载《云南财经大学学报（社会科学版）》2011 年第 5 期，第 125 页。

度来看，由于现行《刑法》规定的法定最高刑过高，法定最低刑设置也过高，由此导致了刑罚趋重。[1] 对于此种观点，本书是比较认同的，其设定了一个对我国现行《刑法》进行分析所采用的判断标准，从刑罚的适用方式、数量和刑罚幅度的角度进行评判。但是，本书认为其设定的标准过于单一化，并不能得出令人信服的结论。诚然，从刑罚这一角度进行分析，可以在一定范围内得出我国现行《刑法》的重刑化品性。但是，刑罚作为对犯罪人的一种报应，其应当与行为人实施的犯罪行为的社会危害性程度相适应，因此，如果从刑罚的适用这一角度而言，我们并不能盲目地得出我国现行《刑法》规定的必并制就一定会导致对犯罪人的过分剥夺的结论，因此也就不能得出我国现行《刑法》的重刑化品性的结论。并且，这种观点的分析路径本身也存在一定的不合理之处，那就是，其以刑罚种类的数量来反映我国现行《刑法》是否呈现出重刑化的品性。但是，数量本身是否能够反映出我国现行《刑法》是重刑化的刑法是存在疑问的。也就是说，究竟多少数量的死刑、无期徒刑和3年以上有期徒刑能反映出我国现行《刑法》具有重刑化品性，在这一问题上标准是相对模糊的。甚至按照这样的分析路径我们完全可以得出相反的结论，即我国现行《刑法》中轻刑的数量是占大多数的，那么，我国现行《刑法》就是一种轻刑化的刑法！

而轻重适中论者则认为，《刑法修正案（八）》轻其轻者，不能误读为轻刑化将成为我国《刑法》改革的方向；《刑法修正案（八）》重其重者，也不能认为是重刑主义，而毋宁看作是与社会犯罪现实相适应的刑罚严密化过程，轻轻重重，轻中有重，重中有轻，《刑法修正案（八）》较好地体现了宽严相济刑事政策的精神

---

〔1〕 宋伟卫、韩玫："'整体趋轻、单极发展'：我国刑罚结构改革的基本方向"，载《河北法学》2014年第3期，第79页。当然，《刑法修正案（九）》再次削减了9个死刑罪名。

实质……并不是一味的重刑主义，也不是无原则的轻刑化。[1] 此种观点可以说是从应对犯罪的需要得出我国现行《刑法》轻重适中的结论。但是，我们认为，其缺乏一个明确的判断标准，即何种犯罪需要从轻处罚、什么犯罪需要从重处罚并不明确。

不可否认，上述论者的不同观点在其逻辑体系内可以说均具有相当合理的一面，因此我们不能盲目地对其观点进行否定。但是，我们也不能一味地不加思考就加以赞同支持，而是应当看到其中不合理的一面。要害之处在于，他们对我国现行《刑法》究竟呈现出何种品性所做出的结论并不是在一个共同前提和对话平台之上进行分析所得出的结论。因此，我们认为，要想对我国现行《刑法》的轻重品性作出正确、合理的判断结论，首先就必须明确对其进行判断的基准到底应当是什么，并且这一判断基准应当是一种共识性的判断基准。因为，如果没有一个明确的、共识性的判断基准，那么所得出的判断结论就是基于不同的观察视角，在不同的分析路径之上各说各话，并且缺乏进行交流所必须的对话平台而无法令人信服。基于此种认识，我们尝试着搭建一个共识性的、与其他学者进行对话的平台。在我们看来，包括刑法在内的整个法律体系都是人类的"目的理性"的产物，因此，我国《刑法》轻重品性的判断标准亦应当根据刑法的目的理性本质予以确定。

关于法的目的理性本质，德国著名法学家鲁道夫·冯·耶林（Rudolf von Jhering）曾经在其享有盛誉的《法的目的》一书中指出："根据我的理解，所有的风俗性规范（道德）和制度的最终原因是社会实际目的，其次是一个无法抗拒的强制性暴力，人类不需要一个最低限度的风俗以获得他们之所需。客观习惯的力量，也就是说通过三种社会命令的形式——法律、道德和习惯——而得以实现的社会秩

---

[1] 张立刚："中国刑罚轻重辨——以《刑法修正案（八）》为视角"，载《云南财经大学学报（社会科学版）》2011年第5期，第127页。

序是建立在实际的不可获取之上……"〔1〕 在其《法律，实现目的的手段》一书中，耶林则写道："本书的基本观点是，目的是全部法律的创造者，每条法律规则的产生都源于一种目的，即一种事实上的动机。"〔2〕 耶林试图告诉我们的是，任何法的设置、法学理论无非都是为解决人生问题而提供的各种生活样法的反映或者以此为基础的创造。由此我们认为，尽管具体的制度设计千差万别，但是有一样是肯定相同的，那就是人类的目的，任何法律制度设置都可以还原为经验上困境的解决。自 20 世纪以来，许多法学理论家都尝试借助"目的"因素来求得对形式法律思维的突破以及法律论证的合理化效果。例如，美国学者史蒂文·J. 伯顿（Steven J. Burton）就指出，规则与判例确立合法行为的标准，这些标准应当有助于把我们的生活世界塑造得更好。做到这一点，规则和判例就会实现美好社会的法律理想。换句话说，法律含有目的：他们贯彻良好的原则和政策……法律目的是用来裁决新问题所必需的，它把每个判决与相关的判例和制定法材料，连同法律惯例，一起协调起来，有助于实现更有序、更公正的社会的法律理想。〔3〕 美国著名法官卡多佐（Benjamin N. Cardozo）也曾指出，无论是通过此渠道还是彼渠道，或者既通过成文法又通过先例，所确立起来的规则，经公正评判，其运行已不能实现法律服务的目的时，就必须予以修正。〔4〕那么，刑法的目的理性本质到底应当如何界定呢？

我国《刑法》第 2 条规定：中华人民共和国刑法的任务，是用

<hr>

〔1〕 ［德］N. 霍恩：《法律科学与法哲学导论》，罗莉译，法律出版社 2005 年版，第 9 页。

〔2〕 张智辉：《理性地对待犯罪》，法律出版社 2003 年版，第 3 页。

〔3〕 参见 ［美］史蒂文·J. 伯顿：《法律和法律推理导论》，张志铭、解兴权译，中国政法大学出版社 1998 年版，第 116~138 页。

〔4〕 ［美］本杰明·N. 卡多佐：《法律的成长 法律科学的悖论》，董炯、彭冰译，中国法制出版社 2002 年版，第 67 页。

刑罚同一切犯罪行为做斗争，以保卫国家安全，保卫人民民主专政的政权和社会主义制度，保护国有财产和劳动群众集体所有的财产，保护公民私人所有的财产，保护公民的人身权利、民主权利和其他权利，维护社会秩序、经济秩序，保障社会主义建设事业的顺利进行。有学者认为该规定表明我国《刑法》的目的是保护法益，其理由在于各种犯罪都是侵犯法益的行为，运用刑罚与各种犯罪行为做斗争，正是为了抑止犯罪行为，从而保护法益；刑罚的目的是预防犯罪，之所以要预防犯罪，是因为犯罪侵犯了法益，预防犯罪是为了保护法益，这正是《刑法》的目的。保护法益说可以被认为是当前我国学界关于刑法目的问题的主流观点。[1] 有学者则提出刑法的目的具有相对性，论者认为，刑法目的存在现实目的和最终目的两个层次。稳定规范，确保规范的适用，是刑法的现实目的；保护法益则是刑法的最终目的。就当下而言，我国正处在社会变革和转型的时期，再加之权利关系不明确、民众对规范信赖感不强，应特别重视规范的有效性即需要动用刑罚来证明违反规范的行为是错的，所以现阶段刑法的目的应是稳定规范。[2]

就学界研究而言，关于刑法目的理性本质观的争议体现在违法本质观的争议当中。众所周知，刑法所规制的是犯罪，犯罪即是刑法上的违法行为。关于违法性实质的看法在我国学界也长期处于争议当中。对于实质违法性有两种较为流行的观点：一种是"结果无价值论"，它认为违法性的本质是法益侵害，与"保护法益"刑法目的紧密相联；另外一种有力的学说是"二元的行为无价值论"，它认为对于违法性的判断，应当以结果无价值论为基础，同时作为

---

〔1〕　参见张明楷："刑法目的论纲"，载《环球法律评论》2008 年第 1 期，第 18 页；张明楷：《刑法学》（第 5 版），法律出版社 2016 年版，第 22 页。

〔2〕　周光权："论刑法目的的相对性"，载《环球法律评论》2008 年第 1 期，第 33 页。

对结果的违法性的限定，也应当考虑行为举止对于规范的违反，[1]此处的"规范"是指行为规范。从中我们不难发现，"二元的行为无价值论"把行为的规范违反与法益侵害放在了同等重要的位置，结果无价值论主要考虑的则是行为对法益的侵害性。

在我们看来，根据我国《刑法》第2条的条文逻辑，刑法的目的的确最直观地表现为保护法益。但问题是，保护法益的目的是如何有效实现的呢？如果一个公民被人抢劫了价值一万元的财物，他该怎么办呢？很显然，他会求助于公安机关，期望他们早些抓获嫌疑人以便取回他失去的财物；司法机关通过对实施抢劫行为的行为人进行刑事追诉，来向社会一般人宣示"不得强行侵夺他人的财物"，否则就会受到惩罚。由是观之，这样做的目的在于警示其他人，使其他有此种想法的人不敢妄为，从而维护秩序。从这个过程可以看出，刑法保护法益的目其实是在维护秩序的过程中实现的。也可以说，保护法益是维护秩序过程中的一种客观效果。从这种意义上说，维护秩序更具根本意义。那么这种秩序背后是什么呢？我们认为，这种秩序背后所隐含的是由一个个行为规范所组成的社会有序图景，刑法的根本目的正是维护和确证这一个个的行为规范。

对于刑法的"规范本质观"，国内外的有识之士早已予以充分强调。机能主义刑法学基于规范论的立场，认为犯罪的本质不是对法益的侵害而是对于规范的违反，与此相应，刑法的目的不是保护法益而是保证规范的效力或曰有效性。雅各布斯（Günther Jakobs）认为，人生活在规范共同体中，是规范意义上的人，规范是社会的结构；每个人都应遵守规范要求的当为的角色，若个体的行为违反了规范对该角色的期待即破坏了规范，那么便可能构成犯罪；刑法

---

[1] 周光权："新行为无价值论的中国展开"，载《中国法学》2012年第1期，第175页。

对破坏规范作出的反应便是刑罚，通过对破坏规范的人施加刑罚使其付出代价，由此向一般人宣示他们所遵守的价值取向是正确的。[1] 有学者在此基础上进一步认为，"把刑法的目的定位于规范的保障，这并不是说刑法要保障规范不受破坏，不是说刑法要保障所有的人都遵守规范，而是说，刑法要保障规范在受到破坏时仍发挥作用，要保障信赖规范的人们在刑法受到破坏时仍然相信规范是有效的，要保障信赖规范的人们把破坏规范的行为作为不值一提的、毫无价值的东西从自己的行动模式中排除出去。"[2] 根据刑法的"规范本质观"，我们赞同犯罪本质观的"二元的行为无价值论"，主要理由在于：首先，坚持彻底的结果无价值论可能会导致某些出现客观法益损害的情况被认定为犯罪，但这可能会导致违法处罚范围的扩大。如周光权教授认为，如果把仅有法益侵害但没有规范违反的行为也评价为不法，势必会扩大处罚范围。[3] 其次，由于彻底的结果无价值论过于重视客观的法益损害，在一些没有出现法益损害的场合，而该行为又严重违反规范的情况下，可能会导致对法益的保护不力。最后，彻底的结果无价值论基于个人主义的立场，重视当下的、具体的法益的保护，而个人是处在社会当中的，"个人必须依照国家确立的行为规范去行动，才能有效地参与社会生活，才能使自己的生活有意义"，"刑法应当保护未来的、其他的、一般人的法益"。[4]

〔1〕　参见［德］G. 雅各布斯："刑法保护什么：法益还是规范适用？"，王世洲译，载《比较法研究》2004 年第 1 期，第 96~107 页。

〔2〕　参见陈兴良主编：《法治的界面》，法律出版社 2003 年版，第 439~440 页。转引自周光权：《刑法学的向度》，中国政法大学出版社 2004 年版，第 202~203 页。

〔3〕　周光权："行为无价值与结果无价值的关系"，载《政治与法律》2015 年第 1 期，第 2 页。

〔4〕　参见周光权："行为无价值论的法益观"，载《中外法学》2011 年第 5 期，第 954~957 页。

综上，我们认为刑法的目的理性本质在于保护规范的效力，也即规范的维护和确证。承认这一点，并不意味着否定刑法的保护法益目的，而只是说通过保障或确证规范的效力来实现对于法益的保护。而要实现刑法的规范维护和确证目的，有一个因素至关重要，这就是刑事制裁措施的启动和适用都必须是合理的。如果在不必要动用刑罚的场合动用刑罚，或者是不当地动用刑罚，都会使得刑法在人们心目当中的可信赖性受到损害，进而损害刑法的权威，而没有权威的刑法是无法获得人们的遵从的，因此规范的维护和确证就无从谈起。我们可以将上述理念概括为启动和适用的"合理性原则"。正如边沁（Jeremy Bentham）所指出的，为保证刑罚限制在实现最大多数人最大幸福的限度内，刑罚适用应讲究罪刑相称，当刑罚是滥用、无效、过分、太昂贵时，则不应适用刑罚。[1] 根据这一原则，判断我国现行刑法究竟是重刑刑法，还是轻刑刑法，抑或是轻重适中的刑法，可以从以下三个方面来进行分析判断：

第一，解决社会矛盾是否过分依赖刑罚？如果一个法域过分地依赖刑罚手段解决社会矛盾，就意味着犯罪圈不合理地被扩大，也就是在不应当适用刑罚的场合适用了刑罚，显然无益于刑法所倡导的规范得到最大程度的遵从。

第二，立法是否存在重刑导向？从立法上看，刑法规范作为一种静态的存在，那么，其功能的发挥就有赖于在刑事司法实践中的操作和运行。这样的话，就有必要对其适用过程中是否为司法工作人员在轻刑罚和重刑罚的选择过程中提供了选择重刑罚的导向进行分析和评价。在过分功利主义的刑罚观指导下，司法者可能会借助刑事制裁的适用或者重刑适用来平息社会一般民众的抱怨，甚至会使无辜的人成为替罪羊。从短期利益来看，这也许具有积极的效

---

〔1〕 转引自向泽选、李伟："从《立法理论——刑法典原理》看边沁的法律思想"，载《法律科学》1997年第1期，第30页。

用；但是从长期来讲，这种做法必然使刑罚失去在民众心目当中的道德可信赖性，进而损害刑罚的权威性。在此意义上，刑法立法应该能够有效地发挥引导作用，使刑罚的司法适用选择趋于合理。

第三，现行《刑法》规定的刑罚量是否与社会公众的"三常"观念[1]相符合。也就是说，刑罚的功利性是否超出了刑罚的公正性的必要限度。如果刑法规定的刑罚量符合社会公众的"常识、常情、常理"，在其可接受范围之内，那么这种刑法就是轻重适中的刑法；反之，如果刑法规定的刑罚量不符合社会公众的"常识、常情、常理"，显著超出了其可接受范围，则可能是重刑刑法或者是轻刑刑法，在此前提下可以进一步对其是轻刑法，抑或是重刑法进行评价。

第二节　我国现行刑法的重刑化表现

一、犯罪圈的不当设置

刑罚是犯罪的法律后果，有犯罪而无刑罚则犯罪的设定没有意义。这充分说明了存在于犯罪与刑罚之间的相互依存关系。犯罪圈的设定不仅仅关涉特定法域的行为性质评价问题，同时也关涉作为广义社会治理方式之一的刑罚的适用范围问题。因此，一旦犯罪圈的范围设定不合理，那么就意味着刑罚的适用不合理。这种不合理可以包括两个向度：一者是刑罚不足；而另一者则是刑罚过剩。鉴于研讨主题的缘故，我们在这里只探讨刑罚过剩问题，即犯罪圈范围的设定不当扩大所导致的刑罚制裁的范围不当。从逻辑上讲，犯罪圈的不当扩大反映了立法者解决社会问题时过分依赖刑罚的心理

---

　　[1]　所谓"三常"，实际上是"常识""常理""常情"的缩写表达。"常识""常理""常情"是陈忠林教授近年来一直极力主张的一种法治观，人们习惯上称其为"三常"法治观。参见张光君："'三常'法治观的刑法哲学之维"，载《重庆社会科学》2006年第3期，第92页。

特点，而在我们看来这是刑法重刑化品性的一个重要表征。

不可否认，我国现行《刑法》是整个法律体系中修改频率最高的部门法律之一，呈现出了明显的立法活性化趋势，而其修改内容体现出来的一个重要特点就是不断地扩大犯罪圈的范围。新中国成立以来，我国先后颁布了两部刑法典，即 1979 年《刑法》和 1997年《刑法》。就 1997 年《刑法》而言，从其颁行实施以来的 20 多年里，国家最高立法机关先后通过了 10 部《刑法修正案》对其进行修正。纵观这 10 部《刑法修正案》，《刑法修正案（八）》废除了盗窃罪、传授犯罪方法罪等 13 个近年来较少适用或基本未适用过的经济性非暴力犯罪的死刑；继《刑法修正案（八）》减少 13个死刑罪名以后，《刑法修正案（九）》又减少了 9 个死刑罪名。[1] 这样的修改在一定意义上体现了现行《刑法》在死刑这一刑罚种类规定上的轻缓化。但需注意的是，在减少死刑罪名的同时，历次《刑法修正案》无一例外地扩大国家公权力对公民生活自由的干预，通过增设新的罪名这一手段，来实现刑法介入国民生活从而保护国家和社会利益的目标。而且，即使在我国刑事立法史上首次较大规模废除死刑而获得高度评价的《刑法修正案（八）》，其中也有占全部 50 个修改条文的 1/2，即 25 个条文，是为了提高刑罚或者增加新罪以便更好地打击相关犯罪而设立的。危险驾驶罪，对外国公职人员、国际公共组织官员行贿罪，虚开发票罪，持有伪造的发票罪，组织出卖人体器官罪，拒不支付劳动报酬罪，食品监管渎职罪共 7 个新罪名就是此次犯罪化的产物；而《刑法修正案（九）》则增设了 20 个新罪名，并对若干旧罪进行了内容扩

---

〔1〕 陈兴良："犯罪范围的扩张与刑罚结构的调整——《刑法修正案（九）》述评"，载《法律科学》2016 年第 4 期，第 185 页。

充。[1] 这样一来，我国现行《刑法》的规制范围不断地被扩大，犯罪圈的范围设置也相应地扩大了。

但是，我国现行《刑法》犯罪圈的不断扩大本身，并不能全然说明我国现行《刑法》不当地设置了犯罪圈的范围。从我国《刑法》的历史发展来看，这在一定意义上未尝不可以将其视作一个不断完善刑法的过程。在此意义上，我们需要对整个刑法规范体系进行总体性的分析之后才能够对其轻重品性问题下结论。

在理论上，对于刑法立法者是否合理地设定了犯罪，的确存在一些质疑。以《刑法修正案（八）》新增设的危险驾驶罪为例，其是否有必要以设立新的罪名的方式来规制危险驾驶行为，我们欲作出如下回答：在现有法律体系之下，对于情节恶劣的危险驾驶行为采用"以危险方法危害公共安全罪加以规制比较合理，而不必设立新的罪名，而对于情节较轻的危险驾驶行为只需依照《中华人民共和国道路交通安全法》等相关行政法规给予违法者行政处罚就足够了，而根本无需动用刑罚"。首先，从实质上讲，情节恶劣的危险驾驶行为与法定危险行为，具有相当的社会危害性。[2] 从社会学的意义上讲，危险驾驶行为与法定危险行为具有共同的特点：危险范围的不可预测性和后果的严重性。危险驾驶行为、法定危险行为所带来的危险与传统危险[3]不同，是人为造成的危险，在危险

---

[1]　陈兴良："犯罪范围的扩张与刑罚结构的调整——《刑法修正案（九）》述评"，载《法律科学》2016年第4期，第179页。

[2]　为表述方便，可以将放火、决水、爆炸、投放毒害性、放射性、传染病病原体等物质的行为统称为"法定危险行为"。

[3]　英国社会学家安东尼·吉登斯（Anthony Giddens）对危险进行分类，将危险分为外部的危险和人为制造的危险两种。前者是指外部的，基于传统或自然的不变性和固定性带来的危险，是传统社会里占主导地位的危险，如饥饿、自然灾害等；后者是指在社会发展中由于人类不断发展的知识而产生的危险，尤其与科学进步有关，是在我们没有足够历史经验的情况下产生的。

所及的范围内的人和群体都会受到影响。这种危险具有潜在性，即人们很难预测危险，即使可做概率上的预测，也很难判断危险在什么时候、什么地点发生。这种危险领域内的危险具有平等性，对其范围内的人是平等的，正如贝克（Ulrich Beck）所说，"贫困是等级制的，化学烟雾是平等的"，而且在其扩展中体现出一种"飞去来器"效应，它最终可能使加害者也成为受害者，从而以一种平等的方式损害着每一个人。这种危险一旦变成现实，往往损失巨大，其结果也是致命的……[1] 如此一来，在立法中或者司法实践中将危险驾驶行为与法定的危险行为区别对待显然是不合理的。其次，从形式上讲，危险驾驶行为符合以危险方法危害公共安全罪的构成要件。以危险方法危害公共安全罪，是指使用与放火、决水、爆炸、投放危险物质等危险性相当的其他危险方法，危害公共安全的行为。其主体为一般主体，主观方面为故意，包括直接故意和间接故意；客体是社会的公共安全，即不特定或多数人的生命、健康和重大公私财产的安全，客观方面表现为以其他方法危害公共安全。危险驾驶行为中的机动车辆驾驶员均属于一般主体，而且对于自身驾驶机动车辆的能力减弱或丧失的情况或者以违反人们合理期待的不审慎的方式驾驶机动车辆的行为明知而仍然为之。危险驾驶行为具有侵犯交通运输安全这一法益的可能性，而交通运输安全属于公共安全的一种，因而具有侵犯公共安全这一法益的现实可能性。因此，危险驾驶行为符合以危险方法危害公共安全罪的犯罪构成。综上所述，对于情节恶劣的危险驾驶行为通过以危险方法危害公共安全罪对其加以规制较为合理。这也同时说明，新设罪名的办法是不必要的。既然在现行的立法框架下可以解决这一问题，还没有到非得更改立法的地步，就不需要贸然地增设罪名。毕竟，这样做有可

---

[1] 杨国举："论刑法对危险领域的前置保护"，载《湖北社会科学》2009年第1期，第160~161页。

能打破我国《刑法》的整体框架结构。增加新罪名，将付出过多的司法代价，而且也不利于维护法律的稳定性。[1]

此外，《刑法修正案（八）》新增食品监管渎职罪与之具有相类似的问题。我国 1997 年《刑法》第 397 条对国家机关工作人员滥用职权罪和玩忽职守罪作了一般性规定，那么，负有食品安全监督管理职责的国家机关工作人员滥用职权或者玩忽职守构成犯罪的，完全可以依照该条的规定定罪处罚。但是,《刑法修正案（八）》却在《刑法》中增加食品监管渎职罪，作为第 408 条之一，这样一来，可以说是在玩忽职守行为类型之外创设了新的行为类型，有画蛇添足之嫌。

但是，上述犯罪设定上的不合理并非犯罪圈设定不合理问题。因为刑法分则所规定的具体各罪，是立法者对应受刑罚处罚前实定法意义上的行为进行选择、取舍、抽象后以犯罪类型的形式定型下来的。因此，如果某一种行为可以被纳入原有罪名所规制的行为类型当中，一般而言，就没有必要再通过设置新的罪名来规制。就此而言，上述问题只是对那些应当受到刑罚处罚的行为在具体规制方式上的选择不合理问题，实质上并不涉及刑法把根本不需要采取刑事规制措施的行为纳入犯罪圈进行规制的问题。后者才是我们这里所要讨论的犯罪圈不当扩大的问题。一般而言，是否应当将特定的行为类型纳入犯罪圈，主要应当考虑两个因素：一是该行为是否达到了应受刑罚处罚的程度。刑法作为保障其他法律实施的最后一道防线，具有补充性和谦抑性，不到万不得已不应当被动用。二是在其他法律对某一行为规制不能，从而需要动用刑法进行规制时，是否只有设立新的罪名才是唯一的解决办法。就此看来，这里涉及了作为刑法立法基本原则之一的"刑法谦抑原则"。

---

〔1〕　参见王志远、吴茜："危险驾驶行为刑法规制问题探讨——以醉驾和飙车为例"，载《云南大学学报（法学版）》2010 年第 4 期，第 31~32 页。

关于刑法谦抑性的内涵，国内外学者对其有着不同的理解和表述。例如日本学者关哲夫教授认为，谦抑主义的内容主要包括三个要素：第一个要素是断片性原则，主要是指刑法并不是处罚所有的违法行为，而只是处罚其中比较重要的违法行为；第二个要素是补充性原则，主要是指刑罚是一种具有非常强烈的物理强制力的手段，在其他的社会统制手段能够解决问题的时候，就尽量地不适用刑罚这种手段，只有在必需的情况下才可以使用；第三个要素就是适应性原则，应该说刑罚是一种毒性非常大的药，刑罚的不正当适用就会像错误地服用药物那样产生非常大的不良后果。因此，在刑罚适用的时候一定要考虑刑罚和要处理事件之间的对应性。[1] 在国外学者的影响下，国内刑法学者对于刑法的谦抑主义也基本予以认可和接受，刑法谦抑主义成为共识性的刑罚基本原则和理念。例如梁根林教授认为，所谓刑法谦抑，是指刑法应当作为社会抗制违法行为的最后一道防线，能够用其他法律手段调整的违法行为尽量不用刑罚手段调整，能够用较轻的刑罚手段调整的犯罪行为尽量不用较重的刑罚手段调整。[2] 张明楷教授认为，刑法谦抑性是指刑法应依据一定的规则控制处罚范围与处罚程度，即凡是适用其他法律足以抑制某种违法行为、足以保护合法权益时，就不要规定较重的制裁方法。[3] 虽然上述不同学者对于刑法谦抑性的基本内涵作出了不同的表述，但是我们还是不难看出，其表述具有共通性的一面，即刑法的谦抑性在刑法立法上均涉及犯罪论领域和刑罚论领域。一方面，刑法的谦抑性在犯罪论领域的主要要求为犯罪圈的合

---

〔1〕 徐卫东、李洁等："刑法谦抑在中国——四校刑法学高层论坛"，载《当代法学》2007年第1期。

〔2〕 梁根林："非刑罚化——当代刑法改革的主题"，载《现代法学》2000年第6期。

〔3〕 张明楷："论刑法的谦抑性"，载《法商研究》1995年第4期。

理设置；另一方面，刑法的谦抑性在刑罚论领域的主要要求为刑罚适当。仅就犯罪圈的合理设定问题而言，由于刑法作为保障其他法律实施的最后一道防线，其在本质上属于公法，不像在私法领域奉行意思自治原则，并且其制裁措施具有严厉性，因此就决定了国家公权力应当尽量减少对公民生活自由的干预。

从刑法的谦抑性这一问题思考角度出发，可以认为，典型属于犯罪圈不当扩大的例子并不多见，但也并非不存在。例如，《刑法修正案（八）》设立的"拒不支付劳动报酬罪"将恶意欠薪纳入了刑罚圈，显然就不当扩大了犯罪圈。按照我们的看法，以欺骗手段拒不支付劳动报酬构成犯罪的，可以通过诈骗罪对其进行规制；其余的单纯的拖欠薪金不等于拒不支付，其在性质上与欠债不还并无二致，行为人只有民事违约的恶意而无拒付的主观恶性，而且在这种情况下，受害人可以通过民事救济避免损失，欠薪行为的客观危害不大，将其纳入刑法的规制范围明显不符只有害恶性严重的行为才应入罪的要求。[1] 这种情况的出现，与我国刑法立法所秉持的"犯罪定性+定量"立法模式及其所传递的"结果中心主义"立法指导思想[2]具有相当大的关联。

我国现行《刑法》对于"罪"的立法设定采用的是立法既定性又定量的模式，某一行为是否构成犯罪，不仅对行为具有"质"的规定，同时也要求该行为必须达到一定社会危害性程度之"量"才能被作为犯罪进行处理，而该种立法规定模式所秉承的思维模式

---

〔1〕 邢馨宇、邱兴隆："刑法的修改：轨迹、应然与实然——兼及对刑法修正案（八）的评价"，载《法学研究》2011年第2期。

〔2〕 "结果中心主义"立法指导思想是指过于关注行为的社会危害性之"量"，并试图以"量"之规定作为界分刑事违法行为与一般违法行为的决定性因素，是一种基于行为后果考量刑法介入必要性和范围的立法思维运用。参见吴亚可："我国犯罪定性定量立法模式检论"，载《刑事法评论》2016年第1期，第306页。

即是"量变引起质变"的辩证唯物主义认识观。在"犯罪定性+定量"立法模式下，刑事违法行为与其他一般违法行为在行为性质上处于相互交叉重合状态的俯拾即是。某种行为类型如果没有达到一定的社会危害性程度之"量"的要求，那么该种行为就是一般违法行为，由《中华人民共和国治安管理处罚法》（以下简称《治安管理处罚法》）进行规制，甚至根本不会进入法律的调整范围；反之，如果该行为达到了一定的社会危害性程度之"量"的要求，那么该行为就属于刑事违法行为，从而进入刑法的规制领域之内。在国内大多数学者看来，这一立法模式具有限缩犯罪圈的功能，因为没有达到一定社会危害程度之"量"要求的行为，在立法上就已经被排除在了犯罪圈的范围之外，不会被作为犯罪进行认定。诚然，我们认为这样的分析路径是有道理的，并且按照这种分析路径得出的结论也是能够自圆其说的。但是，认可了这样的合理性是不是就意味着对我国立法既定性又定量的立法模式就只能按照这一种分析路径来进行分析，我们认为答案是否定的。毕竟每个人的问题思考方式和观察角度不同，其分析问题的路径也就会各异。

我们认为，从微观的角度来看，我国立法既定性又定量的立法模式确实在一定意义上具有限缩犯罪圈范围的功能。因为，就某一行为类型来说，该种立法模式对某种行为类型的规定可以说是采用了"横切的方法"，将没有达到一定社会危害性程度之"量"的行为排除在犯罪之外。但是，如果从宏观的角度进行观察，我国立法既定性又定量的立法模式恰恰具有扩张犯罪圈的可能性和倾向性。因为，用行为的社会危害性程度之"量"来界分刑事违法行为与其他一般违法行为的范围，本身带有将造成法益侵害的所有行为都纳入犯罪圈的倾向，这样的倾向性立法思维存在不当设置犯罪圈的可能性。因为，一方面，"犯罪定性+定量"立法模式虽然以行为的社会危害性之"量"作为界分行为性质的标准，但其导致了对行为性质的评价消融在了罪量要素的规定之中；另一方面，对于行为的社会危害性程度之量定无论在刑法立法上，还是通过刑法司法解释想要作出准确的量化都是相当困难的，即使作出了规定也并不能证明其合理性，即行为社会危害性之"量"的规定具有立法绝望性。再者，从维护行为规范的角度来看，不同的规范具有不同的意义，有的对人类社会存续和发展具有根本性的意义，如不得欺诈、不得偷窃、不得非法剥夺他人生命、不得非法伤害他人身体，等等，但是有的则不具有这样的根本性意义。刑罚是最为严厉的社会秩序维护手段，因此刑法立法者必须区别何种规范的维护需要动用刑罚，何种不需要。而"犯罪定性+定量"立法模式显然忽视了这一立法要求。[1]

对比日本的"立法定性不定量"的立法规定模式，我们不难发现：某一行为是否是刑事违法行为，是由立法进行规定的，也就是说其立法模式是以行为性质来确定犯罪圈的范围。如果某一行为符合了立法规定的行为性质，那么不管该种行为多么轻微，仍然属于刑事违法行为；反之，如果某一行为不符合立法规定的行为性质，那么不管该种行为多么严重，也不能当作刑事违法行为进行处理。换言之，根据日本的立法规定模式，刑事违法行为与其他一般违法行为在行为性质上处于分立的状态，彼此之间不存在交叉重合的现象，我们可以将之称为"纵切法"。这样一来，从宏观的角度进行观察的话，由于刑事违法行为与其他一般违法行为在立法上处于彼此分立的状态，那么刑事违法行为与其他一般违法行为就各自有了明确的范围，彼此之间不存在相互转化的可能。反观我国立法既定性又定量的立法规定模式，由于立法是以行为的社会危害性程度之"量"来区分刑事违法行为与其他一般违法行为的界限，加之立法

[1]　吴亚可："我国犯罪定性定量立法模式检论"，载《刑事法评论》2016年第1期，第304~311页。

对行为社会危害性程度之"量"的立法规定又具有一定的模糊性和不明确性，甚至说具有绝望性，那么究竟何种程度的行为属于"情节严重"，何种程度的行为属于"情节恶劣"等，立法显然并未给出肯定的答案。以此观之，这一立法模式导致现行刑法具有不当设置犯罪圈的可能性。也就是说，从宏观的角度来观察行为类型，如果依据行为的社会危害性程度之"量"进行评价的话，那么所有的行为类型都有可能被评价为刑事违法行为，这就造成刑事违法行为对一般违法行为范围的挤压，从而使犯罪圈具有了不当设置的倾向。诚如有学者认为的那样，"社会危害性说"是一个极具包容性和理论张力的学说，但同时也是一个最没有实质内容的学说。这是因为是否危害社会可以任人解释，只要涉及争议的行为领域，人们可以基于不同的理解和需要得出完全相反的结论。说"犯罪是危害社会的"，只不过表明了其对于犯罪的否定态度。[1]

此外，我国现行《刑法》不当扩大犯罪圈的另一个典型例子是将预备和未遂作普遍处罚处理。综览中外各国关于预备犯的立法例，主要存在以下几种规定模式：一是对犯罪预备一律不进行处罚，即在刑法总则和分则中都没有处罚犯罪预备行为的规定。除1810年《法国刑法典》外，对犯罪预备行为不予处罚的立法例还有1940年《巴西联邦共和国刑法典》、1954年《格陵兰刑法典》、1968年《意大利刑法典》以及1973年《罗马尼亚社会主义共和国刑法典》等。[2] 二是对犯罪预备原则上进行处罚，即刑法总则规定对犯罪预备进行处罚，而分则未予规定。例如我国《刑法》第22条规定，为了犯罪、准备工具、制造条件的，是犯罪预备。对于

---

〔1〕 刘之雄："犯罪概念多元论：一个虚幻的功能诉求——关于犯罪概念理论的系统反思"，载《法商研究》2008年第4期，第33页。

〔2〕 王志祥、郭健："论犯罪预备行为的处罚范围"，载《政治与法律》2005年第2期，第83页。

预备犯，可以比照既遂犯从轻、减轻处罚或者免除处罚。虽然司法实践中处罚犯罪预备是极其例外的情况，但是按照该条文的基本逻辑，对于犯罪预备原则上是要进行处罚的。三是对于犯罪预备原则上不予处罚，但是对于某些严重犯罪的预备行为则在分则中予以例外规定进行处罚。例如《日本刑法典》在总则中没有关于犯罪预备的规定，但在分则中规定了对内乱、外患、私战、放火、伪造货币、杀人、绑架、抢劫八种严重犯罪的预备行为进行处罚。[1]

通过对上述三种立法规定模式的比较，我们不难看出，至少从立法规定本身来看，我国关于犯罪预备的处罚范围是要大于采用其他两种规定模式的国家的。究竟哪种规定模式更为合理，由于超出了本书的研究范围，我们暂且不予探讨，仅对是否有必要对犯罪预备一律进行处罚进行分析。如果分析结论是否定的，那么就可以认为我国关于犯罪预备的立法规定模式是不合理的：其不当地扩大了处罚范围。

对于犯罪预备行为是否进行处罚，其实涉及客观主义刑法理论和主观主义刑法理论在犯罪论领域的对立。客观主义刑法理论认为，刑事责任的基础是表现在外部的犯罪人的行为及其实害，[2]旨在限制处罚范围，实现罪刑法定原则。按照该种理论，由于犯罪预备行为并不符合刑法分则各条规定的构成要件行为，并且不可能直接引起构成要件的结果，因此，对于犯罪预备行为不应当作为犯罪处理。主观主义刑法理论认为，刑事责任的基础是犯罪人的危险性格，即反复实施犯罪的危险性。但是，只有当犯罪人的内部危险性表现为外部行为时，才能认识其犯罪性格，才能将其认定为犯

---

〔1〕　参见沈志民："犯罪预备可罚性的本质探究——兼论抢劫罪犯罪预备的认定"，载《吉林大学社会科学学报》2003 年第 5 期，第 24 页。

〔2〕　张明楷：《刑法学》（第 5 版），法律出版社 2016 年版，第 5 页。

罪。[1] 主观主义旨在贯彻特殊预防的目的，实现社会防卫。因此，根据主观主义刑法理论，犯罪预备行为如果能够征表行为人的危险性格，反映出行为人的犯罪意图，而且这种危险性格和犯罪意图与犯罪既遂所征表、反映的性格、意图没有任何的差别，那么，预备行为原则上就应当受到处罚。[2]

我们认为，如果大量处罚犯罪预备行为，就必然导致原本不是犯罪预备行为的日常社会生活行为也受到怀疑，极有可能导致一些外部形态类似于准备工具的日常社会生活行为受到刑罚制裁，[3] 这样的话，就会造成国家公权力对公民私人生活的过度介入，在一定意义上导致国家刑罚权被滥用，不利于公民自由权利的行使，甚至有可能由此造成国民行为的萎缩。此外，由于犯罪预备行为不可能直接引起构成要件结果，并且从行为流程的角度进行观察，尚未对法益造成紧迫的危险，在通常情况下不具有值得科处刑罚的实质违法性。正如我国有学者认为的那样，从法益侵害或威胁的角度看，既遂犯对法益造成了实际的损害；未遂犯对法益构成了实际的威胁；预备犯由于行为人意志以外的因素，在准备工具、制造条件的阶段即被制止了，对法益几乎没有构成威胁。因此，预备犯欠缺对法益的侵害或威胁，故一般情况下，不应犯罪化。[4] 因此，我们认为，从应然意义上考虑的话，对于犯罪预备行为就不应当一律进行处罚。但是，如果将犯罪预备行为一律非犯罪化处理的话，显

---

〔1〕 张明楷：《刑法学》（第5版），法律出版社2016年版，第6～7页。

〔2〕 王志祥、郭健："论犯罪预备行为的处罚范围"，载《政治与法律》2005年第2期，第84页。

〔3〕 参见［德］冈特·施特拉腾韦特、［德］洛塔尔·库伦：《刑法总论I——犯罪论》，杨萌译，法律出版社2006年版，第250页。

〔4〕 蒋剑锋："过失危险行为的犯罪化与刑法谦抑——兼从三维刑事法网视角思考"，载梁根林、张立宇主编：《刑事一体化的本体展开》，法律出版社2003年版，第120页。

然在一定意义上也不利于对法益的保护。因为，虽然犯罪预备行为通常来说不具有实质的违法性和应受刑罚处罚性，但是，如果某种犯罪预备行为的发展，必然或者极有可能造成重大法益侵害或者重大法益侵害危险时，我们就应当对其予以犯罪化处理，只有这样才能实现刑法保护法益的目的。

　　基于上述分析，我们认为，从限制国家刑罚权的启动和保护法益的双重角度出发，我国刑法立法对于犯罪预备行为原则上进行处罚的模式不具有合理性，其不当地扩大了犯罪圈的设置范围，而理想的预备犯处罚原则应当是对预备行为有限处罚原则。

　　下面再让我们看一看我国现行《刑法》对犯罪未遂的立法规定。

　　我国《刑法》第 23 条规定，已经着手实行犯罪，由于犯罪分子意志以外的原因而未得逞的，是犯罪未遂。对于未遂犯，可以比照既遂犯从轻或者减轻处罚。按照该条文的逻辑，我们可以看出，我国现行《刑法》对于犯罪未遂原则上是采取处罚的态度。与之相对，《日本刑法典》第 43 条规定，已经着手实行犯罪而未遂的，可以减轻刑罚，但基于自己的意志中止犯罪的，应当减轻或者免除处罚。同法第 44 条规定，处罚未遂的情形，由各条规定。[1]《德意志联邦共和国刑法典》第 23 条第 1 款规定，重罪的力图总是可罚的，轻罪的力图只有在法律明确规定时才是可罚的。从德日两国的立法规定来看，我们可以发现，德日两国对于犯罪未遂并不是无一例外地进行处罚，而只是对刑法有明文规定的犯罪进行处罚。以此观之，德日两国对于处罚未遂的范围就相对小于我国《刑法》规定的未遂犯的成立范围。在此，本书对我国关于未遂犯普遍进行处罚的规定，以及德日等国对于犯罪未遂例外处罚的规定是否合理不予

　　　〔1〕　按照《日本刑法典》的规定，日本的未遂包括障碍未遂和中止未遂，这里仅以障碍未遂作为对比样本。

过多的论证，而是从行为类型的角度对未遂犯的成立范围进行分析。正如前文所述，由于刑法分则规定的具体罪名，是立法者对应受刑罚处罚的前实定法行为进行选择、取舍、抽象后，以犯罪类型的形式在分则条文中定型下来的，其代表的是一个个的犯罪类型。因此，按照我国现行《刑法》对犯罪未遂的规定，原则上对于犯罪未遂都要进行处罚，这就意味着所有的犯罪类型均存在按照未遂犯进行处罚的可能性。前文也分析了，从宏观的视角来看，我国刑法立法既定性又定量的立法规定模式造成所有的行为类型都有可能被评价为刑事违法行为，从而造成刑事违法行为对其他一般违法行为范围的挤压，使犯罪圈具有了不当设置的倾向。以此观之，从犯罪类型的角度来看，在我国，未遂犯的成立范围要大于采用"立法定性不定量"立法规定模式的德日等国家，在一定意义上具有导致犯罪圈的范围被不当设置的倾向和可能性。

二、立法的重刑导向

（一）可能的重刑适用导向

在我国刑法分则各罪规定中，经常出现这样的表述：造成人员伤亡或重大财产损失的，处以某种刑罚。也就是说，在某种法定刑的适用对象即罪的规定上，将人员伤亡和财产损失并列规定，择一适用。而这种规定往往会带来实务中的难题和理论上的困惑。

根据我们的粗略观察，将财产损失和人员伤亡并列，规定同一的法定刑，在我国《刑法》中是有一定数量的。这种规定主要有以下几种情况：其一，明文规定以致人重伤、死亡或使公私财产遭受重大损失作为成立犯罪的重要依据。如《刑法》第339条第2款规定，致使公私财产遭受重大损失或者严重危害人体健康的，构成本条所规定的擅自进口固体废物罪。其二，明文规定以致人重伤、死亡或使公私财产遭受重大损失作为加重犯罪的成立条件。如危害公共安全罪中的放火罪、决水罪、爆炸罪、投放危险物质罪、以危险方法危害公共安全罪，侵犯财产罪中的抢劫罪等，就采取此种规定方式。其三，规定后果严重作为犯罪成立条件或加重犯罪的成立条件，而在法解释上，认为这种严重后果包含着人员伤亡和重大财产损失。这样的规定比较多，如一些危害公共安全罪，生产、销售伪劣商品罪、妨害社会管理秩序罪、危害国防利益罪、渎职罪、军人违反职责罪等类犯罪中，都有这种规定方式。当然，这样的解释也并非是超出立法意图的任意解释，依据法条所规定的行为性质，这样的后果或损失是题中应有之义。例如，《刑法》第 119 条第 1 款规定：破坏交通工具、交通设施、电力设备、燃气设备、易燃易爆设备，造成严重后果的，处 10 年以上有期徒刑、无期徒刑或者死刑。这里面的严重后果，显然包括人员伤亡和财产损失，因为法条所列举的行为性质，具有严重的危害公共安全的性质，当法条列举的各种工具、设备遭到破坏之后，如交通工具失控，交通设备被毁而导致的交通工具失控，电力、燃气、易燃易爆设备被破坏等，就会导致难以控制的机械力与自然力的释放，而这种力量释放的后果，及于人，是人员伤亡，及于物，是物体的毁坏，而这样的后果是行为性质中自然包含的，因此虽未明列，其含义自然并不需要给予特别的扩张解释。

由是观之，由于立法上往往将财产损失和人员伤亡后果并列作为特定法定刑幅度的依据，实务中就必然出现以下问题：财产损失可否判处法定最高刑，尤其是在法定最高刑为死刑的情况下。这里存在以下值得指出的问题：根据我国《刑法》的规定，单纯的财产损失之罪在无特殊情况时，法定刑没有死刑，如《刑法修正案（八）》通过之前，单纯侵犯财产罪的最高刑为死刑的只有盗窃罪，且只适用于两种情况，即盗窃金融机构数额特别巨大的，盗窃珍贵文物情节严重的；并且《刑法修正案（八）》已经废除了盗窃罪的死刑；贪污罪的死刑，一是主体特殊，二是要求数额特别巨大，并使国家和人民利益遭受特别重大的损失。因此，根据现行《刑法》规定我们不难看出，并非是只以财产损失作为死刑的适用根据。[1] 那么，在将人员伤亡与财产损失相并列的情况下，只有单纯的财产损失，可否判处死刑呢？从法条的立法意图来看，应该是可以的，因为情节是并列的，财产损失与人员伤亡并列，刑是并列的，10 年以上有期徒刑、无期徒刑和死刑并列，这就意味着无论罪之规定的哪种情况包括财产损失，都可以适用所并列的三种刑罚，依据具体状况进行裁量，这是罪刑关系之分析的必然逻辑结论。但是，如果只有单纯的财产损失可以适用死刑，又会导致与其他罪规定的不平衡，即单纯的财产损失不能适用死刑（即使该罪的法定最高刑有死刑）。因此，一旦单纯的财产损失可以适用死刑，那么在一定意义上就彰显出了立法适用可能存在的重刑化导向。

（二）必然的重刑适用导向

犯罪定量因素，是在犯罪的成立条件中，以立法的形式规定犯罪成立的量化要件。在刑法的犯罪规定中，不但规定了犯罪的基本行为，同时规定了成立犯罪所需的"量"的要件。这一立法规定模式是中国刑法立法规定的一个重要特点，就是通过立法的形式，不但规定犯罪的行为性质，同时规定成立犯罪的行为之"量"的要求；在规定犯罪的加重犯与减轻犯的情况下，也对加重或者减轻的理由通过对行为方式或者情节的规定予以明确。法定刑的规定模式，是指对犯罪的法定刑之规定采取何种规定方式与罪的规定相互对应。在我国，1997 年《刑法》关于犯罪与刑罚的规定，采取的是以多罪刑阶段为主的罪刑规定方式，而不同的罪刑阶段之间，罪刑关系的规定方式则是相互连接，并且这样的立法规定模式在现行

---

〔1〕 关于不以侵犯人身权为手段的侵财犯罪的死刑，笔者持不赞同态度。但由于我国《刑法》有侵财犯罪的死刑规定，因而需要对之进行分析。

刑法中比比皆是。

以《刑法》第 263 条规定为例，该条规定：以暴力、胁迫或者其他方法抢劫公私财物的，处 3 年以上 10 年以下有期徒刑，并处罚金；有下列情形之一的，处 10 年以上有期徒刑、无期徒刑或者死刑，并处罚金或者没收财产：①入户抢劫的；②在公共交通工具上抢劫的；③抢劫银行或者其他金融机构的；④多次抢劫或者抢劫数额巨大的；⑤抢劫致人重伤、死亡的；⑥冒充军警人员抢劫的；⑦持枪抢劫的；⑧抢劫军用物资或者抢险、救灾、救济物资的。从该条立法规定不难看出，衔接式的罪刑阶段设定模式的基本特点在于：同一罪名的不同罪刑阶段的法定刑刑种或者刑度完全不同，基本犯的法定最高刑同时是加重犯的法定最低刑，或者基本犯的法定最低刑同时是减轻犯的法定最高刑。法定刑之间衔接紧密，不存在空隙也没有交叉，符合不同罪刑阶段的行为在实际裁量的刑罚，除有法定的加重、减轻情节以外，不可能有相同的情况。

需要注意的是，这样的立法规定是否合理，难以通过形式上的逻辑分析得出结论，需要通过具体规定所导致的可能后果的分析才有可能看出实在的结果。一般而言，衔接式对法官来说，是对不同罪刑阶段的行为裁量完全不同刑罚的命令，法官不能逾越，重罪重刑，轻罪轻刑，且罪的重轻与刑的重轻完全由立法规定而不是由法官裁量，限制了法官的自由裁量权，符合罪刑法定主义的基本要求。然而，正是这种限制司法者自由裁量权的形式化规定，必然在一定意义上带来法律适用的重刑化。举例而言，就抢劫罪的法定刑升格条件之一的"入户"来说，如果将户理解为居民住宅，那么入户本身就必然侵害了其他地点抢劫所不可能存在的公民居住安宁权，因此只要有了这一情节，在其他情况相同的时候，入户抢劫的社会危害性显然要大于普通的非入户抢劫。但是，如果与其他情况综合考虑的话，完全可能出现与非入户抢劫的社会危害性相比更小的情况。在此意义上，当刑法采用法定刑相衔接的规定模式时，这样的规定显然会制约司法者对于其他情况的综合考虑，显然并不合适。尤其我国抢劫罪的加重犯其最低刑比基本犯的最低刑高出 7 年，试想，何种情节自身的情况可以使刑罚提高 7 年，我国的非法侵入住宅罪的法定最高刑也不过 3 年有期徒刑。这样一来，就使得司法者在对犯罪人裁量刑罚时只能在相应的罪刑阶段或者幅度内进行裁量，而无法裁量较轻的刑罚，必然带来法律适用的重刑化。

三、刑罚量的过度配置

刑罚在本质上是一种恶，因为它给人的利益造成剥夺；这种恶之所以被认可，因为这种恶的运用是为了达到结果的善，因此刑罚是一种必要的恶。正因为刑罚是一种恶，虽然是为了求善的目标，也必须把握适当的限度，因为"刑罚的结果是程度如此严重的'必要的恶'，我们就不得不经常推敲其存在的合理性和正当性。我国的国民因一部合理性和必要性不明确的法律，而在日常生活中受到限制，违法时被处以刑罚，重要利益受到侵犯，并被打上犯罪人的烙印，这一切令人难以忍受"。[1] 因此对于刑罚这种必要的恶，就必须保持足够的警惕，防止和避免这种必要的恶变成真正的恶，而使其达到善。这样，刑罚就应当在善的限度之内设定。但是，这种同一自然性质的剥夺之善恶之分，却难以在形式上将其区分清楚。因此刑罚是否必要，就要诉诸刑罚公正与刑罚目的这种价值诉求。而公正的基本内涵离不开报应公正的基本刑罚内涵，而预防犯罪的功利目的只能在公正的范围之内寻求，或者说，虽然预防犯罪的刑罚目的对于刑罚的适用来说具有根本性的价值，但也必须使刑罚限制在公正能够允许的范围之内。若以此为标准，我国《刑法》规定

---

〔1〕 ［日］西原春夫：《刑法的根基与哲学》，顾肖荣等译，法律出版社 2004 年版，第 4 页。

的刑罚应当被认为是重刑。

众所周知，我国被认为是重刑区，主要表现在死刑多、重刑多，同时人身刑之外附加财产刑（罚金与没收财产）而使刑罚规定进一步苛重。如有人认为，考察历次刑法修正案，我们会发现对具体个罪刑罚的修改多为提高法定刑量刑档次，或者为原法定刑配置新的附加刑。[1] 有人认为，历次刑法修正案基本反映出刑事立法的重刑化倾向。[2]

（一）死刑过多

我国死刑罪的范围包括了刑法分则规定的 10 类犯罪（分则规定的 10 章犯罪）中的 9 类，即除刑法分则第 9 章渎职罪没有死刑罪的规定之外，其他 9 章所规定的 9 个大类别的犯罪，均有死刑罪的规定。

中国的死刑过多至少具有以下几方面的表现形式：

第一，死刑罪的数量多。至 1999 年底，全世界在法律上和事实上废除死刑的国家达 106 个（在法律上对全部犯罪废除死刑的有 70 个，对普通罪废除死刑的为 13 个，事实上废除死刑的是 23 个），目前保留死刑的国家有 90 个，废除死刑的国家与地区多于保留死刑的国家与地区。进入 20 世纪 90 年代，平均每年有 3 个国家废除死刑。[3] 以保留死刑的 6 个国家的死刑规定状况为例：日本的死刑罪名为 13 个，泰国 28 个，俄罗斯 2 个，美国 1 个（即谋杀罪），印度对谋杀和绑架罪中实施的谋杀规定了死刑。[4] 而以上国家既

---

〔1〕　李怀胜："刑法二元化立法模式的现状评估及改造方向——兼对当前刑事立法重刑化倾向的检讨"，载《法律适用》2016 年第 6 期，第 32 页。

〔2〕　参见赵运锋："惩罚主义立法与刑法教义学反思——对'刑法修正案'的逻辑分析与法理展开"，载《河南警察学院学报》2016 年第 5 期，第 72～73 页。

〔3〕　参见 1999 年 12 月 18 日大赦国际公布的《死刑——废除和保留的国家名单》。

〔4〕　以上数据来源于作者对翻译成中文的相关国家刑法典之统计。

有发达国家，也有发展中国家；既有法治发达的国家，也有法治不发达的国家。但是在死刑的限制方面都要比中国严格，死刑罪的数量更是比中国少了很多。虽然我国 2011 年通过的《刑法修正案（八）》废除了 13 个不经常适用或者基本未适用过的经济性非暴力犯罪的死刑罪名，《刑法修正案（九）》取消了走私武器、弹药罪等 9 种犯罪的死刑，但是我国现行《刑法》所规定的死刑罪名仍然多达 46 个。与可以找到的外国刑法典中规定的死刑罪数量相比，我国《刑法》已经成为死刑立法数量的"世界之最"。当然，正如前文所述，由于每个国家的国民所具有的价值观念不同、社会治安状况不同、法治发展程度不同，以及在一定时期内重点防范和打击的犯罪不同等，其刑法立法就会具有一定的倾向，并且所立之法也会有所不同。因此，我们并不能根据我国现行《刑法》规定死刑的罪名数量多于其他国家这一事实，就盲目地认为我国现行《刑法》是重刑化的刑法。在此种认识之下，我们需要找到一个可以进行对比的参照物，如此才能看出我国死刑罪名数量是否表征着刑法的重刑化品性。我们认为，与 1979 年《刑法》进行对比是具有一定合理性的，因为这样的对比是以我们国家自己的刑法规定为对比对象所作出的。

从立法来看，我国 1979 年《刑法》的分则中规定有死刑的条文 15 条，涉及罪名 28 个，而在 1981 年以后，我国先后颁行的 20 多个单行刑法中大量增加了死刑的规定，这使得我国死刑的适用范围和适用对象急剧扩大。1997 年修订《刑法》时，立法机关尽管注意并考虑到了这一重刑主义倾向，但修订后的《刑法》仍然有 60 多个罪名规定有死刑。[1] 虽然《刑法修正案（八）》和《刑法修正案（九）》从形式上看总计废除了 22 个适用死刑的罪名，对

---

〔1〕 高铭暄、赵秉志主编：《刑罚总论比较研究》，北京大学出版社 2008 年版，第 27 页。

减少死刑做出了重大的贡献，但是我们认为，这种废除从实质看并不一定意味着死刑罪名相对于原有规定的减少。因为，《刑法修正案（八）》减少的13个死刑罪名，基本上属于备而不用的死刑罪名，对于司法活动中减少死刑的实际适用并无实质性的影响；《刑法修正案（九）》减少的9个死刑罪名，除了少数是备而不用的死刑罪名以外，诸如集资诈骗罪、组织卖淫罪、强迫卖淫罪等都属于偶尔适用的死刑罪名。[1] 以此观之，已有立法规定与其修改本身就存在应然与实然的差距。换言之，如果立法规定了的内容在刑事司法实践中不会被适用或者偶尔被适用，那么就可以说这种规定本身存在不合理之处，在一定意义上属于"象征性立法"，而"象征性立法"对法律的危害是非常大的。因此，对这样的立法规定加以修改，只是修正了原有的不合理。换言之，可以说，从实质上看，现行《刑法》在死刑罪名规定数量方面相较于修改之前的规定，在一定意义上可以被认为是处于一个水平之上，而相较于1979年《刑法》而言则是增加了死刑罪名的数量。

第二，死刑罪的范围广泛。在中国刑法分则规定的10类犯罪中，除渎职罪一章所规定的犯罪没有死刑之外，其他9章所规定的9类犯罪均有死刑罪的规定。除以致死他人为内容的犯罪外，经济犯罪、妨害社会秩序犯罪、贪污贿赂犯罪等不以致死他人为内容的犯罪也有死刑罪的规定。将不以剥夺他人生命为内容的犯罪规定为死刑罪的数量占全部死刑罪名的1/3。

第三，特殊情况死刑具有不可避免性。就死刑在具体犯罪法定刑中的地位来看，一般的规定方法是将其规定为选择刑，但也存在几个绝对确定的死刑罪名，这表明这种情况绝不是对死刑的限制，

---

[1] 陈兴良："犯罪范围的扩张与刑罚结构的调整——《刑法修正案（九）》述评"，载《法律科学》2016年第4期，第185页。

而是要达到死刑不可避免地扩张适用的倾向。[1] 这样一来就造成一旦发生刑法所规定的特定情形，对于犯罪人就只能适用死刑，而无适用较轻刑罚的可能，这使得我国"宽严相济"的刑事政策落空。与其他国家相比，中国死刑适用的范围广泛，特殊情况下死刑适用具有不可避免性。

（二）法定最高刑过高

法定最高刑过高，包括某一罪的法定最高刑过高和一罪中最重的罪刑阶段的法定最高刑过高两种情况。然而，对于已有法定刑之设置是否合理作出评价，一般而言是非常困难的。因为，任何人基于其价值观念可能得出不一样的结论。但如果从罪与罪之间的相互关系进行考察的话，相对而言就较为容易了。因为，对于罪刑不均衡之现象的评价，国民通常而言有着直观的感受，因此，这样的评价是从国民的基本价值观念出发作出的结论和评价，应当被认为具有相当强的说服力。下面，让我们以现行《刑法》中的一些立法例为例来揭示其存在法定最高刑过高的现象。

在《刑法修正案（八）》实施之前，票据诈骗罪、金融凭证诈骗罪和信用证诈骗罪的法定最高刑均为死刑，而信用卡诈骗罪、有价证券诈骗罪和保险诈骗罪的法定最高刑均为无期徒刑，从立法规定本身来看，我们不难发现，在立法者看来后三种犯罪的社会危害性要轻于前三种犯罪的社会危害性。但是，由于《刑法修正案

---

〔1〕 1997 年系统修订的《刑法》对绑架罪，劫持航空器罪，暴动越狱罪，聚众持械劫狱罪，拐卖妇女、儿童罪，贪污罪以及受贿罪规定了绝对确定的死刑。参见王志祥："论绑架罪绝对确定死刑规定的修订"，载《政法论丛》2016 年第 3 期，第 90 页。2015 年《刑法修正案（九）》废除了其中 3 种罪名———绑架罪、贪污罪与受贿罪———的绝对死刑，将其变更为以无期徒刑与死刑并存的相对确定的法定刑。参见张拓："绝对死刑立法修改问题研究"，载《四川师范大学学报（社会科学版）》2016 年第 5 期，第 51 页。因此，就目前而言，现行《刑法》规定的绝对死刑罪名数量为 4 个。

（八）》废除了前三种犯罪的死刑，但没有相应的下调后三种犯罪的法定最高刑，这就造成了前三种犯罪的法定最高刑等同于后三种犯罪的法定最高刑，即均为无期徒刑，表现为异害同罚。这也就使我们不得不产生后三种犯罪的法定最高刑是否过高的疑问。当然，这可能是立法者在废除相关罪名的死刑时意想不到的结果，即在降低一个罪名的法定最高刑的同时，未注意到刑法条文之间的关系，以至于未降低相应罪名的刑罚。再如，在《刑法修正案（九）》通过之前，强奸罪中的奸淫幼女和嫖宿幼女罪相比，由于嫖宿幼女和奸淫幼女均是侵害幼女的身心健康，然而两者的法定刑却具有不相协调的现象，主要表现为嫖宿幼女罪的法定最低刑的起刑点和法定最高刑均高于强奸罪的基本犯。也就是说，在没有加重情节的情况下，嫖宿幼女判处的刑罚一般要高于奸淫幼女。然而，在具有加重情节的情况下，奸淫幼女的法定最高刑可能被判处死刑，二者不管以哪一个作为对比基准，都可以得出我国现行《刑法》规定的法定最高刑过高的结论。当然，《刑法修正案（九）》已经废除了嫖宿幼女罪，修正了不同犯罪之法定刑不平衡的问题，但是现行《刑法》中依然存在一些法定刑设置不平衡而带来的法定最高刑过高的现象，例如发票类犯罪中的一些犯罪的最高刑期远远高于逃税罪的最高刑期。[1] 如此一来，这样的立法规定就不得不被认为是一种法定最高刑过高的立法规定。

（三）法定最低刑过高

法定最低刑过高表现为两种情况：一种是作为个罪的法定最低

---

〔1〕 显然，重罚发票类犯罪的原因在于，该类犯罪给社会造成了重大危害。但是，这种危害形成的原因是多方面的，如制度的不健全应该是重要原因之一。如果立法者不是侧重于制度的健全而是重罚，不是以理智的态度对待刑法，刑法也无力代替其他法律独立完成预防犯罪的目的。这种重罚发票犯罪（逃税的手段行为）的立法带有些许感情色彩。

刑过高，如我国《刑法》第 239 条规定的绑架罪，其法定最低刑为 5 年有期徒刑，其刑罚高于故意杀人罪、强奸罪法定最低刑的 3 年有期徒刑；还有一种情况就是作为个罪中的不同罪刑阶段之法定最低刑过高的情况，如《刑法》第 263 条规定的抢劫罪加重犯之法定最低刑为 10 年有期徒刑。然而该种规定具有导致刑罚苛重的危险。如潜入一陋室，使用威胁的方式，抢劫数额很小的财物之行为符合入室抢劫的成立条件，其法定最低刑即为 10 年有期徒刑。但如果从案例的具体情况所反映出来的行为的社会危害性程度看，判处 10 年以上有期徒刑显然过重，不符合罪刑相适应的基本原则，而这种不合理是实质上的不合理，若从法律规定形式逻辑来看，又是完全合法的。于是，出现了量刑上的困惑，导致了形式合法与实质合理之矛盾的产生。此外，就法定最低刑的情况来看，如果就具体个罪的法定刑来看，其最低刑过高并不具有普遍性；但如果就个罪中的加重犯之罪刑阶段来看，其法定最低刑过高具有一定的普遍性，如《刑法》规定 4 个罪名的最高罪刑阶段的法定刑是绝对确定的死刑；在具有两个以上罪刑阶段的犯罪中，高罪刑阶段的法定最低刑一般来说都具有偏高的状况。

（四）财产刑的异化

大面积增加财产刑，包括罚金与没收财产，是 1997 年《刑法》的特色之一。同时，为了使财产刑具有不可避免性，相当多的刑法罪条款所规定的罚金或者没收财产不是授权司法者进行适用与否的裁量，而是用立法的方式规定确定的罚金或者没收财产。这样的规定使财产刑的适用具有不可避免性。如果说，通过不可避免的财产刑适用，可以降低自由刑的分量，这就是一种使刑罚向轻缓方向发展的方式；但是，由于我国的财产刑主要以并科为主，在自由刑的基础上再科处罚金或者没收财产，导致的是刑罚愈重，使作为轻刑的财产刑走向反面，成了重刑的表现形式。尤其是在主刑已经判处死刑的情况下，其附加的没收财产或者罚金的价值就值得质疑：如果是为了实现报应的公正，罪犯已经以生命抵罪，还有进一步报应的需要吗？因此，这种通过财产刑的广泛并科导致的刑罚进一步严厉，并不符合我国刑法的立法目标。

除了上述四个方面的重刑化表现之外，刑法中前科报告制度[1]的规定极易导致行为人因实施了轻微犯罪行为而承担"一步走错，步步错"的严重后果，使我国刑罚走上重刑化的道路而与当前刑罚轻缓化的立法趋势背道而驰。[2]

第三节 重刑化的缺陷

在上文中，我们揭示出了现行刑法中的重刑化立法事实，那么这样一种呈现出重刑化品性的刑法究竟存在哪些缺陷和弊端呢？我们认为，其缺陷和弊端主要包括以下三个方面：一是不利于人们对于规范的信赖和遵守；二是导致人们对生命和自由缺乏必要的尊重；三是造成刑罚成本的不必要提高。具体而言：

一、不利于人们对规范的信赖和遵守

（一）刑法规范有效的前提：规范信赖和遵守

众所周知，刑法是一种制度性事实，是一种主要规定定罪规则和量刑规则的人类制度性创造物，在本质上是一种规则。由此，从规则的属性角度进行考察，刑法一开始就被赋予了服务于人们之间

---

〔1〕 我国现行《刑法》第100条规定：依法受过刑事处罚的人，在入伍、就业的时候，应当如实向有关单位报告自己曾受过刑事处罚，不得隐瞒。犯罪的时候不满18周岁被判处5年有期徒刑以下刑罚的人，免除前款规定的报告义务。

〔2〕 吴亚可："我国犯罪定性定量立法模式检论"，载《刑事法评论》2016年第1期，第317页。

的有效沟通和交流，妥善解决人们相互之间的矛盾和纠纷，进而维护社会秩序的稳定和保障人们的自由权利的功能性色彩。通常而言，这样的理解不存在什么大的争议。但是，对于刑法规范的有效性的效力来源这一问题，法学学说发展史上曾经争论不休，主要的表现就是自然法学派的"恶法非法"与分析实证主义法学派的"恶法亦法"两个法学流派的争论。[1] 自然法学从道德出发，认为二者有着必然联系，法律应当是合乎道德的良法，不合道德的恶法不应叫作法律，即"恶法非法"。而分析实证主义法学从法律事实出发，认为二者没有必然联系，法律就是国家制定的实在法，不道德的法律只要合法制定就具有法律效力，即"恶法亦法"。[2] 其实，这两种理论观点的核心分歧在于法律与道德之间的关系。由于二者的关系问题解决难度非常之大，并且已经超出了本书研究的主题，因此，我们不再纠结于二者的关系到底为何，而是转换一下问题的提问方式：功能性的刑法如何才能在社会中保持其有效性和生命力？换言之，刑法如何才能够对其所指向的人具有拘束力？[3]

对于这一问题，我国学者陈忠林教授认为，从法的功能考察，只有按照常识、常理、常情来制定、理解、执行法律，才可能实现"定分止争"，解决社会利益冲突这一法律的根本功能。因为常识、常理、常情是在一个社会中得到最普遍认同的是非观、价值观，我们只有坚持用这种是非观、价值观作为我们制定、适用、执行法律

---

〔1〕 虽然自然法学派与分析实证主义法学派之间的争论，更多的是在法律有效性的效力来源这一层面作出的争论，但是，刑法作为法律体系的一个有机组成部分，这样的争论亦适用于刑法规范有效性的效力来源这一问题。

〔2〕 李寿初："超越'恶法非法'与'恶法亦法'"，载《北京师范大学学报（社会科学版）》2010年第1期，第114页。

〔3〕 美国法哲学家博登海默指出，如果人们说一条法律规范是有效的，这就意味着这条法律规范对于它所指向的那些人具有约束力。[美] E. 博登海默：《法理学：法律哲学与法律方法》，邓正来译，中国政法大学出版社2004年版，第347页。

时必须遵循的指南，我们的法才可能真正成为民众从内心认同而自觉遵守的法。[1] 周光权教授指出，保持刑法与市民感觉、国民规范意识之间的一致性，以保持刑法的亲和力，并使之获得公众对刑法的认同感，在我国是一个比较突出的问题。[2] 刑法必须得到公众认同，刑法的规范有效性才能得到维持，刑法的存在才有意义，所以，行为、规范、刑法、公众认同具有高度的一致性。[3] 邱本教授强调，法律是人的行为规范，而人的行为受人的思想所支配，法律要有效地规范人的行为贵在做通、做好人的思想工作，而要有效地做通、做好人的思想工作，关键是讲清、讲通其中的道理，做到以理服人，把道理讲到人们的心里，让人心服口服，不得不服，人们从内心里从思想上认可法、接受法、信从法，法才能深入人心，化为支配人行为的思想，并体现在人的行为上。[4] 上述学者的观点给予我们的启示在于，如果要保证刑法对其所指向的对象和受众具有有效性和拘束力，那么它就必须首先以其所规定之内容让人理解、认可和接受，进而获得国民的信赖和遵从为前提；否则，不能使人理解、产生信赖感和让人产生规范认同、自觉遵从的刑法，必将无法保证其在社会中的有效性，无法有效发挥定分止争、维护社会和谐稳定的功能与作用。如美国法哲学家博登海默教授（Edgar Bodenheimer）指出，宣称一项法律规则有效的目的就在于确保该项法律规则得以有效的遵守和实施。然而，如果许多人都认为该

---

[1] 陈忠林："'恶法'非法——对传统法学理论的反思"，载《社会科学家》2009年第2期，第10页。

[2] 周光权："论刑法的公众认同"，载《中国法学》2003年第1期，第116页。

[3] 周光权："论刑法的公众认同"，载《中国法学》2003年第1期，第119页。

[4] 邱本："法学应是一门最讲理的学问"，载《清华大学学报（哲学社会科学版）》2008年第4期，第120页。

规则是完全不合理的或者不正义的，那么这一目的就无从实现。在这种情形下，对该规则的遵守及实施往往也会遭到破坏，从而使该规则部分失效。[1] 当一条规则或一套规则的实效因道德上的抵制而受到威胁时，它的有效性就可能变成一个毫无意义的外壳。[2]

其实，这样的看法是将刑法置于整个社会系统中加以考察，来探寻刑法规范的有效性问题的。毕竟，社会是由人们有秩序的交往构成的世界，社会就是一个交往的系统……刑法不是在个别意识中，而是在交往中发生作用的。[3] 在此意义上，既然法律系统，包括刑法，作为整个社会系统的有机组成部分，那么对其考察就不应忽视作为整体的社会的现实基础和国民的现实生活需求。我们知道，现代刑法形成于国家与个人相互对立的时代背景之下，刑法所具有的强制力属性必然导致其对国民权利与自由的部分限制。[4]因此，从刑法的评价对象和受众客体的角度考察，刑法规范的有效与否就不能像专制主义时代那样仅诉诸君主或者少数人的权威性和强力性，而是必须从国家与国民的良性互动关系之中加以求解。也就是说，刑法立法需要立基于国家与国民、国民与国民相互之间所达成的共识基础上，以人民的意志为转移，以国民的现实欲求为本质依归，"立法要恪守以民为本、立法为民理念，切合宪法精神、体现人民意志、获得人民拥护。"[5] 否则，违背人民意志和基本价

---

〔1〕 ［美］E. 博登海默：《法理学：法律哲学与法律方法》，邓正来译，中国政法大学出版社 2004 年版，第 359~360 页。

〔2〕 ［美］E. 博登海默：《法理学：法律哲学与法律方法》，邓正来译，中国政法大学出版社 2004 年版，第 360 页。

〔3〕 吴情树："京特·雅科布斯的刑法思想介评"，载《刑法论丛》2010 年第 1 期，第 462~467 页。

〔4〕 当然，这种限制本身是必要的，一般而言，也是有益的；否则，整个社会将会失去制约而逐渐滑向无政府状态，从而造成国民的自由与权利根本无从实现。

〔5〕 黄谋琛："法治必须被信仰"，载《理论月刊》2017 年第 2 期，第 53 页。

值观念，无法获得国民理解、认可、信赖、遵从的刑法规范，就只能是徒有其表的"空架子"而已，即使是经过正当、严肃的立法程序被制定出来，也无法证成自身的有效性。换句话说，当国民普遍认为国家所立之法背离他们的基本价值观念时，他们认可和接受这样的规则设计才是咄咄怪事，即使他们不明确反对这样的规则设计，但是消极抵制也是完全可以想象的。如美国学者保罗·H. 罗宾逊教授（Paul H. Robinson）认为，刑法典追求公正的公众感受对于法典的道德可信赖性是必要的……但要成为道德上的权威，刑法决不能偏离大众的正义直观（intuitions of justice）太远。[1] 郭泽强教授认为，刑法作为国家的基本法律，是预防犯罪和制裁犯罪的必不可少的手段，对公众的人身、财产、政治民主以及社会生活各方面的权利利益具有重大影响，因此，刑法的公众认同很重要，社会各界需要给予应有的重视。[2]

综上所述，经过严格立法程序被制定出来的刑法规范要想具备有效性，对国民产生行为上的拘束力，使国民均依据其行事和妥善安排自己的行为计划，就无法离开国民对其的理解、认可和接受。由此，规范的信赖和遵从构成了刑法有效的前提。如果人们将法律视为规范的合法来源，如果法律拥有我们所说的"道德可信任性"，那么他们就更有可能把法律的是非判断作为自身道德判断的参照，继而将更有可能遵守法律并且支持颁布法律的权威部门。[3]

（二）重刑刑法对规范信赖和遵守的消解

以上研究表明，刑法要想在社会中保持有效性，对国民产生拘

---

〔1〕　参见［美］保罗·H. 罗宾逊："为什么刑法需要在乎常人的正义直观？——强制性与规范性犯罪控制"，王志远译，载《刑事法评论》2011 年第 2 期。

〔2〕　郭泽强："刑事立法政策与公众认同论纲"，载《山东警察学院学报》2013 年第 3 期，第 49 页。

〔3〕　Tom R. Tyler, *Why People Obey the Law*, Princeton University Press, 2006, p. 60.

束力，那么就必须以国民对其的信赖和遵从为首要前提。然而，什么样的刑法才能够获得国民的信赖和遵从呢？在我们看来，首要的要求之一就是刑法应当以国民的"常识、常理、常情"为实质内核，给予行为人应得之惩罚，而不能明显地超出公正的报应限度而给予行为人非必要的、苛重的惩罚。

一方面，重刑化的刑法难以获得国民的认可和接受，甚至会使国民产生负面的包庇犯罪的可能性。一般而言，法律必须最大限度地符合国民的"三常"观念，特定法律体系才能够被称之为"正义的法律体系"。如何衡量规则的设定是否能够实现公正，国民的心中有一杆秤。国民心中的这杆秤，上量国家的基本规则、基本政策；下量国家公职人员履职的程度、公正的比例。在民心这样的度量衡面前，规则是灰色的，常理是鲜活的；某些情况下与其抱怨涉法国民不讲道理，不如拍拍良心，设身处地面对法律的裁判，你心服吗？[1] 这也就意味着，一旦刑法表现出重刑化的品性，其本身就会因对行为人施加过重的刑罚而相应地缺乏应有的"道德可信任性"，与社会公众的正义直观偏离得太远，进而其就难以获得人们的认可和接受，奢望国民信赖和遵守这样的重刑刑法显然只能是一厢情愿。换句话说，刑法要想获得人们的信赖和尊重，就必须与社会公众的正义直观相符合，如果重刑化的刑法与社会公众的正义直观、公平观念相悖，并且社会公众觉察出重刑刑法与其正义直观相背离，那么就会对适用重刑的依据产生怀疑，从而削弱社会公众对刑法的规范认同和尊重，甚至导致社会公众对犯罪分子的同情，对刑法的公正性产生怀疑，导致社会公众对法的情感的钝化。这样一来，就会导致这样一种结果：刑法失去调整和规范社会的应有机能，无法实现刑法确证规范的目的。如有人认为，刑罚作为犯罪的

---

〔1〕 李洁、吴亚可："论刑事裁判规则合理性的实现路径"，载《社会科学战线》2017 年第 2 期，第 225 页。

法律后果，是由刑法法规加以规定的，刑罚要在社会内有效地发挥机能，就必须依赖公民的规范意识与正义感，公民规范意识的形成，对预防犯罪起着重要作用。[1] 有人认为，当刑罚的规定和适用超出社会公众的正义直观，并被人们认为是不公正的时候，其能够得到人们的信赖和遵守就是存在疑问的。还有人认为，破坏公正刑罚所固有的强化道德禁忌和伦理化的结果，特别是当公众感到刑罚过重时，就不会积极协助司法机关揭露和捕获罪犯，甚至会转而包庇罪犯。[2]

另一方面，重刑化的刑法也不利于国民规范意识、守法意识的养成。刑罚作为刑法规定的对犯罪人的法律后果，其目的包括一般预防和特殊预防，其中特殊预防的对象是实施了犯罪行为的犯罪人，其目的就是通过惩罚业已犯罪的犯罪人并使其在痛苦中自我反省，从而改过自新；一般预防又包括积极的一般预防和消极的一般预防，二者的本质区别在于：前者是通过确保法秩序的稳定性，培育和强化国民的法忠诚意识而引导国民遵法、守法的；后者的核心机理与特殊预防一样在于威慑，即通过对犯罪人施加剥夺性痛苦以防止普通国民实施违法犯罪行为。然而，就特殊预防和消极的一般预防而言，配置多少刑罚量才能够防止犯罪人和普通国民不实施犯罪，答案却是不清楚的。美国学者保罗·H. 罗宾逊教授通过对"痛苦习得"和"主观快乐感"进行实验和研究之后得出结论，大量的因素使得预测和控制将被感知和记住的刑罚量变得非常困难，这里的启示在于，威慑机制可能是相当复杂的；我们的最终结论并不是要否定威慑作为刑罚配置原则的资格，而是要明确其实现所必

---

〔1〕 张明楷：《刑法格言的展开》，法律出版社 2003 版，第 282 页。
〔2〕 邱兴隆：《关于惩罚的哲学——刑罚根据论》，法律出版社 2000 年版，第 131 页。

要的前提性条件，并且明确：威慑只有在有限的情况下才可能有效。[1]

这也就意味着，如果单方面强调通过惩罚威慑犯罪人和社会一般人，一味地对犯罪人适用重刑，配置过高的刑罚量，超过刑罚公正性的要求和限度，而忽视刑罚对犯罪人的教育感化功能和对守法国民规范意识的强化，那么这种重刑的适用就可能会产生相反的效果，不仅难以使犯罪人从思想上摒弃犯罪，而且会导致守法的普通国民质疑所规定之刑罚的正当性。这样一来，刑罚的适用就难以真正地预防犯罪人再次实施危害社会的行为，难以强化国民的规范意识、守法意识，进而带来刑罚特殊预防和消极的一般预防之目的实现上的障碍。因此，我们在追求刑罚功利性的同时，必须时刻注意绝对不能超出刑罚公正性的限度。这就意味着，只有对犯罪分子科处与其罪行相适应的刑罚时，才可能使罪犯真正认罪服法，真正认识到自己实施的犯罪行为是错误的行为，从而能够认真接受改造，争取重新做人。如有学者曾认为，过重的刑罚，在犯罪人心理上产生的不是后悔和痛苦，而是对刑罚制度、社会的仇恨，与社会对抗的心理反而会加强，为了补偿过重刑罚所造成的失衡心理，他们常常会再度实施犯罪。[2] 贝卡利亚（Marchese di Beccaria）也曾明确地指出，严峻的刑罚造成了这样一种局面：罪犯所面临的恶果越大，也就越敢于规避刑罚。为了摆脱对一次罪行的刑罚，人们会犯下更大的罪行。[3] 这也说明，如果罪刑不均衡，犯罪人可能对刑罚的适用产生较大的抵触情绪，甚至可能产生仇恨和报复社会的心

---

〔1〕 参见［美］保罗·H. 罗宾逊："进行中的刑罚理论革命：犯罪控制意义上的公正追求"，王志远译，载《当代法学》2012年第2期，第59~61页。

〔2〕 游伟："重刑化的弊端与我国刑罚模式的选择"，载《华东政法学院学报》2003年第2期，第97页。

〔3〕 ［意］贝卡利亚：《论犯罪与刑罚》，黄风译，北京大学出版社2008年版，第62页。

理。这样一来，就可能造成这样一种矛盾的情况：刑罚的对象正是它自己造成的犯罪。从而使刑罚不但不能有效地惩罚和预防犯罪，反而为社会培养了一部分死心为敌的严重犯罪分子，无视刑法规范的禁止性要求，更大地威胁社会、危害人民。除此之外，普通的守法国民在面对重刑化的刑法时，就极有可能产生这样的心理后果，即其产生的不是规范认同，而是质疑甚至是抵抗。因此，我们认为，法律的主要作用并不是惩罚或压制，而是为人类共处和为满足某些基本需要提供规范性安排。使用强制性制裁的需要愈少，法律也就更好地实现了其巩固社会和平与和谐的目的；[1] 而重刑刑法不仅无益于国民规范意识、守法意识的养成，反而会阻碍国民对刑法规范的信赖和遵从。

二、导致人们对生命和自由缺乏必要的尊重

刑罚作为犯罪的法律后果，一般而言，对于控制和预防犯罪，满足被害人和社会公众的报应感情具有积极的作用。但是，如果一味地通过重刑来实现这一效果，不仅会造成上文所述的社会公众不再信赖和遵守这样的重刑刑法的后果，而且对于社会公众来说也可能会产生一定的意想不到的消极影响。约翰·洛克（John Locke）曾经说过，我们可以假定人心如白纸似的，没有一切标记，没有一切观念，那么它如何会有了那些观念呢？我可以一句话答复说，他们都是从"经验"来的，我们的一切知识都是建立在经验上的，而且最后是导源于经验的。我们因为能观察所知觉到的外面的可感物，能观察所知所觉、所反省的内面的心理活动，所以我们才能得

---

[1]　[美] E. 博登海默：《法理学：法律哲学与法律方法》，邓正来译，中国政法大学出版社 2004 年版，第 366~367 页。

到思想的一切材料。[1] 从洛克的表述中，我们可以看出，社会意识来源于社会存在，并决定于社会存在，人作为社会化的生物，其观念的形成都会或多或少地受到周围环境和事物的影响和同化。那么，当刑法已经表现出重刑化的品性，而普通国民尚未意识到这种呈现出重刑化品性的刑法所具有的不合理性和不公正之处，反而认为其是合理和公正的，并因此而完全信赖和遵守这样的重刑化品性刑法时，重刑化的刑法对国民观念的型塑会产生什么样的影响呢？我们认为，答案是不言自明的。正如贝卡利亚在其经典著作《论犯罪与刑罚》中所表述的那样：人的心灵就像液体一样，总是顺应着它周围的事物，随着刑场变得日益残酷，这些心灵也变得麻木不仁了。生机勃勃的欲望力量使得轮刑在经历了百年残酷之后，其威慑力量只相当于从前的监禁。[2] 在大部分人眼里，死刑已变成了一场表演，而且，某些人对它怀有一种愤愤不平的怜悯感，占据观众思想的，主要是这两种感情，而不是法律所希望唤起的那种健康的畏惧感。[3] 从贝卡利亚的表述中我们不难看出，一旦重刑化的刑法披上正当合理的外衣而蒙蔽国民的双眼时，不仅会使得犯罪人的心灵变得麻木不仁，难以实现特殊预防的目的；与此同时，也极可能造成普通的社会公众在没有意识到重刑化的刑法的不合理和不公正时，因为潜移默化的影响而形成一种重刑是理所应当的观念。

由于刑罚的主要内容就是对犯罪人的生命、自由、财产和资格等权利加以限制或者剥夺，并通过这种限制或者剥夺来实现对犯罪人的报应和预防犯罪的目的。当立法、司法实务、国家的宣传、司

---

〔1〕［英］约翰·洛克：《人类理解论》（上册），关文运译，商务印书馆1959年版，第68页。

〔2〕［意］贝卡利亚：《论犯罪与刑罚》，黄风译，北京大学出版社2008年版，第62页。

〔3〕［意］贝卡利亚：《论犯罪与刑罚》，黄风译，北京大学出版社2008年版，第67页。

法机关的报告等，传达给国民的几乎都是重刑无可比拟的抑制犯罪的积极作用，是重刑威慑对于社会治安状况的积极效果，在各个大的庆祝日或者非常时期公开宣判一定的重刑犯以此来安定民心，也未必不能引起国民在社会治安状况不佳时对重刑的期待。[1] 因此，如果人们经常性的目睹的是成百上千的人被执行死刑而剥夺了生命；执行过度的自由刑而被剥夺或限制了自由；执行不合理的财产刑而被剥夺了财产，并且认为国家对犯罪人的这种限制或者剥夺是合理和公正的时候，那么，就不可避免地在人们心中植入重刑是合理合法的观念，因为该种观念具有蒙蔽性和欺骗性。这样一来，就极有可能会在人们心目中留下人的生命、自由和财产等权利可以经常性的被剥夺，而不再那么神圣的印象，反而认为重刑刑法是公正的观念。长此以往，不可避免地会造成社会公众对于其他社会成员的生命、自由、财产等权利的漠视，甚至无视，在无形中缓慢地逐渐侵蚀人类与生俱来的"善"的心灵，并使人们的心灵逐渐变得麻木不仁，从而导致对生命和自由缺乏应有的尊重。正如有人所认为的那样，看着鲜血流淌，民众很快学会血债只能用血来还。[2] 因此，我们可以这样认为，重刑化的刑法可能会以其欺骗性而给社会公众树立一个错误的"榜样"，并在无形中潜移默化地刺激和助长人类本性中的阴暗一面，并因此导致国民形成一种重刑化的意识和观念，或者使已有的重刑意识和观念进一步强化，引导国民在漠视生命和自由的歧路上越走越远。显然，这对于现代法治国家来说应当是不希望看到的结局，甚至是一种灾难性的后果。

---

〔1〕　李洁：《论罪刑法定的实现》，清华大学出版社 2006 年版，第 186~187 页。

〔2〕　［法］米歇尔·福柯：《规训与惩罚：监狱的诞生》，刘北成、杨远婴译，生活·读书·新知三联书店 2003 年版，第 49 页。

三、造成刑罚成本的不必要提高

犯罪是人类社会面临的重大问题，为了有效地控制犯罪，国家对于实施了犯罪的行为人施加刑罚，防范其再次实施犯罪，并以此来警示和引导普通的国民不实施违法犯罪行为，以此减少和控制犯罪的发生率。然而，当犯罪发生时，为了实现上述目的，从侦查案件到执行刑罚这一系列环节中，国家都需要投入大量的人力、物力和财力来侦破案件、抓获犯罪嫌疑人、对犯罪嫌疑人提起公诉、对犯罪人判处刑罚和执行刑罚，这些无一不表明刑罚的适用不可能是无代价的，而是需要投入一定的经济成本的。同时，由于不同刑罚的适用程序和所需的执行条件不同，也就造成了不同刑罚的适用所需要的成本也是不同的。例如，对于生命刑的适用来说，由于它是所有刑罚种类中最严厉的制裁措施，并且由于它所剥夺的犯罪人的利益无可挽回，因此相对于其他案件而言，就使得死刑案件从侦查到执行就需要国家投入更多的人力、物力和财力来保障死刑适用的准确性和谨慎性，防止死刑适用错误所付出的更大代价。就自由刑而言，为了限制犯罪人的人身自由，对其进行教育和改造，国家就需要花费大量的人力、物力和财力来建造关押犯罪人的监管设施，并且需要投入大量的人力和提供各种设备来对犯罪人进行监管和教育改造。例如，根据《浙江省监狱管理局 2017 年部门预算》，用于犯人生活（项）事务、[1] 犯人改造（项）事务、[2] 狱政设施建设（项）事

---

〔1〕 主要用于监狱犯人生活的各项开支，包括伙食费、被服费、水电费、日用品补助、医疗卫生防疫费、杂支费、监舍用具购置费等。

〔2〕 主要用于监狱管理部门及监狱用于犯人改造的各项开支，包括狱政费、教育改造费、劳动改造费、犯人医院及医务所补助费、技术装备消耗费、戒毒及传染病查治费等。

务[1]和其他监狱支出（项）事务[2]的预算分别为 27 481.00 万元、6894.76 万元、41 689.64 万元和 31 102.21 万元。

需要注意的是，刑罚的适用不仅需要付出一定的经济成本，与此同时，还需要付出一定的社会成本，而这种成本主要表现为刑罚的适用对犯罪人及其家属所带来的消极影响和对社会所带来的消极影响两个方面。就前者而言，如对犯罪人在监所执行刑罚，可能使犯罪人监狱化、交叉感染、产生仇视社会的心理等；对犯罪人家属来说，则可能因为犯罪人被适用了死刑或者长期被关押而导致骨肉分离、家庭缺乏经济来源，甚至妻离子散等，这对一个家庭来说可以说是毁灭性的打击。就后者而言，对于犯罪人适用刑罚，会使得原先可能对社会做出贡献的犯罪人，因被刑罚剥夺了其生命或自由而无法为社会做出自己的贡献，实现自己的价值，因而给社会造成了一定损失。

上述分析说明了刑罚的适用是有成本的，邱兴隆教授指出：刑罚是有限的，犯罪是无限的，以有限的刑罚对付无限的犯罪，是社会的一种无奈的选择。因此，宽容和节俭用刑是社会最明智的选择。[3] 因此，从刑罚经济层面讲，刑罚的适用不能不考虑其所要付出的成本，应当综合考虑控制犯罪和刑罚成本之间的动态平衡。在此种意义上，重刑化的刑法的缺陷就暴露无遗了。一旦刑法呈现出一种重刑化的品性特征，刑罚所付出的成本也将大幅提高。从犯罪圈的不当设置来看，如果把本来不应当纳入犯罪圈进行规制的行

---

[1] 主要用于监狱管理部门和监狱狱政设施建设及维修、技术装备购置等方面支出。

[2] 主要用于监狱管理部门及监狱发生的调犯费、突发事件及预案处置费、特殊案犯经费、驻监武警等机构补助费、警察服装费、宣传奖励费、老残人员经费、罪犯技术辅导人员及关键要害岗位人员补助费等支出。

[3] 邱兴隆：《刑罚理性导论——刑罚的正当性原论》，中国政法大学出版社1998年版，第3页。

为纳入犯罪圈，那么就意味着国家为了控制这一部分犯罪，将需要额外投入更多的人力、物力和财力，而这对于有限的司法资源来说实在不是明智之举。而从刑罚量的过多配置来看，由于刑罚量的配置与犯罪行为的社会危害性程度之间存在不均衡，对于犯罪人来说可以说是一种过分的剥夺，犯罪人本来可以在较短的时间内因刑罚执行完毕而重新复归社会，却由于刑罚量的过度配置而不能复归社会，这不仅将给犯罪人和犯罪人的家庭带来更大的消极影响，而且对于整个社会来说，也会因犯罪人执行刑罚而不能为社会贡献自己的价值而造成一定的损失。此外，我国《刑法》中还大量使用了"数额较大""情节严重""情节恶劣"等模糊性较强的概念作为成罪的条件。这些情况必然导致刑事审判中法官的自由裁量权过大，并且主要表现在量刑方面。刑法在量刑领域总是留给法官较大的自由裁量权：一是罚与不罚的自由裁量；二是对确定刑种和量刑幅度的自由裁量；三是对从重、从轻、加重、减轻及免除处罚等具体适用条件的自由裁量；四是对刑法条文中其他方法、其他手段等概括性用语理解上的自由裁量，等等。就我国的法官队伍而言，整体素质不高，加之长期存在的只要在法定刑幅度内量刑就不是错案的不重视量刑的观念和做法，极有可能造成这样的情况：本应该判处短期徒刑却实际判处了长期徒刑，本应该判处死缓的却实际判处了死刑立即执行等。这也就意味着，上述错误观念和做法必然导致司法成本的不必要增加，浪费有限的司法资源。综上，我们完全有理由认为，在高犯罪率和有限司法资源之间存在尖锐矛盾的今天，重刑化的刑法不利于实现现代刑事司法的效率价值目标。

中国刑法重刑化的立法技术成因

　　根据学界的共识性观点，刑法规范是立法者的理念、思想、意图等之载体，承载着立法者特定的规范目的和价值选择；而立法技术则是将立法者的理念、思想和意图等转化为实定刑法规范的媒介和桥梁，在型构刑法规范的立法实践中发挥着不可替代的功能和作用，甚至在一定意义上可以说起着关键性的、决定性的作用，影响到人们对所制定出来的刑法规范的"好"与"坏"的评价。换言之，刑法规范是立法者的理念、思想、意图等制度性外化的产物，立法技术则是将立法者的立法理念、思想、意图等制度性外化时所需要运用到的一种手段。

　　在此意义上，结合前文所揭示的中国刑法所呈现出的重刑化品性特征，我们不难发现，重刑化刑法的产生与立法者的观念认知和立法技术的运用密切相关。也就是说，一方面，如果立法者本身的规范目的和价值选择出现了一定的错误和偏差，那么就不可避免地会导致在立法实践中通过立法技术的运用而将其体现在刑法规范文本之中；另一方面，即使立法者的规范目的和价值选择本身不存在什么问题和错误，但是，一旦他们在立法实践中对于立法技术的运用出现了问题或者失误，那么也不可避免地会导致所制定出的刑法规范文本存在一定的问题，造成刑法规范的科学性和合理性受到损害。

具体而言，立法者的观念偏差和立法技术的不当运用，将导致静态的实定刑法规范出现规定上的失误，其中包括犯罪圈不当划定和罪刑轻重失衡等不良现象。通常而言，从刑法规范的整体视角进行考察，犯罪圈不当划定和罪刑轻重失衡现象主要表现为立法畸轻和立法畸重两个方面的问题。立法畸轻指的是，对于本应当纳入犯罪圈作为犯罪进行规制的行为，刑法立法却不将其规定为犯罪，或者对于本应当配置较重刑罚的行为，刑法立法却规定了较轻的刑罚；立法畸重则与立法畸轻恰恰相反，指的是对于本不应当纳入犯罪圈作为犯罪进行规制的行为，刑法立法却将其规定为犯罪，或者对于本应当配置较轻刑罚的行为，刑法立法却规定了较重的刑罚。其中，立法畸重就是本书所研究的刑法重刑化问题，它不仅关涉犯罪圈被不当扩大的问题，而且也关系到刑罚的过重设置问题。

通过上述分析我们认为，如果要对中国刑法重刑化的立法技术成因问题进行揭示，那么就不应当忽视也无法回避立法者的观念认知和立法技术的运用问题。毕竟，前者的立法实现无法脱离开对于立法技术的运用，并且会在一定意义上决定采用什么样的立法技术。换言之，一旦立法者的规范目的选择和价值追求出现一定的失误，那么此时所运用的立法技术将在立法实践中起到"传导器"的作用，即将立法者的不合理观念传导至所制定出来的刑法规范文本之上。而后者自身的运用妥当与否也会在一定意义上决定所立之法是否能够将立法者的理念、思想、意图等准确地在实定刑法规范中体现出来。也就是说，立法技术的不当运用本身会造成立法者的良性规范目的选择和立法价值追求在所制定出的刑法规范文本之上被异化、歪曲或者遮蔽。因此，立法技术的不合理运用也可能会成为重刑化刑法立法的一个不容忽视的原因。

第一节　重刑化的观念原因

一、国民的报应观念和重刑观念

在古代社会，复仇作为一种古老的公正理念和行为方式，在刑法产生之前即已存在于人们的观念和日常生活之中，期间经历了血族复仇、血亲复仇到被害方及其亲属向特定加害人实施报复性行为的演变。后来，在刑罚权被收归国家、由国家垄断之后，虽然国家明令禁止私人间的复仇行为，但是复仇观念依然普遍存在于人们的朴素价值观念之中。由此，国家为了满足国民的复仇心理和欲望，将复仇理论化为"报应"这一国家刑罚权的正当化根据，并推动着刑法的持续发展和演变。如西原春夫教授指出：刑法原来是人普遍对他人的行动感到一定程度的"岂有此理"的愤怒时就必须对他人科以刑罚。……刑罚这一制度就是从这种人的愤怒和因此而产生的复仇心理出发，然后以禁止复仇，并由国家来代行复仇这种形式发展起来的。[1] 到了现代民主社会，虽然立法者多为精英阶层，但他们在本质上仍然是国民群体中的一员，不过是国民选举出来的代表他们意志、行使他们的意志的代表者而已。因此，作为对国民负责任的代表者，立法者在立法实践中必然需要反映和代表国民的意志、利益和诉求，否则就违背了他们当选为国民代表时作出的对国民负责任的代表承诺。由是观之，一旦报应观念在某一社会群体当中持续存在，那么立法者在制定法律时就需要以其所规定之内容来满足国民的报应情感和复仇心理。质言之，在禁止私下复仇的现代社会……国家必须采取使被害人及其亲朋好友的报应情感得到一定的

---

〔1〕　[日] 西原春夫：《刑法的根基与哲学》，顾肖荣等译，三联书店上海分店 1991 年版，第 108 页。

满足或缓和的措施。这就成为刑罚制度存在的根据之一，在制定刑法时，这种处罚犯人的欲求是作为原动力而起作用的。[1]

根据上述分析，我们可以获知，报应这种朴素的国民观念指向的是刑罚的适用，在社会公众看来，对于实施了严重危害社会行为的行为人就要处以相应的刑罚，以此实现对于犯罪人的报应。由此，即使是在犯罪行为给被害人及其家属造成重大伤害而难以获得有效补偿的时候，要求对犯罪人适用重刑，我们认为也无可厚非，并不一定会导致重刑化的刑事立法。但是，我们需注意的是，报应观念与重刑观念常常是一体存在、相互依存的，如果不对报应情感对重刑惩罚的诉求加以警惕，那么立法者为了单纯满足国民的报应心理，就极有可能制定出重刑化的刑法。

我们知道，中国古代社会是一个宗法社会，其文化以"礼"为核心，而"礼"在实质上主要表现为与"刑"之间的关系，因此形成了中国独特的法律文化传统。在不同的历史时期，随着"礼"与"刑"之间的关系变化，刑罚制度也深受其影响，先后产生了"明德慎罚""重刑尚法""德主刑辅""明刑弼教"等刑罚思想。从总体上看，虽然在一定时期强调"慎罚""德主"，但是为了维护阶级统治的需要，"刑罚世轻世重"，特别是"治乱世用重典"等重刑思想尤其受到统治者的推崇，可以说一直贯穿于中国历史发展进程。正如有人认为的那样，从统治者的态度来看，他们对"德主刑辅"的眼光，似曾都带有"术"的意味和功利的色彩，无不将道德视为法律制度的粉饰性资源，以便为自己树立"德政"形象；而且，在两千年封建法制建设中，"德"也未为"主"过，"刑"也不曾为"辅"过，德与刑的关系是一种表里关系，而不是主次关系，表面上重视道德建设，暗地里却重视法刑建设，形成一明一

---

〔1〕 ［日］西原春夫：《刑法的根基与哲学》，顾肖荣等译，三联书店上海分店 1991 年版，第 84 页。

暗的法律实践模式。[1] 在这种带有伪装性的重刑思想的熏陶和影响之下，看似是满足了国民的报应观念，但是，我们也必须看到，国民的报应观念在实质上却受到了不当强化，走向了重刑思想的道路。正是由于我国上述法律传统的影响，对犯罪人适用重刑的思想已经深深植入了国民的观念和心中，认为杀人者死是天经地义的，甚至是正义神圣的，再也没有比这更公平更合理的了，坏人、敌人死不足惜，因此死刑是万不能没有的；更坏的坏人、更大的敌人死有余辜。[2]

正是在这样的法律文化传统之下，在当今社会，基于报应理念同时被传统法律文化强化的重刑思想并没有得到有效的清理，以至于在我国现行《刑法》中得到了一定程度的体现。众所周知，报应理念经历了长期的发展过程，而这个过程的基本方向是使报应从感性走向理性，其形式从同态报应走向同质报应，再到公正报应。但是，在我国，这样的报应公正的观念尚未得到广泛的传播和宣扬，"以牙还牙、以眼还眼""杀人者死"的观念还有相当的市场和存在空间。人们普遍认为重刑是对犯罪人的报应，能够有效抚慰被害方受到的创伤，并且能够有效地威慑潜在的犯罪人，警示社会上的不稳定分子不实施危害社会的行为，从而达到减少犯罪发生概率的目的，这可以说是受到重刑思想不当强化的报应观念在现代社会的一种表现。稍微观察一下我国的社会现实，不难发现，每当社会上发生一些震惊全国的刑事大案后，社会公众对于犯罪的厌恶程度迅速提高，要求从严从重惩处犯罪分子的呼声普遍高涨，就是一个明显的例证。因此，在当国民普遍具有受到重刑观念不当强化的报应观念的时候，尤其是立法者其实也只是国民中的一员的情况下，制

---

[1] 龙大轩：《道与中国法律传统》，山东人民出版社 2004 年版，第 212 页。
[2] 张宇琛："中国刑法重刑化之文化解读"，载《湖南社会科学》2013 年第 1 期，第 83 页。

定出具有重刑化品性的刑法也就不足为怪了。无怪乎有人认为，在死刑之上还要叠加没收财产刑。步步累加，步步攀升，形成了重刑色彩鲜明的中国刑法……这恐怕就是重刑威慑理论能够支配中国刑法几千年，甚至延续至今的文化通道。[1]

二、立法对民意的反映不够全面

根据维护和确证规范的刑法理念，立法者在设定犯罪和刑罚时，应当最大限度地保证所规定之内容契合民众心目当中的正义直观——俗称民意，唯有如此，才能够使国民认可和接受制定出来的刑事法律规则，进而依据所立之法行事和安排自己的行为计划。但是，不可否认的是，由于民意萃取机制的缺陷等原因，立法者所立之法是否能够完全地反映真实的、理性的、积极且非情绪化的民意，在一定意义上是存在疑问的。进而言之，一旦立法者并未完全地把握住国民的理想的、积极的、非情绪化的意志，并在立法中有效地将其加以体现，即立法对民意作出了不全面的、有误的反映，那么就不可避免地带来刑法所规定之内容的不甚合理，其中一个较为突出的表现就是刑法在整体上可能趋向于重刑化。

战国时期思想家庄子曾言：上法圆天以顺三光，下法方地以顺四时，中和民意以安四乡。[2] 根据该言说，不难发现，重视民意的观念在我国古代即已成为统治者在国家治理活动中所运用的统治艺术的一个重要组成部分，顺应民意成为统治者有效实现社会管理的一种重要手段。到了近现代，特别是晚近以来，凡是在民主法治国家，国家决策制定者无不重视民意在决策制定中的重要性，由此带来了民意在国家治理方面地位的日益提升，构成了社会治理机制

---

[1] 张宇琛："中国刑法重刑化之文化解读"，载《湖南社会科学》2013年第1期，第83~84页。

[2]《庄子·说剑》。

有效运行时不可被忽视的一维面向。如有人认为，随着资产阶级民主制度的建立和发展，民意日益得到国家重视，被广泛视为是现代社会机制赖以运行的基础之一。[1] 有人认为，民意是一切社会机制赖以运行的基础，随着人类文明的发展，民意在社会生活和社会发展中起着越来越重要的作用，从一定意义上说，人类自觉活动构成的文明史，就是民意地位不断被认识和提高的历史。[2]

具体到当代中国的刑事法领域，国家立法机构的每一次立法活动均可彰显出立法者是在倾听国民诉求、满足国民意愿、顺应国民现实需要的基础上进行的法律创制活动。通常而言，从理想意义上讲，以民意作为实质内核的刑事法律规则是人民意志的体现，不可否认地具有现实意义上的正当性根基和伦理道德上的可信赖性。毕竟，刑法在本质上是为了满足社会的现实需求和人们的现实生活需要而被制定出来的制度性事实，本身带有鲜明的功能性色彩。也就是说，任何刑法都可以还原为人们生存困境的经验发现和解决。由是之故，若刑法不是在立法者把握国民现实需要、满足国民生活需求、顺应国民意志的基础上被制定和修正的话，那么这样的刑法就可能因缺失民意基础而成为"空中楼阁"，其功能的有效发挥必将因缺少国民的理解、认可、信赖和遵从而大打折扣。

但是，需要注意的是，民意本身在具有理性、积极性和恒定性的同时，还具有感性、消极性和情绪化的一面。换言之，民意是某一社群的成员基于其日常生活思维、经验体会、价值观等对于某一事物、事件等表达出的朴素观点、看法和认识。但是，与此同时，民意具有一张普罗透斯似的脸（a Protean face），变化无常，随时

---

〔1〕　参见何荣功："当代中国死刑民意的现状与解构"，载《刑法论丛》2010年第3期，第265页。

〔2〕　喻国明：《解构民意——一个舆论学者的实证研究》，华夏出版社2001年版，第9页。

可能因不同的"主-客认识"之需要而表现出不同的面貌。如有人认为，民意是一种大众话语的表达，它是社会公众依据法律正义的外在社会价值而形成的一种意愿。大众话语遵循的是日常思维方式，往往从评判者自身的生活经验和价值观念出发，对行为进行是非曲直的判断，因而经常受到多重价值观念的交互影响，其中尤以道德观念的影响最为明显。[1] 在此意义上，立法要反映民意、顺应民意、体现民意，但是，如何才能把握理性的民意、积极性的民意、恒定性的民意，就成为立法者在立法实践中必须首先要解决的问题。质言之，民意萃取机制的合理性建构成为确保立法合理性、科学性的一个关键所在。毋宁言，立法对民意的真实反映应当指的是，立法应当真实地反映理性的、积极性的、恒定性的民意；反之，若立法将非理性的、消极性的、情绪化的民意体现在刑法规范中，就是立法对民意反映不够全面的表现。

根据我们的看法，就当下中国的民意萃取机制而言，其存在将非理性的、消极性的、情绪化的民意纳入立法实践中的可能性。之所以这么说，原因在于：一方面，中国是一个地大物博、人口、民族众多的国家，地区间的经济发展差异、文化差异、观念差异、生活方式差异等较大，特别是在传媒发达的今天，对于经过媒体渲染的事件，民众往往会存在分歧而无法达成共识，即使能够达成共识也是局部性的共识。由此，谁代表的才是真正的民意，往往会成为一个问题。此外，民意主体在数量上极其巨大与分散，这就使任何试图就大量公共性问题无一遗漏地征询每一位社会成员意见和看法的想法，难具有操作性。[2] 另一方面，我国采用的是间接选举制

---

〔1〕 周国兴："审判如何回应民意——基于卢埃林情景感理论的考察"，载《法商研究》2013 年第 3 期，第 4 页。

〔2〕 转引自何荣功："当代中国死刑民意的现状与解构"，载《刑法论丛》2010 年第 3 期，第 265 页。

度，立法者是通过间接选举的方式被选举出来的代表国民意志的代表，一般而言，虽然从理想意义上说立法者是国民的一员，与国民具有共通性的认识和体验。但是不容否认的是，立法者作为起草法律、制定法律的精英阶层，其思考问题方式和思维模式与普通国民有所不同，立法者代表的是抽象的、宏观层面的国民认识，而每个国民或者某一区域的国民却有着与其他国民不相一致的认识。

如此一来，我们无法排除立法者为了维护自身作为国民代表对国民负责的代表者形象，在立法实践中为了争取更多国民的支持而将多数国民表达出的非理性的、消极性的、情绪化的民意纳入立法实践中。如有人认为，公共选择视角的基本假设在于，立法者像许多政治活动者一样，将理性地最大化其利益。[1] 换句话说，当选举一个立法者时，其实并没有创造一个将一贯地为了人民利益行事的圣人；而实际上任命的是一个野心勃勃的立法者。[2] 还有人认为，民主政治过程中的立法博弈，有时会表现为民选代表为了在选民中赢得声望而继续连任，即使相关刑事立法方案根本没有减少或者控制犯罪的实际效果，也会因为能够制造话题、引发关注、博取民意效果而作为刑事立法建议被强行推出。[3] 分析至此，我们似乎可以得出一个肯定性的结论：在这个传统媒介与新型媒介交叉、混杂传递信息的时代，什么是真正理性的民意，是所有当代立法、司法者所面临的共同难题。[4]

---

〔1〕　Brian Z. Tamanaha, *Law as a Means to an End: Threat to the Rule of Law*, Cambridge University Press, 2006, pp. 193-195.

〔2〕　Brian Z. Tamanaha, *Law as a Means to an End: Threat to the Rule of Law*, Cambridge University Press, 2006, pp. 193-195.

〔3〕　［美］保罗·H. 罗宾逊："民意与刑法：社会观念在定罪量刑实践中的合理定位"，谢杰、祖琼译，载《中国刑事法杂志》2017年第1期，第76页。

〔4〕　张远煌、徐苗："揭开民意与死刑关系的面纱——从民意的实质看影响死刑控制进程的症结所在"，载《刑法论丛》2012年第4期，第154页。

举一个简单的例子，《刑法修正案（八）》新增设的拒不支付劳动报酬罪，在一定意义上就可被视为立法对民意的虚假反映。因为，如果从恶意欠薪行为的本质进行考察的话，该种行为尚未超出单纯的债权债务关系，与单纯的欠债不还在本质上并无二致。换句话说，以欺骗手段拒不支付劳动报酬构成犯罪的，可以通过诈骗罪对其进行规制；其余的单纯的拖欠薪金不等于拒不支付，其在性质上与欠债不还并无二致，行为人只有民事违约的恶意而无拒付的主观恶性，而且，在这种情况下，受害人可以通过民事救济避免损失，欠薪行为的客观危害不大，将其纳入刑法的规制范围，明显不符合只有害恶性严重的行为才应入罪的要求。[1] 那么，为什么《刑法修正案（八）》会将拒不支付劳动报酬行为入罪呢？让我们看一看《刑法修正案（八）草案》，就会发现原因所在。《刑法修正案（八）草案》指出，对于一些社会危害严重，人民群众反响强烈，原来由行政管理手段或者民事手段调整的违法行为，建议规定为犯罪。主要是醉酒驾驶、飙车等危险驾驶的犯罪，不支付劳动报酬的犯罪，非法买卖人体器官的犯罪等。前面我们分析了拒不支付劳动报酬行为尚不具有入罪所要求的恶害性严重这一基本条件。由此，根据《刑法修正案（八）草案》的表述，不难发现，之所以将拒不支付劳动报酬的行为纳入犯罪圈进行规制，人民群众反响强烈是不容忽视的原因之一。如有人认为，规定拒不支付劳动报酬罪，实际上表达的是对一次法调整作用没有发挥的失望，是多重因素共同作用下安抚民意、顺应民意的体现。[2]

但是，需要注意的是，立法认为的国民对于将拒不支付劳动报

〔1〕 参见邢馨宇、邱兴隆：“刑法的修改：轨迹、应然与实然——兼及对刑法修正案（八）的评价”，载《法学研究》2011年第2期，第32页。

〔2〕 彭剑鸣：“刑法不能承受之重——从刑法修正案（八）入手”，载《政法论丛》2012年第6期，第86页。

酬行为入罪化反响强烈、呼声高，从而将该种行为入罪化，是不是真的是国民理性的、积极性的、非情绪化的表达呢？在我们看来，未必如此。不可否认，在现实社会中，主张用刑法规制拒不支付劳动报酬的行为确实是一些民众的声音，但是，该种主张的出现与一些农民工因老板拖欠工资而被迫走上封厂、堵门、上访闹访的讨薪之路，劳资关系上升为群体事件、公共事件有着相当大的关系。支持处于弱势群体的农民工显然会站在舆论的制高点，加上媒体等传媒机构的不当报道、大肆渲染，甚至歪曲报道，将拒不支付劳动报酬行为入罪化似乎就成了社会舆论的主流言说。如有人认为，当下的民意，往往是那些公众听得到的声音，并且是通过舆论媒体这一中介而被社会听到的声音。在这个过程中，传播媒介是否能做到不对民意进行筛选、放大、变形等是很难保证的。[1] 此外，由于立法者为了维护其代表者形象，获得国民的认可和支持，顺应、屈从这样的非理性、情绪化的民意，甚至是以此攫取利益，就造成了将拒不支付劳动报酬行为入罪化的结果。然而，在我们看来，这样的立法却是对民意的"虚假"反映，是一种情绪化立法的表现，因为它并未将理性的、积极性的、非情绪化的民意在立法中加以体现。并且，这样的观点并非一家之言，有人持有与我们大致一样的看法：《刑法修正案（八）草案》准备新设恶意欠薪，其入罪的必要性如何，是缺乏认真研究的，只是由于社会上接连出现了一些严重的个案，媒体关注甚至炒作，民愤涌动，立法机关就迎风而上，这种立法明显带有情绪化色彩，并不是理性思考的产物。[2] 行文至此，我们可以得出结论，立法对民意的虚假反映，将可能导致犯罪

---

〔1〕　肖熊："中国语境下民意与死刑适用的互动"，载《山东科技大学学报（社会科学版）》2009 年第 1 期。

〔2〕　参见张绍谦："全国人大常委会应慎用修刑权"，载《东方法学》2010年第 5 期，第 132 页。

圈的不当扩大，而犯罪圈的不当扩大本身意味着对本不应当施加刑罚的行为施加了刑罚，因此可以被视为重刑化刑法的一种观念成因。

三、片面注重刑罚一般预防的价值取向

如果从刑罚设置的角度思考我国现行《刑法》呈现出重刑化品性的观念成因，这就涉及刑罚的正当化根据的问题，其实也就是刑罚目的的合理性问题。我国刑法理论普遍认为，刑罚的目的在于一般预防和特殊预防，二者之间是对立统一的关系。其中，一般预防就是通过对犯罪分子适用刑罚，向社会一般人宣示，谁实施犯罪就要处罚谁，从而达到警示和威慑潜在的犯罪人不实施犯罪行为的目的；特殊预防是通过对犯罪分子适用刑罚，威慑犯罪人，防止犯罪人再次实施危害社会的行为。可以说，这样的观点是从刑罚功利性的角度，即预防未然之罪来说明和诠释刑罚的正当化根据的。但是，单纯从刑罚的功利性角度能否全然说明刑罚的正当化根据，得出让人信服的结论，值得让人深思。下面，我们将基于比较研究的视角，对该问题作出深入、细致的说明。

2008 年美国第一次修改了《模范刑法典》，这次修改在刑事责任配置原则上作出了新的改变，将"实现公正"（doing justice）——关注犯罪人的道德应受谴责性——设定为确定刑事责任（确定谁应当被处罚、处罚多重的）首要并且不可违背的基本原则，同时考虑威慑、矫正、消除犯罪能力等原则。[1] 这一改变应当说为我们思考刑罚的正当化根据提供了新的研究路径。我们可以作出这样的推测，美国《模范刑法典》作出的改变，可能是基于不同刑事责任配置原则各自所具有的优缺点这一前提，力图在应得惩罚的限制之下

---

〔1〕 参见［美］保罗·H. 罗宾逊："进行中的刑罚理论革命：犯罪控制意义上的公正追求"，王志远译，载《当代法学》2012 年第 2 期，第 57~66 页。

最大化地发挥刑罚的功能。一般而言，作为刑事责任配置首要原则的应得惩罚观念，是根据犯罪人的应受谴责性分配刑事责任和刑罚，大致相当于我们所称的报应，其优势在于：在限制功利主义犯罪控制方案的扩张性上具有积极的意义。但是，需要说明的是，如果刑事法律体系单纯采用应得惩罚的刑罚配置原则，那么就不可避免地会导致威慑、消除犯罪能力或者社会复归效果的削弱，也就是说，难以最大化地实现刑罚的功利性要求。因为，威慑的优点在于在适当的条件下能够预防未然犯罪，但是可能导致对犯罪人所施加之刑罚在实际赋予中超越其应得之惩罚；矫正、消除犯罪能力的优点在于能够减少或者避免犯罪人再次实施犯罪行为，但同样存在赋予犯罪人应得惩罚之外的刑罚的缺点，由此导致刑罚配置或者适用上的不公正性。通过上述分析我们认为，美国《模范刑法典》的修订在实质上表现为刑罚公正性和刑罚功利性之间的平衡和博弈，即通过刑罚的公正性来对刑罚的功利性进行适当的限制，即刑罚的功利性不能超出刑罚的公正性的必要限度，以此来最大化地发挥刑罚的功能。

　　基于上述认识，考察一下我国关于刑罚正当性根据的理论可以发现，我国刑法理论普遍认为的一般预防和特殊预防，大致上相当于美国刑法理论所说的威慑，是从功利性的角度来思考刑罚的目的问题的，而不涉及从刑罚公正性的角度来思考问题。这样一来，就可能导致这样一种结果，即究竟对犯罪人施加多重的刑罚可以达到一般预防和特殊预防的目的吗？我们认为，我国既有刑法理论难以对该问题作出肯定的回答。因为，由于我国刑法理论没有从刑罚公正性的角度来思考问题，这就极有可能造成在刑罚量的配置上没有边界的限制。质言之，只要能够实现预防犯罪的目的，可以说多重的刑罚量配置在立法上或者司法上都是可以接受的。我国从20世纪80年代开始的严打运动可以说就是单纯从刑罚功利性角度思考刑罚正当化问题的一个明显例证。

1983 年 8 月，中共中央出台了《关于严厉打击严重刑事犯罪活动的决定》，同年 9 月，全国人大常委会作出了《关于严惩严重危害社会治安的犯罪分子的决定》和《关于迅速审判严重危害社会治安的犯罪分子的程序的决定》，由此拉开了 1979 年《刑法》颁布施行之后的第一次严打的序幕。在此后的二十余年间，又于 1996—1997 年、2001—2002 年间开展了两次严打运动。在此期间，为了迎合严打的需要，国家立法机关要么通过制定单行刑法，要么通过修改《刑法》的方式，对已有罪刑规定作出调整，在一定意义上使得刑法呈现出重刑化的发展趋势。综观这三次严打斗争我们可以发现，这三次严打均是在社会治安状况显著恶化、犯罪率大幅上升的情况下开展的。有人认为，严打之所以延续了二十年，是因为有中国传统文化中"治乱世用重典"的思想作为其理论基础。[1] 还有人认为，在严打当中，我们的官方文件从来没有采用"治乱世用重典"之类的说法，但在思想深处，这一古训的影响是不可否认的。[2] 进一步思考，我们可以认为，严打斗争的开展与国家决策制定者片面重视刑罚一般预防的价值取向有着密不可分的关系，严打的目的在于在社会治安严重恶化、犯罪率大幅上升的社会现实之下，通过对业已实施犯罪的犯罪人施加重刑罚，从而达到威慑潜在的犯罪人不实施危害社会的行为的目的。并且，片面重视一般预防的目的追求也被立法者所继受，其表现就是通过修法的形式将片面重视一般预防的价值取向在立法中加以充分体现。然而，不容忽视的是，严打斗争并没有取得预期的好结果。据统计，三次严打期

---

〔1〕 贾宇："从'严打'到'宽严相济'"，载《国家检察官学院学报》2008 年第 2 期，第 152 页。

〔2〕 陈兴良："严打利弊之议"，载《河南省政法管理干部学院学报》2004 年第 5 期，第 121 页。

间，犯罪率确实得到了一定的控制，但是在严打结束后，犯罪率却呈现出急剧的反弹趋势，特别是刑事案件的性质相对于严打之前和严打期间要严重得多。这样一来，就使我们不得不思考立法者在片面重视刑罚一般预防价值取向上所存在的问题和不良导向。

有人认为，就一般预防与报应的关系而言，报应和一般预防二者内容上互补、功能上互助，在刑罚目的理论中动态地展示了良性互动关系，在二者的关系中，仍要坚持报应优先、一般预防第二的观点。[1] 对于这一观点，我们认为是合理的，与美国《模范刑法典》将应得惩罚作为支配性的刑事责任配置原则具有一致性。因为，在报应背后隐藏的价值是公正或者正义，而一般预防背后隐藏的价值是秩序，这样一来，我们就可以得出报应处于第一位阶，而一般预防处于第二位阶的结论。因为，如果没有公正或者正义，在高压统治之下也是可以形成秩序的。但是，这样的高压秩序并不是我们所希望和想要的秩序。在明确了这一问题之后，我们可以得出结论，即要实现一般预防的目的，就需要在公正报应的前提下进行，刑罚的功利性绝对不能超出刑罚的公正性所框定的边界，否则，极有可能导致刑法的罪刑失衡，违背罪责刑相适应的刑法基本原则。详言之，如果违背公正报应的基本原则对犯罪人配置或者适用的刑罚过轻，那么就可能使社会上的其他不稳定分子产生侥幸心理，难以发挥刑罚的威慑功能，威慑和预防潜在犯罪人实施犯罪行为的目的就将难以实现。但是，如果对犯罪人配置或者施加的刑罚量过重，超出其应得之惩罚的限度，那么就可能因违背社会公众的正义直观，使社会公众难以认可和接受这样的内容规定，进而不再信赖和信仰所制定出来的刑法规范，极端的情形极可能是行为人通过实施犯罪行为报复社会，抵制刑法的有效适用。

---

〔1〕　参见李永升、陈伟："我国法治视野下刑罚目的的理性选择"，载《河南科技大学学报（社会科学版）》2006年第1期，第93页。

至此，问题即已明了：如果立法者在立法实践中片面地重视一般预防的目的，而忽视实现公正报应的基本要求，那么就可能造成一种恶性循环，即犯罪越来越多、刑罚越来越重的不良后果。这也许在一定意义上可以解释为什么我国现行《刑法》会呈现出重刑化的品性特征。

四、犯罪观念存在一定的偏差

从犯罪学的角度考察，古往今来，犯罪是一种普遍存在的客观的社会现象。在人们的认识中基本上都是把犯罪视为一种绝对的恶害，对其深恶痛绝，统治者更是基于维护阶级统治的需要，采取种种措施不遗余力地对各种犯罪行为进行打击，企图完全消灭犯罪这一严重危害社会的不稳定因素。儒家的"刑期于无形"、法家的"以刑去刑"的立法指导思想都可以说是旨在杜绝一切犯罪的理想化价值观念和追求。在当今社会，这样的价值观念和追求仍然具有不可低估的影响。正如有人认为的那样，我国主流刑法学和犯罪学理论认为，犯罪的本质在于社会危害性，犯罪具有绝对的恶的属性。[1] 受这种单向思维的绝对主义犯罪观的影响，国家的刑事政策、刑事立法和刑事司法，为了追求理想中的"除恶务尽"的理想效果，往往动辄强调不惜一切代价遏制犯罪，甚至还有人提出应当不惜一切代价追求消灭犯罪的桃园仙境。[2]

但我们认为，立法者所坚持的这种企图完全消灭犯罪的观念本身是有误的，违背了辩证唯物主义认识观的基本原理。原因就在于，他们没有从现象学上认识到犯罪这一社会现象存在的合理性。

---

〔1〕 梁根林："从绝对主义到相对主义——犯罪功能别议"，载《法学家》2001 年第 2 期，第 14 页。

〔2〕 梁根林："从绝对主义到相对主义——犯罪功能别议"，载《法学家》2001 年第 2 期，第 11 页。

法国著名社会学家迪尔凯姆（Émile Durkheim）认为，一种社会现象，当它在发展的某个阶段是以一般的方式存在于某一类型的社会时，这种现象就是一种正常的社会现象。犯罪不仅见于大多数社会，而且见于所有类型的社会，不存在没有犯罪的社会。只要犯罪行为没有超出每个类型社会所规定的界限，而是在这个限度内，它就是正常的。正常性由其普遍性所决定。[1] 在迪尔凯姆观点的指引下我们认为，随着社会的快速发展，犯罪行为不可避免，并且其样态也呈现出多样化和复杂化的趋势，尤其是我国当前正处于社会转型的关键时期，各种新型犯罪应运而生。这就意味着，只要人们基于交往关系连接而成的社会网络继续存在，那么就必然会存在犯罪这一负面现象，而且就其存在本身而言，它是具有一定合理性的。因此，我们应当采用正确的态度正视犯罪现象存在的现实性和合理性，而不是试图打造一个无犯罪现象存在的"理想国"。换言之，我们不能否认犯罪现象存在的客观事实，而应当承认这一客观事实，承认犯罪存在的合理性，以理性的眼光对犯罪行为进行合理的看待，而不能将消灭犯罪这种绝对的犯罪观念视为一种绝对正确的犯罪观念。

　　我国现行《刑法》以行为程度区分刑事违法行为和一般违法行为的立法规定模式，存在不当地设置了犯罪圈的倾向，刑罚量的过度配置等使得我国现行《刑法》呈现出重刑化的品性。我们认为，立法者之所以会制定出呈现出重刑化品性的刑法，与他们自身所具有的犯罪观念，即将犯罪视为绝对的恶害，企图彻底消灭犯罪有着密不可分的关系。因为按照马克思主义的观点，社会存在决定社会意识，社会意识对社会存在具有反作用，当社会意识本身是正确的时候，其对社会实践的指导就能够产生积极的反作用；反之，如果

---

　　[1] 参见［法］E. 迪尔凯姆：《社会学方法的准则》，狄玉明译，商务印书馆 1995 年版，第 83~84 页。

社会意识本身不正确的话，那么其对实践的指导将会产生消极的反作用。这样一来，正如前文所述，在立法者具有企图彻底消灭犯罪这一犯罪观念的情况下，我们是可以想象到立法者在该犯罪观念的影响下制定出重刑化品性的刑法。也就是说，当立法者普遍具有通过刑法来消灭犯罪的观念，抱有刑法万能主义的观念时，由于这种犯罪观念本身的错误，就可能造成其缺乏对犯罪的宽容，产生"除恶务尽"的思想。反映到刑事立法上，在这些观念的指导下，其结果就可能是表现为犯罪圈的不当设置和刑罚量配置的不断增加，造成刑法谦抑性无法在立法上得以真正的贯彻和实现。我国现有的既定性又定量的立法规定模式，死刑罪名较多、法定最低刑和法定最高刑过高，以及罚金刑的异化等重刑化表现，在一定意义上与立法者所抱有的完全消除犯罪现象的观念具有一定的暗合之处。因此我们认为，立法者要绝对根除犯罪的观念也许就是我国现行《刑法》呈现出重刑化品性的原因之一。

第二节　重刑化的立法技术成因及其延伸

前文从国民的报应观念和重刑观念、立法对民意的虚假反映、片面注重刑罚一般预防的价值取向，以及犯罪观念存在一定的偏差四个方面，分析了我国现行《刑法》呈现出重刑化品性的观念原因。不可否认，观念原因对于重刑化立法确实有着不可低估的影响，但与此同时，需要注意的是，立法技术的运用妥当与否，也是考察刑法重刑化原因时不可被忽视的一个重要方面。毕竟，立法技术是连接立法观念与规范文本的中间环节，其运用妥当与否在一定意义上直接决定着所立之法的科学、合理与否。因此，下文将从立法技术层面分析、考察现行《刑法》呈现出重刑化品性的原因所在。

一、立法技术的概念界定

对于什么是立法技术这一问题，中外学者对此有着不同的观点和见解，并且其观点和见解也相差甚多。究其原因，主要在于不同学者是基于不同的视角来对立法技术进行理解和阐释的。综览学界关于立法技术的概念界定，主要有"规则说""活动、过程说"及"方法和技巧说"三种类型。

规则说将立法技术定性为一种"规则"。如苏联法学家凯里莫夫认为，立法技术是在一定的立法制度中，历史地形成的最合理地制定和正确地表述法的规定和条文以达到最完善的表述形式的规则的总和。[1] 苏联法学家科瓦切夫将立法技术界定为，确定如何构建立法的结构的规则的总和。[2] 我国学者张文显教授认为，立法技术，是指在法的创制活动中所应体现和遵循的有关法的创制知识、经验、规则、方法和操作技巧等的总称。具体地讲，立法技术主要是指法律的内部结构和外部结构的形式、法律的修改和废止的方法、法律的文体、法律的系统化等方面的规则。[3]

活动、过程说将立法技术界定为一种特殊活动或者过程。例如，罗马尼亚法学家纳舍茨认为，广义的立法技术是国家制定法律的细则、表达法律规范的内容和形式方面的特殊活动。[4] 我国台湾地区学者罗成典认为，立法技术乃依照一定之体例，遵循一定之格式，运用妥帖之词语（法律语言），以显现立法原则，并使立法

---

〔1〕 转引自郭道晖总主编：《当代中国立法》，中国民主法制出版社 1998 年版，第 1106 页。

〔2〕 转引自郭道晖总主编：《当代中国立法》，中国民主法制出版社 1998 年版，第 1107 页。

〔3〕 张文显主编：《法理学》，法律出版社 1997 年版，第 350 页。

〔4〕 转引自郭道晖总主编：《当代中国立法》，中国民主法制出版社 1998 年版，第 1106 页。

原则或国家政策转换为具体法律条文之过程。[1]

　　方法和技巧说则认为立法技术从本质上讲是一种方法或者技巧。例如，吴大英教授认为，立法技术是在立法工作的实践中所形成的方法、技巧的总和。[2] 孙琬钟教授认为，在长期的立法实践活动中，人们逐渐摸索、形成许多立法方法和技术，我们将这些方法、技巧的总和称为立法技术，它包括制定、修改、废止法律、法规三个方面的内容。[3] 周旺生教授认为，所谓立法技术，就是制定和变动规范性法律文件活动中所遵循的立法和操作技巧的总称。[4] 卓泽渊教授认为，立法技术是指在立法活动中所应体现和遵循的有关法的创制、修改、废止的技能、技巧、规则等的总称。[5] 孙国华教授认为，立法技术专指表达规范性法律文件的规定的知识、经验、规则、方法和技巧等，包括法律文件的内部结构、外部形式、概念、术语、语言、文体以及立法预测、立法规划等方面的技术。[6]

　　根据上述对于立法技术的概念所作的界定，我们认为第一种和第二种界定没有准确把握住立法技术的本质归属，本身欠缺一定的合理性。因为，按照逻辑学上对于概念下定义的一般方式，被定义项＝种差＋邻近的属。这就意味着，如果要对一个概念进行界定的话，首先必须明确其所归属的"属项"，唯有如此，才能从本质上把握一个概念的本质特征。在此意义上，如果要对立法技术的概念作出准确界定，首先必须明确立法技术所归属的"属项"，也就是

〔1〕 罗成典：《立法技术论》，文笙书局1983年版，第1页。
〔2〕 吴大英、任允正：《比较立法学》，法律出版社1985年版，第207页。
〔3〕 孙琬钟主编：《立法学教程》，中国法制出版社1990年版，第170页。
〔4〕 周旺生：《立法论》，北京大学出版社1994年版，第181页。
〔5〕 卓泽渊主编：《法理学》，法律出版社1998年版，第320页。
〔6〕 孙国华主编：《法理学教程》，中国人民大学出版社1994年版，第349~350页。

立法技术的上位概念是什么，否则，将难以对立法技术作出准确的界定。立法技术归属于"技术"这一属项，而根据《现代汉语词典》的解释，技术是人类在认识自然和改造自然的反复实践中积累起来的有关生产劳动的经验和知识，也泛指其他操作方面的技巧。从这一解释中可以看出，如果说立法技术在本质上属于一种技巧，那么上述第一种界定其实混淆了立法技术与立法技术规则之间的关系。诚然，当立法技术成熟到一定程度而以规则的形式予以确定下来的时候，我们可以将其称之为立法技术规则。但是，我们并不能将立法技术与立法技术规则二者在本质上完全等同视之，立法技术规则是以规则形式确定下来的立法技术，不同于立法技术本身。同样地，上述第二种对于立法技术的界定也混淆了立法技术与立法过程之间的关系，我们可以说立法技术贯穿于整个立法过程之中，但不能说立法过程就是立法技术。因为，立法过程在极端的情况之下可能完全不会涉及对立法技术的运用。

在明确了前两种关于立法技术概念界定所具有的不合理之处之后，我们认为，上述第三种关于立法技术的界定是具有合理性的。因为，它是在"技术"这一属项之下对立法技术作出的界定，没有超出技术本身所能涵盖的范围。质言之，立法技术本身就应当是一种技巧，是一种方法。

上述是从立法技术本质属性的角度对立法技术所作出的界定，那么要对立法技术作出准确的界定，还需要明确立法技术区别于其他技术的独有特征，这其实涉及立法技术的内容问题。关于立法技术的内容，不同学者也从不同的角度进行了概括，例如，周旺生教授将立法技术作了纵向和横向的区分：纵向立法技术，即把立法看作一个活动过程，在这个过程的各个阶段上、在各个阶段的具体步骤上，立法所遵循的方法和技巧。内容主要包括：①立法准备阶段的立法技术，如立法预测技术、立法规划技术、立法创议技术、立法决策技术、组织法案起草技术等；②由法案到法的阶段的立法技术，如提案技术、审议技术、表决技术、公布技术等；③立法完善阶段的立法技术，如立法解释技术、法的修改补充和废止技术、法的整理技术、法的汇编技术、法典编纂技术、立法信息反馈技术等。横向立法技术，即从平面的角度观察立法，这种立法活动所遵循的方法和技术。内容主要包括：①立法的一般方法；②法的体系构造技术；③法的形式设定技术；④法的结构营造技术和法的语言表述技术。[1] 信春鹰教授认为，立法技术包括法律的结构设计、法律之间的衔接和协调、法律规范的构造、法律的宣示条款和规范条款的配合、法律效力的表达、法律责任的适当及法律语言的准确和精炼，等等。[2] 孙潮教授则将立法技术分为立法的表现技术和立法的表述技术。立法的表现技术，是指立法者在法律创制的过程中，在自己的观念和思维范畴内设计构思未来的法律关系的技术；立法的表述技术，是指立法者为既定的法律思想和设计配置最佳的文字载体的技术。[3]

上述关于立法技术内容的几种观点，我们认为都是具有合理性的。因为，不管是从横向和纵向上对立法技术的内容进行概括，还是对立法技术的内容进行综合的概括，都是在立法技术是一种"技术"这一前提之下作出的阐释，可以说都涉及立法技术的本质内容，区别主要在于对立法技术的内容进行概括所涉及的点不同而已。因此，综合上述几种观点后，我们认为，立法技术是指在整个立法过程中产生和利用的经验、知识和操作技巧，包括立法体制确

---

[1] 周旺生：《立法论》，北京大学出版社1994年版，第183页。

[2] 信春鹰："中国特色社会主义法律体系形成意义深远"，载全国人大常委会法制工作委员会编写：《中国特色社会主义法律体系读本》，新华出版社2011年版，第98页。

[3] 孙潮：《立法技术学》，浙江人民出版社1993年版，第7~8页。

立和运行技术、立法程序形成和进行技术、立法表达技术等。

但是，由于本书主要是从立法技术层面对现行《刑法》作出的评判，因此也就限定了我们所要探讨的立法技术所涉及的内容。也就是说，本书考察的对象是业已制定出来、颁布实施了的现行刑事立法，是在现行刑事立法实施了一定时间之后对现行刑事立法所运用的立法技术进行的评判。因此，对立法技术进行评判所选取的内容就不涉及立法过程中所使用的立法技术，而仅仅是法律制定出来之后在静态意义上表现于外的立法技术内容。换言之，我们对立法技术所进行的评判，只是从静态的或者说是从平面的视角考察我国现行《刑法》所采用的立法技术运用合理与否。这样的话，其实已经可以得出对现行刑事立法所采取的立法技术进行评判所涉及的内容，也就是法的结构营造技术和法的语言表达技术。正如周旺生教授认为的那样，无论对立法技术的内涵和外延怎样界定，法的结构营造技术和法的语言表达技术，都是无可置疑的属于立法技术的范畴。[1] 我们要做的工作就是要借助是否能够合理地实现刑法的规范目的，评价刑结构营造技术和法的语言表达技术运用合理与否。

二、被遮蔽的立法技术

就目前我国的刑事立法而言，普遍存在着经验立法的倾向，条文设定带有经验立法的影子。诚如有人认为的那样，现在，在我国刑法制定中，经验做法较为盛行，许多规范的出台并没有通过更严密科学的理论分析，更多的是凭借过去的经验。[2] 其实，从本质上考察，经验立法可以被还原为"法律是对事实的公认"这一法律指导思想下的技术操作。"法律是对事实的公认"这一法律指导思

---

〔1〕　周旺生：《立法论》，北京大学出版社 1994 年版，第 181 页。

〔2〕　童德华："现行刑事立法技术'六维'评价"，载《法学》2000 年第 11 期，第 13 页。

想的主旨在于，法律应当充分符合反映具有社会特性的人与人之间关系当中的社会现象的客观规律。应当说，这一指导思想强调法律的产生、发展和进步必须适应社会经济基础所要求的社会现象的客观规律，强调立法的现实性，这本身是非常妥当的。正如我国有学者已经明确指出的，一旦法律脱离了特定历史阶段的现实，就会成为不切实际的空想。[1] 但是，如果我们将"法律是对事实的公认"这一根本法律观作为立法方法论来看待，那么，一种存在巨大缺陷的"事实中心主义"[2] 立法方法论就产生了，而且前者对后者显然具有合理性支撑的作用。从表面上看，"事实中心主义"立法方法论也是在强调立法要客观地反映现实，而且要求通过对客观事物的本质特征的描述来型构刑法规则，这与作为根本法律观的"法律是对事实的公认"的要求并无二致。但是从实质上讲，"事实中心主义"立法方法论显然是"法律是对事实的公认"思想极端客观化发展的产物，其典型表现在：简单地以"是否存在动用刑法或者动用重刑加以规制的必要"为判断标准，提出针对特定社会现象的刑事立法议案或者抽取作为法律适用条件的事实特征。在这种看似简单明了的方法论当中，有一个根本的问题被忽视了，那就是规范目的的有效实现问题。[3]

法的规范目的是立法者根据社会一般观念所反映的对特定社会现象予以法律规制的需要，借助现实问题的制度解决方案，选择体

---

〔1〕 王强华："法律是对事实的公认——兼论新闻立法要从实际出发"，载《法学》1990 年第 11 期，第 5 页。

〔2〕 必须要提请读者注意的是，"事实中心主义"当中所谓的"事实"，与作为刑法规则核心内容——"事实特征"当中的"事实"的意义是不同的。后者是立法者选择出来的作为刑法规则司法适用前提的标准性的事实特征，而前者则是指据以寻求社会现象事实特征的事物的客观规律；前者体现在法律规则当中，而后者则具有"前法律"的意义。

〔3〕 参见王志远："事实与规范之间：当代中国刑法立法方法论批判"，载《法制与社会发展》2011 年第 1 期，第 54~59 页。

现于整个立法或者某个特定法律制度当中的特定化规范目标。它不同于经验层面上的"现实需要"，也不同于抽象层面上的"社会一般观念"，在很大程度上往往是立法者理性选择的结果。刑法规制对象和作为刑法规则司法适用前提的事实特征的选择都必须以此为皈依来进行，以寻求事实与规范之间的理性平衡。如果"法的规范目的"在立法过程中缺位或者说没有得到合理的斟酌，那么必然会导致立法的过程处于某种"不自觉"的状态当中，片面地在经验常识意义上选择应受刑法规制的社会现象和作为刑法制度设定司法适用条件的"事实特征"。[1] 这样一来，在这样一种"事实中心主义"立法方法论的指引之下，刑法规则内容只是单纯地从社会现象之中抽取出的事实特征进行设定，而不再对法的规范目的进行考量来设定刑法规则，导致无视立法技术的作用。一旦依据经验制定出来的刑法文本被认为是正确合理的，那么立法技术不当导致的重刑似乎也就是顺理成章的事了。

　　此外，由于我国三十多年来处在社会急剧变革的时期，急剧的社会变革导致社会治安状况不良具有常理性。在社会治安状况不良的情况下，前文所述的可能导致重刑的观念往往会受到不当的强化，以至于立法技术对刑事立法的影响往往未受到应有的重视。这是因为，从社会公众的角度来讲，在社会治安状况不良的现状之下，人们的关注焦点往往会集中在如何才能使社会平稳、降低犯罪的发生这样一些急迫的问题上。于是，在没有更多的有效方法的情况下，人们就不得不诉诸重刑。如有人认为，尤其是在社会转型的初期，观念、体制及规范上的冲撞及"双重性"特征，更使人们感受到社会震荡的剧烈，人们似乎置身于一种"无序化"的状态之中，根本无法"安静的生活"。权威"真空"的出现、社会整合功

---

　　[1]　参见王志远："事实与规范之间：当代中国刑法立法方法论批判"，载《法制与社会发展》2011 年第 1 期，第 60~61 页。

能的失调，规律性地形成了各类社会问题（包括各种越轨、犯罪行为）的骤增。面对这种状况，刑事立法上的犯罪化倾向便在所难免，人们寄希望于通过刑法（尤其是通过适用重刑）去控制犯罪的思想也会表现得异常强烈与普遍。[1] 这样一来，导致重刑化品性的立法普遍被人们所接受，这就使得立法技术导致的不应当发生的重刑也变得可以被理解和接受。也就是说，对于被判刑人来说，依法裁判使之难以有不服判决的有力量的理由；对于社会公众来说，这样的事情也可能难以设身处地思考，因为人们不会假定自己是罪犯，在事不关己的情况下，人们的思考是抽象的，裁判的刑罚只是一个数字而难以有切身的感受。而且对于普通国民来说，他们要求的是国家应当保证国民具有安定的社会环境，而这种安定环境的造就，离不开对犯罪的惩治，于是严厉惩治犯罪人容易得到国民的认可。在社会治安状况并不是很好的社会中，人们自然首先关注自己生存的社会环境是否安全，至于犯罪人的惩罚是重是轻，除被告人相关的人群之外，是难以得到他人的关注的，反倒是如果出现了达不到被害人或者社会公众理想的惩罚力度的时候，会质疑刑罚是否公正。

综上所述，立法的"事实中心主义"指导思想的影响和国民在社会治安状况不良情况下对重刑的抽象性欲求，导致人们对刑事立法的规范目的良性实现缺乏应有的关注，进而致使刑法立法技术问题的重要性被遮蔽。实际上关于立法技术的重要性自古就受到人们的重视。古希腊先贤亚里士多德（Aristotle）在其名著《政治学》一书中曾有这样的表述："我们应该注意到邦国虽有良法，要是人们不能全部遵循，仍然不能实现法治。法治应该包含两重意义：已成立的法律获得普遍的服从，而大家所服从的法律又应该是制定的

---

[1] 苏惠渔、游伟："社会转型时期我国刑事立法思想探讨"，载《法学》1994年第12期，第8页。

良好的法律。"〔1〕从亚里士多德的表述中，我们不难发现制定的良好的法律对于法治的实现具有重要作用。那么，究竟什么样的法律是制定的良好的法律，以及良好的法律是怎么制定出来的，前者涉及的是对法律规定内容的评价问题，而后者涉及的就是对立法技术的评价问题。

在明确了这一问题之后，我们还需要进一步思考二者之间到底是一种什么样的关系，也就是说，我们在对法律规定的内容进行评价的时候，是不是会涉及对立法技术的评价，以及对立法技术进行评价的时候会不会涉及对立法内容的评价。我们认为，在对上述任意一个问题进行评价的时候，往往会涉及对另一问题的评价，二者之间通常具有密不可分的关系。这是因为，法律规定的内容是立法者意图的一种现实化表现，而要想把立法者的意图表现出来就必须借助于一定的立法技术进行转换，立法技术起着相当于桥梁的作用，如果立法技术运用得当，那么法律规定的内容就能很好地体现立法者的意图；反之，如果立法技术运用不得当，那么制定出来的法律内容有可能违背立法者的意图，使立法内容大打折扣，甚至导致相反的效果。因此，当我们对立法内容进行评价的时候，不仅仅应当从立法规定的内容是否符合正义、道德考虑、功效、便利和公共政策等刑法设定的基本价值目标进行评价，也应当从立法技术的角度对刑法规定的内容是否经由立法技术的合理运用充分体现了立法者的意图进行评价。

三、立法技术导致重刑立法

基于上述分析不难发现，立法技术在整个刑事立法中的重要性，其对于实现刑法的科学性、合理性来说是不可或缺的一个重要

---

〔1〕　[古希腊]亚里士多德：《政治学》，吴寿彭译，商务印书馆1981年版，第276页。

因素。无论是"罪"之立法设定，还是"刑"之立法规定，都与立法技术的运用有着密切关系。然而，如上文所述，立法技术在当前刑事立法实践中尚不能说已经受到了足够的重视，因立法技术导致的重刑化立法往往在其他因素的影响之下被遮蔽了。重刑化的刑法或许会由其他的因素造成，但是不能否认立法技术运用不当在犯罪圈不合理划定和刑罚量过度配置上所起的作用。

我国 1997 年《刑法》是在中国已经向法治方向迈进的时代背景下制定的，因此立法的价值追求必然向法治的要求靠拢。其中，法治理念在刑法中的主要表现之一就是罪刑法定原则的确立，而罪刑法定原则的重要要求就是明确性。通常而言，明确性的要求与限制权力的扩张本性有着直接的联系。因为，一切有权力的人都容易滥用权力，这是一条万古不易的规律。[1] 一旦离开了法律和正义，他就是最恶劣的动物。[2] 就权力扩张而言，其与立法的粗疏化、模糊化规定有着密切联系。当一个人握有绝对权力的时候，他首先便是想简化法律、他首先注意的是个别的不便，而不是公民的自由。[3] 立法上的粗疏，不仅承认了国家的立法权，同时，由于权力所具有的强烈的扩张性，使司法权能够将其触须合法地伸展到公民权利的每个角落，因而立法上的粗疏就成为强权统治合乎逻辑的选择。罪刑法定主义就是基于对人性的高度防范和对权力的极度猜忌而作出的无奈而又明智的选择，罪刑法定就是"以限制刑罚权的

---

〔1〕 ［法］孟德斯鸠：《论法的精神》（上册），张雁深译，商务印书馆 1995年版，第 154 页。

〔2〕 ［美］E. 博登海默：《法理学——法哲学及其方法》，邓正来、姬敬武译，华夏出版社 1987 年版，第 10 页。

〔3〕 ［法］孟德斯鸠：《论法的精神》（上册），张雁深译，商务印书馆 1995年版，第 76 页。

运用为基点来探求实现刑法正义的途径"[1]。

然而,在如何实现法的明确性要求这个问题上,我国刑事立法者没有注意到立法技术的合理运用。在这里,我们的立法者首先忽视了一个前提性的问题,即"明确"并不完全排斥法官的自由裁量。诚然,罪刑法定原则的明确性要求的价值,包含了限制法官自由裁量权的内容。但是,限制自由裁量权的终极目的在于实现法律的公正,如果刑法立法单纯地追求限制法官的自由裁量权,其导致立法的不甚合理就是可以想见的了。这种不合理典型地体现在了我国刑法条文设定的过分具体上。就明确与具体的关系而言,可以说具体的东西是明确的,但明确并不要求非常具体。这是因为,刑法并非为特别的事件而设立,而是为了一类事件而设立,而同类事件的不同事例又是相当不同的,作为法律规则,必然是舍弃了具体事件的相当多的内容,就一类事项设定为规则,这种对具体事项的抽象过程就是立法过程。这种抽象是为了保持刑法作为行为规范的有效性。如果立法过于具体,必然会影响到行为规范的规范宣喻效果,甚至导致立法的重刑化后果。

从罪之设定的角度来看,以盗窃罪为例,《刑法修正案(八)》规定,"盗窃公私财物,数额较大的,或者多次盗窃、入户盗窃、携带凶器盗窃、扒窃的,处……"从该规定不难看出,"数额较大""多次盗窃""入户盗窃""携带凶器盗窃"和"扒窃"五种具体情形均是盗窃罪的入罪情节,即只要行为人实施的行为符合其中任何一项,即可入罪。这种规定方式是一种列举择一式的入罪门槛规定方式。一般而言,这种规定模式本身简单明了,只要行为人实施之行为符合其中一种情形即可入罪。但是,如果我们仔细分析的话,不难发现该种规定方式所具有的不合理之处。

---

[1] 宗建文:"罪刑法定含义溯源",载《法律科学》1995年第3期,第37~43页。

首先，对于数额较大的规定我们可以从两个不同的角度来进行分析：一是从罪刑法定原则所要求的明确性角度来看，究竟窃取多少财物属于数额较大，窃取多少财物属于数额较小，如果单纯从法律条文本身规定来看，我们并不能得出肯定的答案，这样一来就有违罪刑法定原则所要求的明确性；二是即使数额较大可以确定，那么仅仅是窃取的财物达到了数额较大就能表明行为所具有的社会危害性已经达到了应当由刑法介入进行规制的程度吗？我们认为并不必然。因为，行为的社会危害性程度并不能简单地从某一种因素进行考量，它涉及行为对刑法所保护的法益所造成的具体损害以及行为人的主观恶性对被害人及社会公众的正义感情的损害，应当是一种综合性的评价（对于这一点本书将在后面进行具体论述）。这样一来，在刑事立法将数额较大作为盗窃罪入罪的条件之一的情况下，一方面可能因数额较大缺乏明确性，造成在司法适用中对其进行判断缺乏明确的标准而导致一些本达不到"较大标准"的情况被认定为"数额较大"。当然，由于司法解释的颁布已经解决了这一问题，在司法适用中似乎没有太大问题。但是，另一方面，虽然司法解释将1000元人民币作为数额较大的基准，似乎有了明确的标准。但是，由于这一基准的确定过于具体，在规定方式上是一个点，就造成一旦达到这一个点，就认为行为的社会危害性程度已经达到了应受刑罚处罚的程度，从而被入罪处理。这样一来，实际上就排斥了对其他相关因素的合理考量，使我们不得不怀疑这种规定方式的合理性。当然，这可能涉及司法解释的问题，但是，在这里我们想要表明的是仅仅由"数额"这一单一因素并不能决定行为的社会危害性程度。

其次，同样的问题也会出现在盗窃罪规定的其他四种情形之中，也就是一旦行为人实施之行为属于"多次盗窃""入户盗窃""携带凶器盗窃"和"扒窃"这四情形中的一种，那么刑法就应当介入，对其定罪处罚，而不对其他相关因素进行考量。例如，行为人入户仅仅窃取了被害人一管已经使用了1/4的牙膏，那么其行为完全符合现行《刑法》关于入户盗窃的情节规定，按照现行《刑法》规定就应当以盗窃罪定罪处罚。但是，我们认为，这样的处罚不论是对于行为人而言，还是对于社会公众来说，都可能被认为是不合理的处罚，因为对行为人的定罪处罚过重。也许有人会认为可以根据《刑法》第13条"但书"所规定的"情节显著轻微危害不大的，不认为是犯罪"对行为人进行出罪处理，但是，我们认为这样的出罪方式是不合理的。因为，从立法者的立法意图来看，其之所以将"入户盗窃"这一情形作为盗窃罪的入罪门槛之一，原因就在于：其认为"入户盗窃"这一情节已经完全达到了应当由刑法介入，予以定罪处罚的程度，对其应当入罪，已经不再属于"但书"所规定的"情节显著轻微危害不大"。所以，如果对行为人按照"但书"规定进行出罪处理的话，显然有前后矛盾之嫌。因此我们认为，在这种情况下对行为人进行入罪处理，不是由于其他因素造成的，而是由于过分具体的立法方式造成的。

这种过分具体化的立法方式导致重刑的情况也出现在了刑罚的设定当中。以抢劫罪为例，我国《刑法》第263条规定，以暴力、胁迫或者其他方法抢劫公私财物的，处3年以上10年以下有期徒刑，并处罚金；有下列情形之一的，处10年以上有期徒刑、无期徒刑或者死刑，并处罚金或者没收财产：①入户抢劫的；②在公共交通工具上抢劫的；③抢劫银行或者其他金融机构的；④多次抢劫或者抢劫数额巨大的；⑤抢劫致人重伤、死亡的；⑥冒充军警人员抢劫的；⑦持枪抢劫的；⑧抢劫军用物资或者抢险、救灾、救济物资的。从该规定来看，现行《刑法》关于抢劫罪的罪刑阶段设置采用的是衔接式[1]的立法规定模式。该种立法规定模式的基本特点在于：同一罪名不同罪刑阶段的法定刑刑种或者刑度完全不同，基本犯的法定最高刑同时是加重犯的法定刑之最低刑，或者基本犯的法定最低刑同时是减轻犯的法定最高刑。法定刑之间衔接紧密，不存在空隙也没有交叉，符合不同罪刑阶段的行为在实际裁量的刑罚上，除有法定加重、减轻情节以外，不可能有相同的刑罚（作为连接点的刑罚除外）。

不可否认，对于同一个罪名根据不同情节对其规定不同的罪刑阶段是合理的，这也是世界性的通例。因为，一种具体犯罪的内含量是相当大的，具有不同的情节，行为本身所具有的社会危害性程度也会有所不同。就抢劫罪来说，抢劫财物数额的大小会有相当的不同，区区数元与数以万计相比较，其社会危害性程度显然存在着巨大的差别；同样是使用暴力，没有导致明显伤害的暴力行为与导致被害人重伤或者死亡的暴力行为相比较，其社会危害性程度显然也是不可同日而语的。如果从这一角度来对同一罪名设置不同罪刑阶段进行分析的话，我们认为是合理的。但是，问题在于，在这种衔接式的立法规定模式之下，尤其是在采用列举择一的情节规定模式之下，行为所具有的社会危害性程度是不是仅仅会因具有所列举情节中的某一个情节就会导致刑罚量的显著跃升？我们认为，并不必然如此。因为，刑罚量应当与行为的社会危害性程度相适应，而行为的社会危害性程度的评价应当根据不同犯罪的具体情形进行综合性的判断。

例如，作为加重抢劫罪的入户抢劫和在公共交通工具上抢劫，

---

〔1〕 所谓衔接式，是指不同罪刑阶段的法定刑在刑种或刑度上互相衔接，不存在交叉的规定方式。此外还有交叉式的立法规定模式，即不同罪刑阶段的法定刑在刑种或刑度上存在交叉的模式。对于这两种法定刑罪刑阶段设置模式本书将在后文予以详细分析。

可以被认为是抢劫罪的地点加重犯。由于抢劫的地点在室内或者公共交通工具上进行，因此其法定刑就大幅度增加，法定最低刑增加了7年，法定最高刑由10年增加到死刑。那么，与一般抢劫罪相比，这两种情节何以使行为的社会危害性程度显著增加？依据规定，入户抢劫增加了对公民居住安宁的侵害，在公共交通工具上抢劫减少了被害人逃跑的可能以及会对其他人构成威胁。但是，这样的危害之可能性增加，是否可以达到相当于最少7年有期徒刑的程度？答案应当是否定的。因为，非法侵入住宅罪的法定最高刑只有3年有期徒刑，因此难以找出适当的理由使同一个行为在与抢劫行为结合在一起的时候就发生了如此巨大的变化。这就意味着，如果侵入住宅以胁迫的方式抢劫数额不大的财物，即使判处加重抢劫罪的最低刑10年有期徒刑也难说公正合理。由此，其问题是显而易见的，那就是在法定的加重情节中，除了致人死亡的情况具有合理性之外，其他的加重情况都难以得出其自身至少相当于7年有期徒刑的危害程度的结论。但是，由于法律将抢劫罪的除致人重伤或者死亡之外的另外七种情形也规定为抢劫罪的法定加重情节，采取的是列举择一式的情节规定方式，并且由于法定刑设置采取的是衔接式的立法规定模式，这样就导致了只要具有这七种情节中的一种，就只能在加重的法定刑幅度内裁量刑罚。虽然这样的立法规定模式限制了法官的自由裁量权，但是，依据其立法逻辑所得出的结论显然是不合理的，造成了刑罚适用的过重倾向。

此外，过于具体的立法规定模式还可能导致另外一个问题，那就是在法律规定的具体事项并未随着社会经济的发展而及时修改的情况下，该具体规定内容也不可避免地会导致重刑的产生。当然，这里涉及的不是刑事立法当时法律规定内容的不当问题，而是立法没有根据立法之后的社会情况变迁而及时修改立法内容而导致的不当运用。以受贿罪为例，受贿数额对于受贿罪来说，是犯罪严重程度的重要表现形式，但不是核心的更不是唯一的表现形式。相对于受贿数额来说，受贿者在国家权力体系中的位置恐怕比受贿数额更加重要。1997 年《刑法》制定后的二十多年来，我国的经济快速发展，国民收入迅速提高，就国家工作人员来说，其现在的收入与 1997 年相比增长了数倍，甚至是数十倍。通常来说，这样的增长并非意外，而是依据国家经济社会发展情况就可以预见的结果。但是，在 2015 年《刑法修正案（九）》通过实施之前，立法关于受贿的数额并无变化，导致的结果就是刑罚的加倍苛重，即受贿的数额为 2~3 年的工资，就要被判处 10 年以上的自由剥夺，刑罚的苛重程度不言而喻。当然，这并不是立法时的初衷，而是立法技术导致的结果。同时这种数额的立法规定，也导致了数额在 10 万以上的情况难以设计均衡性的罪刑规定。因为，受贿 10 万元是判处 10 年以上刑罚的起点，而在前几年查处的贪污受贿犯罪数额动辄数百万、上千万，甚至更多，如果依据立法设计的数额，应当是相当于数百年、上千年甚至更长的刑罚。虽然无期徒刑可以作为选择的刑罚，但是依据我国的刑罚执行制度，即使是无期徒刑，也可以减刑，其实际执行的刑期最少可以只有 13 年，这还不包括依据各种制度导致的可以提前离开监禁场所的各种情况。这样一来，只要没有判处死刑，受贿数额无论多大，其刑罚与 10 万元也无太大区别，这样就刺激了死刑的适用，使贪污受贿这种非暴力性的犯罪也具有了适用死刑的现实可能性。当然，《刑法修正案（九）》将原来的具体数额入罪标准和法定刑升格标准，修改为了"数额较大""数额巨大"等标准，在一定意义上弱化了具体数额标准所带来的重刑适用问题。其实，这样的修改未尝不可被视为对具体的立法规定带来重刑化刑法立法的修正。

通过上述对盗窃罪之入罪门槛的设定、抢劫罪之罪刑阶段的设定，以及受贿罪数额规定过于具体而难以适应社会变迁进行的分析，我们可以得出一个结论：立法者希望通过明确的立法规定来限制法官的自由裁量权，通常来说具有立法上的积极效果，但是，明确的法律并不意味着不需要解释；法律是抽象的，也不意味着抽象的法律没有明确内容，但明确并不意味着对罪条事项的列举，因为列举的明确是所列举事项的明确，而对于整体规则来说，虽然所列举的事项使规则有了比较形象的说明，但列举因其具体性而产生的法律漏洞又是立法规定的大忌。因此，不应当将立法的明确性与立法的具体性作为同一的意义来把握。进而言之，追求过于具体的刑法内容规定而采用的立法技术就是一种立法技术的不当运用，其消极的后果之一就是极有可能导致重刑化的刑法立法的产生。

四、有权司法解释对于刑法重刑化的强化

我国 1979《刑法》的一个重要特征，就是"罪"与"刑"的立法规定具有概括性，具体表现为一罪以及一罪中的不同罪刑阶段之罪规定的高度概括，很多罪只规定了行为方式，结果或者情节的规定也主要使用概括性的语言，如"数额较大""后果严重""情节恶劣"等。针对这种情况，就需要对刑法条文进行解释，而解释的主要任务是将概括式的立法具体化，以便法律适用得以顺利进行，并且，法官对刑法条文进行解释是法官行使自由裁量权的重要体现。1997 年《刑法》对立法模式作出了改变：一是罪名增多，除新增行为方式设定新罪名外，还通过对原有罪名进行分解使罪名大量增加;[1] 二是相当多的犯罪增加了罪刑阶段，而作为与某种刑罚相对应的罪，已经具有了相当的具体性规定，甚至是未必合理

---

〔1〕 例如 1997 年《刑法》将 1979 年《刑法》中的流氓罪分解成了四个罪名，即强制猥亵、侮辱妇女罪（第 237 条），聚众斗殴罪（第 292 条），寻衅滋事罪（第 293 条），聚众淫乱罪（第 301 条）。

的过分具体性规定。[1] 尽管 1997 年《刑法》对犯罪和刑罚的规定日益细密，但法有限而事无穷，立法者在制定刑法时无法一一列举犯罪的各种具体情形，而只能采用抽象概括的立法技术对犯罪作出类型化的规定。因此，刑法条文的抽象概括特点仍然存在，法官在具体适用刑法时仍然存在对司法解释的迫切诉求。

刑事司法解释原本是法官基于自由裁量权在适用刑法的过程中对刑法条文作出的一种具有司法性质的解释。从理论上说，任何审理刑事案件的法官在审理案件时都拥有解释刑法条文的权力，当然这种权力同时受到诸多限制，首要地如罪刑法定原则的限制。在我国语境下，刑事司法解释具有特殊的含义，特指最高司法机关（最高人民法院和最高人民检察院）依法制定的成文司法解释（以下简称"司法解释"）。[2] 就我国的刑事司法实践而言，法官在适用法律时不仅受到成文刑法的限制，同时还要受到司法解释的限制。在目前的刑事司法体制下，司法解释对法官的约束力甚至要强过刑法典，法官唯司法解释是从的情况普遍存在，甚至在具体的案件审理中，法官宁可违背法律规定，也不敢越司法解释之雷池半步。当然，这种司法现象与我国的刑事司法解释具有准立法的性质，是办

---

〔1〕 例如盗窃罪的四罪刑阶段的立法规定，就是为了使盗窃罪依据不同的数额裁量不同的刑罚，使该罪的立法打破了以往各罪规定之罪刑阶段最多三个的立法例，达到了四个罪刑阶段，这导致了盗窃罪的最高罪刑阶段比抢劫罪的最高罪刑阶段法定刑高的令人不可思议的立法例。需要指出的是，盗窃罪已为《刑法修正案（八）》第 39 条所修订，修订后盗窃罪的罪刑阶段已由四个降至三个，删除了"盗窃金融机构，数额特别巨大的"或者"盗窃珍贵文物，情节严重的"处无期徒刑或者死刑，并处没收财产的规定，至此废除了盗窃罪的死刑。立法上的上述变化从一定程度上反映了立法者对罪刑阶段设置合理性的重视。

〔2〕 最高司法机关制定刑事司法解释的法律依据是 1981 年 6 月 10 日全国人民代表大会常务委员会《关于加强法律解释工作的决议》，该《决议》规定："凡属于法院审判工作中具体应用法律、法令的问题，由最高人民法院进行解释。凡属于检察院检察工作中具体应用法律、法令的问题，由最高人民检察院进行解释。"

理刑事案件的重要依据有着相当大的关系。由此可见，在我国现实的司法实践过程中，立法和司法解释均对法官适用法律时的自由裁量权造成了限制。不仅立法上过于具体的罪刑规定限制了法官的自由裁量权，司法解释的细化规定也在进一步限缩着法官自由裁量权的运用空间。

　　值得注意的是，我国的司法解释规模十分庞大，数量之多令人咋舌。据统计，自1997年《刑法》公布实施以来，最高人民法院和最高人民检察院以自己的名义单独发布或者以"两高"的名义联合发布，以及"两高"中的一家或两家与其他部门联合发布的司法解释有百十余个。[1] 这些司法解释中相当一部分的功能在于对法律条文作出细化规定，以使刑法的内容尽可能的明确、具体，便于司法者操作和适用，同时限缩司法者的自由裁量权，防止刑罚权的恣意发动，这是司法解释的优势所在。但是，值得注意的是，对司法者自由裁量权的限缩所导致的后果却未必总是值得肯定的，过度地限缩法官的自由裁量空间在某些情况下将不可避免地得出人们难以接受的裁判结果。其中的一个表现就是导致法律适用上的重刑化倾向。例如，司法解释对刑法条文中规定的"数额"和"情节"大都作出了具体的细化规定，以盗窃罪为例，一旦行为人盗窃的财物价值达到司法解释规定的数额巨大标准（3万元～10万元）时，就应当对行为人在盗窃罪的第二个法定刑幅度（3年以上10年以下有期徒刑）内量刑。由此可见，就盗窃罪的法律适用而言，司法解释将法官的自由裁量权进行了进一步限缩。若依此规定，行为人盗窃了3万元在通常情况下至少要被判处3年有期徒刑，法官在司法解释的限制下对行为人判处的最轻处罚是3年有期徒刑。即便结合案件的具体情况，如行为人为给生命垂危的儿子治病而盗窃他人

---

〔1〕　参见李立众编：《刑法一本通：中华人民共和国刑法总成》，法律出版社2016年版，第663～691页。

3万元现金的情形，法官认为对行为人判处3年有期徒刑显属过重，但也无能为力。这足以从一个侧面反映出司法解释仅考虑单一数额而排斥其他情节的考量，在一定意义上加剧了立法定量导致的重刑化倾向。这就意味着，在一些具体案件中，依立法模式进行的有权司法解释将立法技术引致的重刑进一步推向极端。

至于为何依立法模式进行的有权司法解释会加剧立法技术引致的重刑的发生范围，对这一问题的回答，需要从成文法固有的局限性切入进行分析，而这与语言的意义获得具有密切关系。一般而言，一个词的通常的意义是在逐渐发展的，在事实的不断出现中形成的。[1] 语词的含义不是规定的，而是在人们的使用过程中，随着社会的发展而发展其实在的意义。这种发展是社会现实赋予其动力，而不是权力的结果。既然社会在发展，语词的含义也就会随之变化，作为法律语言表达的规则，也就在法律的适用中经由人们对于识得的实在意义的理解而发现法律在当下的实在内容。因此，在世界范围的刑法立法史上，意图制定一部不需要解释的刑法典从未成功过。如果我们不评论制定一部不需要解释的刑法典的立法追求所体现的对法院或者法官的不信任的观念是否合适，仅就其可能性来说，这种追求也是不可能实现的。对于实现这种追求的障碍最少可以列举出三个方面的理由：

第一，预后困难。虽然社会生活具有延续性，但立法要将现实尚不存在而其后可能发生的，应当用刑法规制的行为，用细密的列举方式规定无遗是难以做到的。

第二，立法遗漏。作为立法者，必然具有人的局限。从认识论来说，我们可以说世界是可以认识的，没有不可认识之物，但这样的认识是以人类的历史延续为前提的，而作为一个时代、一个人或

---

〔1〕 ［英］G.D.詹姆斯：《法律原理》，关贵森、陈静如等译，中国金融出版社1990年版，第7页。

者人的群体来说，其认识能力是有限的。

第三，语言限制。人的语言能力不是无限的，同时，一个概念的中心含义也许是清楚的和明确的，但当我们离开该中心时它就趋于模糊不清了，而这正是一个概念的性质所在。沃泽尔（Wurzel）用一种略微不同的隐喻将概念比喻成"一张轮廓模糊且愈到边上愈加模糊的照片"。[1]

以上三个方面的理由导致立法者无法制定出一部不需要解释的刑法典。

那么，如果由最高司法机关作出准立法形式的司法解释，是否可以达到解释的意图，实现刑法解释的功能呢？结论是否定的，因为立法机关的难题在司法机关同样存在。如果法律的抽象与模糊具有不可避免性，而这种不可避免是由社会所发生的复杂事案决定的，那么，把复杂问题简单化的后果就是以公正换取明确，或者说以牺牲一定程度的公正达到进一步的明确，而明确的价值目标是实现公正，由此形成悖论。此外，我国具有准立法性质的司法解释是以成文的形式制定的，这不可避免地产生了对司法解释进行再解释的问题。由此可见，一方面，无论试图通过立法，还是通过具有准立法性质的司法解释，都无法做到对法官自由裁量权的绝对限制；另一方面，为了实现刑法对公正的追求，给予法官适当的自由裁量权又是必要的。单纯地通过限制法官的自由裁量权来实现保障人权的美好愿景注定是难以实现的。给予法官适当的自由裁量权并通过严格的程序对自由裁量权的行使进行必要的限制是可取的，而不是在实体法上用限权来实现公正，否则，就可能导致刑法的重刑化。

---

〔1〕　〔美〕E. 博登海默：《法理学：法律哲学与法律方法》，邓正来译，中国政法大学出版社 1999 年版，第 486 页。

五、对罪刑法定的片面理解导致缺少对实质公正的诉求

通过上文的分析论证，可以得出初步的结论，即立法技术的不当运用导致了重刑立法，而依立法模式进行的有权司法解释又将立法技术引致的重刑进一步推向极端。立法者自觉或不自觉地使用不当的立法技术（如衔接式的罪刑阶段设置），以及最高司法机关制定数量众多的具有准立法性质的司法解释，他们的初衷都是为了尽可能细化刑法规定，实现罪刑法定的明确性要求。然而，一味地对刑法规定进行细化则可能导致与罪刑法定的明确性要求渐行渐远，在特定情况下刑法规定过于具体反而会导致法官合法地得出人们难以接受的裁判结论，这显然与罪刑法定原则保障人权的价值追求相背离。值得我们深思的是，为何我国的立法和司法实践中会出现上述初衷良好但事与愿违的不良结果呢？究其根本，原因在于：立法者和司法者对罪刑法定原则的理解较片面。

罪刑法定原则是刑法的基石性原则，该原则旨在限制法官恣意裁判，保障国民的自由。罪刑法定原则的经典表述是"法无明文规定不为罪，法无明文规定不处罚"，在判断行为人是否成立犯罪时所依凭的是已经颁布实施的刑法规范，如果在行为人实施行为时尚不存在对其进行处罚的刑法规范，则行为人不成立犯罪。例如，在《刑法修正案（八）》生效施行之前，还没有处罚"在道路上醉酒驾驶机动车"这一行为类型的刑法规范。因此，根据罪刑法定原则，行为人在《刑法修正案（八）》生效实施之前在道路上醉酒驾驶机动车的，不成立犯罪。然而，任何法律原则、法律制度都在随着社会生活的变迁而不断发展变化，对法律而言没有亘古不变的真理，即使是形式上未变的法律，其实质内涵也在不断地发生着变化，从某种意义上说，"变"才是法律上的真理，罪刑法定原则也不例外。考察一下罪刑法定原则的历史沿革，可以发现，罪刑法定

原则的内涵自其确定以来就在逐渐发展变化，人们对罪刑法定原则的理解逐步深入和全面。根据我们的考察，罪刑法定原则主要有两大发展变化趋势：一是价值追求上，由单纯关注形式正义向兼顾形式正义与实质正义转变，这可称之为罪刑法定原则的实质化趋向；二是实现方式上，由单纯依靠立法转向同时依靠立法和司法，通过二者的共同作用来实现罪刑法定原则，这可称之为多元化的罪刑法定实现路径。

罪刑法定原则的上述发展趋势乃是刑法回应社会现实的必然结果，是对绝对罪刑法定原则的拨乱反正，同时也是对启蒙时代理性主义的扬弃。罪刑法定原则确立之初，立法者试图通过刑事立法将社会生活中一切应予刑罚处罚的行为尽可能完备地纳入刑法之中，绝对排斥法官的自由裁量权，意图通过这种方式限制国家刑罚权的恣意发动进而保护国民自由。然而，在刑法的运行过程中，人们逐渐发现一些应予处罚的行为得不到处罚，相反，一些不应处罚的行为反而受到了处罚，这种现象体现出成文法存在的固有缺陷，即在成文法制度下，坚持绝对的罪刑法定原则而一概排除法官的自由裁量极可能得出不合理的裁判结果。一般而言，成文法的固有缺陷主要由两方面原因所致：一是立法者理性的有限性。立法者不是全知全能的上帝，在立法时难以考虑到可能发生的一切情势。二是语言文字的局限性。成文法自身因语言的局限，书不尽言、言不尽意似难避免。基于上述两种局限（人的局限和语言文字的局限），立法不完美或者说具有缺陷是一种常态。这也就意味着，在适用法律时，只有法律条文（大前提）具有较高的品质，才能保障裁判结果是公正的和可接受的；当法律条文有缺陷时，就需要法官行使自由裁量权（从保障裁判公正这一角度，这也是法官的义务），通过法律解释来完善法律适用的大前提。因此，法官行使自由裁量权有利于保障公正裁判的作出。至于法官恣意的遏制则是另一个问题，我们应更多地通过程序法而非实体法来遏制法官在自由裁量时的权力滥用。

反观我国的刑事立法和刑事司法现状，立法者和司法者对罪刑法定原则的理解仍然较为片面，缺乏对罪刑法定原则实质侧面的关注，而且对罪刑法定原则的司法实现也未给予应有的重视，这导致立法者和司法者缺少对实质公正的诉求。

以上问题何以发生？用具有哲学意味的语言就是：只要存在的就是合理的。以上问题的出现不是一种错误，而是具有良好的愿望与目标追求，这就是实现罪刑法定。正是由于罪刑法定是法治理念的体现，因而犯罪与刑罚的法定就不能只作机械的要求，只有体现民主与人权理念的刑事法律制度，才可以认为是符合罪刑法定的要求。罪刑法定的实质是法治，因而才可以认为英美法中也存在罪刑法定。也正因为如此，日本学者提出：罪刑法定主义的本质，并非仅仅是根据形式的概念而被维持的，而且应该根据限制国家的刑罚权、保障国民的人权的刑事人权思想来得到维持。在这个意义上，费尔巴哈的命题，应当解释为在近代刑法的黎明期这一历史背景下，刑事人权思想的表现形式之一。[1]

以上表明，如果将罪刑法定理解为法治理念在刑事法中的体现，那么，罪刑法定的思想就是实质的而不仅是形式的。罪刑法定就是在刑法中实现民主与人权，保障国民的自由，实现对国家权力的限制。一言以蔽之，就是实现刑事领域的法治。因而，罪刑法定当然不是或者不仅是在刑法中用条文化的形式表述罪刑法定的格言，而是在整个立法中遵循法治理念的要求，在整个刑事司法中实现法治的理想。于是，一个国家是否有罪刑法定，我们不应该只是在法典中寻找是否有关罪刑法定的条文化表述，更重要的是针对整

---

〔1〕 〔日〕大野义真：《罪刑法定主义》，世界思想社 1982 年版，第 13 页。转引自马克昌："罪刑法定主义比较研究"，载《中外法学》1997 年第 2 期。

个法律，审视其是否符合罪刑法定的要求，判断体现在刑法中的总体的立法精神与法治观念是否契合。在刑法中未明确规定罪刑法定条款的国家不意味着没有罪刑法定，即使是没有刑法典的英美法系国家，也不能认为存在着罪刑擅断。因此，对罪刑法定的理解，是在实质上观察其法律是否体现了民主、自由、人权的精神，是否排斥了罪刑的擅断和法律的不确定性。或者也可以说，罪刑法定的评判是实质的，其内容是与法治精神的契合。也正因为如此，可以说罪刑法定是刑法领域的法治。

依据对罪刑法定的上述理解，判断一部刑法是否符合罪刑法定原则，关键在于依据法律裁判案件是否可以达到基本的公平，即是否可以实现正义。而依据我国的刑法规定方式，依据法律裁判案件会导致一些情况下难以实现公正，而且由于这样的裁判是依法作出的，人们都难以发现这样的不公正。同时，由于我国国民的法律素养不高，对法律与司法机关较为敬畏，加之裁判是依法作出的，无论实际的感觉是否公正，都难以提出可以说服人的不服判决的理由。"依法"这个大道理，给实质上的不公正贴上了合法的标签，也就难以再提出改变的诉求，或者即使提出也是无效的。于是实质的公正在粗疏的立法技术导致的立法缺乏公正的前提下，根本无由提出。

第三章 CHAPTER3
"罪"之立法技术综合评判

    前文论述了我国现行《刑法》的重刑化品性表现及其观念成因和立法技术成因，其中，重刑化观念的制度外化在一定意义上也离不开立法技术的"传导"功能和作用，即立法技术是将重刑化观念体现在静态性刑法规范文本之中的媒介和中枢。由此可见，立法技术对于所立之法的品质高低的影响不容被低估。根据我们对于中国刑事法治建设的个人化体会，立法者在制定有关犯罪与刑罚的刑法立法时，除了某些刑法条文之目的设定不够清晰、不够明确之外，其总体上是基于公平正义的刑事立法理念，以回应社会发展需要、关照现实动态变化、满足国民生活欲求作为责任和使命的，意图和追求的是具有良法品质的刑法规范的生产和生成。因此，若是从立法技术层面对刑法立法进行分析和考察的话，立法如何规定才能够完满，才能够达到与立法意图的一致，这并不关涉立法的思想，也不涉及立法意图的评价，仅是一个立法技术问题。毋宁言，只有立法技术才能够使立法思想得到真正地实现。如果没有精湛的立法技术，无论多么深刻的思想，多么良好的意图，多么合理的设计，多么善意的追求，都可能成为止于良好愿望而不能得到实现的单纯追求或者说是奢望。也基于此，立法技术问题绝不是可以被忽略的，没有符合刑法立法要求的立法技术，就难以有合理的刑法立法。

在不合理的立法规定之下，法律的公正追求之实现，就是不可能或者说至少是相当困难的。就如同有人认为的那样，正如产品的生产技术对产品的质量具有直接的影响一样，立法技术对立法质量也具有直接的影响。[1] 在立法实践中，我们不难发现，优良的立法技术和对其善意使用是良法产生的重要前提，而拙劣的立法技术和对立法技术的恶意使用则是恶法滋生的温床。[2] 我国已经被认为是重刑区，主要表现为死刑多、重刑多，同时人身刑之外附加财产刑（罚金与没收财产）而使刑罚规定进一步苛重。但是，这样的刑法规定之结果，未必是刑法的立法追求，而是立法技术导致了超出意料的刑法之苛重。

因此，研究立法技术，并通过立法技术改变我国的重刑现状应当是给予关注的重要研究领域。换言之，对现行刑法所采用的立法技术进行回顾性的检验和反思，在对其进行综合评判之后，探寻何以立法技术的运用会带来重刑化的刑法立法就具有了相当大的学术研究意义和价值。与此同时，需要说明的是，从刑法规范的结构构成的角度进行划分，刑法立法技术主要涉及"罪"之立法技术和"刑"之立法技术。因此，考虑到行文的简洁性和逻辑性，该部分先行探讨"罪"之立法技术与重刑化刑法立法之间的关系，而将对"刑"之立法技术的讨论留待下一章进行。

第一节　"立法定性+定量"立法模式评判

一、刑事违法行为类型与一般违法行为类型的关系

在我国，一般认为违法类型主要有四类：一是刑事违法；二是

---

〔1〕 黄文艺："论立法质量——关于提高我国立法质量的思考"，载《河南省政法管理干部学院学报》2002 年第 3 期，第 44 页。

〔2〕 刘爱龙："'法律的内在道德'抑或'立法技术的伦理正当性'——从'富勒困境'谈起"，载《江海学刊》2010 年第 2 期，第 210 页。

行政违法；三是民事违法；四是经济违法。在诉讼法律关系上，主要有刑事诉讼、民事诉讼、行政诉讼三大诉讼法律关系，其中经济违法包含在民事诉讼过程中，适用民事诉讼程序。由于我国不存在行政刑法，这就导致在违法类型上基本不存在同一法律中既有刑事违法，又有其他违法的现象。因此，在我国现有的法律体系中，违法的类型与法律的类型基本上具有统一性，即在刑法中，规定的违法类型是刑事违法；在民事法中，规定的违法类型是民事违法；规定在经济法中的违法类型属于经济违法；规定在行政法中的违法类型则属于行政违法。

然而，如果从我国现行《刑法》第13条的规定和刑法分则规定的具体罪名进行考察的话，我们就会发现，在行为类型的规定上却出现了截然不同的特点，刑事违法行为类型与一般违法行为类型并非只是单纯规定在刑法或者其他部门法律之中的区别。我国《刑法》第13条规定，一切危害国家主权、领土完整和安全，分裂国家、颠覆人民民主专政的政权和推翻社会主义制度，破坏社会秩序和经济秩序，侵犯国有财产或者劳动群众集体所有的财产，侵犯公民私人所有的财产，侵犯公民的人身权利、民主权利和其他权利，以及其他危害社会的行为，依照法律应当受刑罚处罚的，都是犯罪，但是情节显著轻微危害不大的，不认为是犯罪。该条文的前半段是关于犯罪概念的表述，后半段可以说是从"量"[1]上对犯罪成立的条件进行程度上的限定。而在刑法分则的许多罪状表述中，多把"数额较大""情节严重""情节恶劣"等作为犯罪成立的基本条件之一。即使刑法分则条文没有对犯罪成立之"量"的要求进行规定，但由于刑法总则对于分则而言，具有普适性的指导意义，

---

[1] 这里所说的"量"指的是表示行为的社会危害性程度的"量"，因此不同于仅仅只是表示数额的量，还包括行为的情节、手段、后果等可以表示行为的社会危害性程度的因素。

因此刑法总则的规定当然可以适用于分则规定的全部犯罪，这也就意味着刑法分则未明确规定"量"的犯罪其实也是有"量"的要求的。同时，刑法分则规定的具体各罪是立法者对应当受到刑罚处罚的犯罪行为进行选择、取舍、抽象后定型下来所形成的犯罪行为类型。因此，现行刑法关于犯罪的规定可以说采用的是立法既定性又定量的立法规定模式，犯罪的成立不仅要求符合刑法所规定的行为类型，而且必须是达到刑法所规定的"量"的要求。同时，需要指出的是，刑法所规定的行为类型在其他法律中也会有所规定，只是存在"量"的区别。这样一来，就造成刑法分则规定的行为类型与其他部门法律所规定的行为类型往往处于交叉重合的状态。

以逃税行为为例。如果行为人实施逃税行为，但逃税数额未达到《刑法》规定的数额要求的，那么对行为人就只能按照税法的有关规定给予行政处罚，这时的逃税行为仅仅是行政违法行为而已。但是，一旦行为人逃避缴纳税款数额较大并且占应纳税额10%以上的，则构成逃税罪。在这种情况下，行为人实施的行为则出于税法而入于刑法，即其行为因数额达到了《刑法》规定的要求，就由行政违法行为转化为刑事违法行为，从而进入刑法调整的领域。同样，以盗窃行为为例，如果行为人窃取的财物数额未达到"数额较大"的标准，又不具有"多次""入户""扒窃""携带凶器"等情节的，那么对行为人则适用《治安管理处罚法》的有关规定进行行政处罚，此时的窃取他人财物行为就只是行政违法行为而已。然而，一旦行为人所窃取的他人财物达到了"数额较大"的标准，或者具有"多次""入户""扒窃""携带凶器"四种情节之一的，那么行为人所实施的窃取他人财物的行为就由行政违法行为转化为刑事违法行为，不再由行政法进行规制，而是进入刑法的规制领域。

基于上述分析，不难发现，在我国现行《刑法》采用"立法定性+定量"的立法规定模式之下，刑事违法行为类型与一般违法行为类型往往处于交叉重合的状态，即同一行为类型依据"量"的不同而分别属于不同的违法行为类型，即刑事违法行为类型与一般违法行为类型的区别不在于行为类型的不同，而在于是否达到了刑事立法所要求的"量"，即行为的社会危害性是否达到了值得动用刑罚进行处罚的程度。

二、"立法定性+定量"立法模式利弊详考

根据上述分析，可以发现我国现行《刑法》在刑事违法行为与一般违法行为的立法区分上采用的是"立法定性+定量"的立法规定模式，即依据行为的社会危害性程度的不同而将同一类型的行为划分为不同违法类型。一般而言，"立法定性+定量"的立法模式在与行为后果的对应关系上，其优点是明显的：

第一，能够保证犯罪性质的严厉性，不会出现罪与非罪在实质界限上的模糊。刑法具有保障法的性质，是保障其他法律实施的最后一道防线。因此，在某种行为能够用其他法律进行规制的情况下，刑法就不应当介入，否则就是对国民生活自由的不当干涉。但是，一旦其他法律难以有效实现规制目的，就表明该行为具有严重的社会危害性，其行为的社会危害性程度已经超出了其他法律能够进行有效规制的程度，在这种情况下就应当进入刑法的规制范围，否则就难以有效实现保护社会的功能。因此，从刑法作为保障法的性质得出的合乎逻辑的结论就是：作为犯罪法律后果的刑事制裁措施具有相当的严厉性，是其他法律无法比拟的。由此，从实质层面来看，将行为程度作为一般违法行为与刑事违法行为的区分标准，就在行为性质的评价上能够保证犯罪行为是最严重的违法行为，刑罚是最严厉的惩罚措施。

第二，确认行为的恶劣与否不仅与行为的性质有关，而且与行为程度有关。对行为的评价，不仅是从行为的自然性质这一单一视

角进行评价，而且还需要考虑到该行为对社会成员的价值，而这种作为价值事实的行为性质，就难以与行为所造成的后果完全脱离关系。相同自然性质的行为，由于其程度、情节等的不同，对其可能作出的评价也就自然有所不同，这是一种从实质层面考虑问题的观点，也是与量的变化会引起质的变化的辩证唯物主义观点相一致的。[1] 因此，确认行为程度对于行为之性质的影响，应该说是有其合理性的。

第三，能够保证将犯罪按照正常的刑事诉讼程序进行审理。现行《刑法》对于犯罪的成立条件不仅有行为类型的要求，而且有"量"的规定，因此能够保证成立犯罪的行为，必须是性质严重的行为。因此，在立法既定性又定量的立法规定模式之下，一般不会出现将大量轻微的案件适用刑事诉讼程序进行处理的情况，而是用其他方法就可以处理。在此意义上，该种规定模式有利于合理运用有限的司法资源，能够保证公平、合理、高效率地审理刑事案件，有利于被告人辩护权的充分行使，为避免出现失误提供了制度性的条件。

然而，与其说"立法定性+定量"立法模式是完美无缺、无任何瑕疵的，毋宁言，其存在的缺点也是显而易见的，至少可以从以下三个方面进行分析：

第一，立法规定困难。同类型行为因其程度不同而被区分为刑事违法行为和一般违法行为，实质合理的一面已如前文所述，但是，如果要在立法上将这种区分得到实现却是相当困难的。一方面，各种各样的行为类型，因其所侵害的法益可能是不同的，这就造成刑事违法行为与一般违法行为的实质分界线的量化是相当困难和复杂的。如果要将刑法分则所规定的数百个罪名的区分标准完全

---

〔1〕 赵家祥主编：《马克思主义哲学原理》，经济科学出版社1999年版，第81~87页。

进行量化，简直是一个浩大的工程。另一方面，即使这种实质上的量化标准可以在立法者的观念中得以形成，但是如何才能用准确的语言在立法中表现出来将是更为困难的事情。因为，"世界上的事物比用来描述它们的语词多得多"[1]，这从我国现行刑事立法现状就可以得到说明。在我国，刑法立法中对行为程度的限制采取的是总则与分则相结合的形式。在总则中以《刑法》第13条"但书"进行限定，但是"但书"中所规定的"情节显著轻微危害不大的"明显具有模糊性。到底何种程度的行为属于"情节显著轻微危害不大的"，单纯从该条规定本身并不能得出肯定的结论。刑法立法中有关"量"的规定采用的是总则与分则相结合的方式，总则只是一个定量宣言，具体的定量内容是由分则加以解决的，但是分则的解决方式也实属不尽如人意，并不能够使人明确。因为，在刑法分则的规定当中，主要有三种行为的"量"的规定方式：一是列举式；二是概括式；三是无规定。其中，无规定根本无法将总则的概括式规定加以具体化，概括式的分则规定方式也不过是总则规定的简单重复而已，实际上并没有多大意义。由此，最有可能达到立法明确性要求的规定方式就是列举式。然而，在采用列举式的规定中，无确定内容的列举仍然难达目的，如"数额较大""后果严重"等即属此类。即使是有确定内容的列举规定，也不可避免地存在以下缺陷：一是导致立法疏漏。毕竟立法者是人不是神，必然受到人的认识能力和表达能力的限制而无法制定出一部十全十美的法律。二是缺乏对社会发展所产生的新事物的适应性。因此，如何将"量"的要求在立法上准确体现，实在是一大立法难题。或者，是否有合适的解决方案本身就是一个有待证明的问题。

第二，对行为性质评价的不甚明确。在该种立法模式下，某一

---

〔1〕［美］E. 博登海默：《法理学——法哲学及其方法》，邓正来、姬敬武译，华夏出版社1987年版，第464页。

行为是刑事违法行为还是一般违法行为，一般情况下不能依据行为类型本身直接作出判断。除杀人、绑架、抢劫等少数几个罪名外，大多分则各罪所涉及的行为均存在着根据行为的程度区分刑事违法行为与一般违法行为的问题，行为性质的评价要依赖于行为的程度。因此，刑法设立定量因素的目的，是为了综合评判某一行为的社会危害性是否已经达到犯罪的程度，并决定到底是适用刑事制裁手段还是对其予以其他处罚。但是，需要注意的是，"量"之规定表达的是行为的社会危害性程度的综合判断，如果仅依据每一个构成要件要素进行判定而不进行综合衡量的话，是难以确定行为的社会危害性的大小的，在有些案件中也难以确定该行为是犯罪还是其他的一般违法行为。如有人认为，决定社会危害性大小的是所有犯罪情节的综合考量，只有对所有的犯罪情节进行综合考量之后，才能得出该行为是否已经构成犯罪、是否值得动用刑罚进行处罚，以及是否需要并应该适用刑罚以达到遏制、惩罚目的的结论。[1] 现行《刑法》采取"定量"的犯罪界定标准，来区分行为构成完全相同或相似的行为，进而认定其是犯罪还是行政违法。但是，作为区分犯罪和一般违法行为的"量"，无论在分则各罪的规定上采取列举方式还是采取概括方式，均难以符合罪刑法定原则所要求的明确性，而且至今为止，尚未发现可以采用的既可以明确又可以有效限定"量"之程度的有效方法。因此，在这个问题上，立法没有有效方法予以解决。而正如前面所分析的那样，这种程度的确定是困难的，无法在立法上予以明确的表现，只好委之于司法，由此就导致对行为性质评价的不甚明确。

　　第三，刑事违法行为与其他一般违法行为之管辖发生冲突的可能性。因为同一个行为，刑事案件管辖机关与一般违法管辖机关都

---

〔1〕 王政勋："定量因素在犯罪成立条件中的地位——兼论犯罪构成理论的完善"，载《政法论坛》2007年第4期，第161页。

可能有管辖权，在立法无法设定明确标准的情况下，其管辖冲突也就在所难免。以刑事犯罪与行政违法为例，《刑法》第402条规定，行政执法人员徇私舞弊，对依法应当移交司法机关追究刑事责任的不移交，情节严重的……该罪被设定的原因之一在于，在实践中屡屡发生应该由刑法处理的案件，行政执法机关只作为行政违法处理的情况。然而，这种情况之所以发生，应该说与行为性质评价不甚明确有着直接的关系。例如，如果一个偷税行为既可能是犯罪，也可能是行政违法，两者的区别完全依赖于刑法上的"量"之规定，那么若立法的规定是明确的，上述问题自然可以化解，但是现实显然并非如此。由此可见，刑事违法行为与一般违法行为交叉重合式的立法规定如何达到明确，是一个根本问题。当然，不明确不仅在中国存在，实质的罪与非罪的不明确在日本也是存在的，即轻微案件的处理问题。在日本，刑法只规定行为性质，以行为性质作为区分刑事违法行为与一般违法行为的标准。从形式上看，只要符合立法所规定的行为类型，其行为就构成犯罪，但实际上极轻微的部分也存在非罪问题，尤其是那些在法定刑中没有罚金规定的犯罪。最明显的就是盗窃罪及其他侵财犯罪，因其无罚金刑的规定，只有自由刑中的惩役作为惩罚，显然难以适用于极轻微的侵财行为。因此，对于符合行为类型但危害极其轻微的行为，一般也不认定为犯罪，如日本一厘事件判决。不过，《日本刑法典》是依据行为类型区别刑事违法行为与一般违法行为的，因此不会存在管辖上的冲突，即只要是符合刑法规定的犯罪行为类型，就只能通过刑事司法程序进行处理，不存在犯罪与一般违法的界限问题；对于极轻微的行为，则是通过解释的方法进行非犯罪化处理。

三、"立法定性+定量"立法模式不当扩大犯罪圈的倾向

在国内，根据当前学界的多数观点，立法既定性又定量的立法

模式是刑法谦抑性的表现，能够起到限缩犯罪圈的功能。例如有人认为，定量的犯罪概念把没有达到法定数量的危害行为排除在犯罪圈之外，因此，可以减少犯罪数，降低犯罪率。[1] 有人认为，我国自古沿袭并且影响广远的"法不责众"的文化传统要求我们的刑事立法必须以缩小打击面为宗旨，注重刑法的谦抑性。而缩小打击面最为简约的方式便是从犯罪构成的量上进行控制，把没有达到一定"数量界限"的危害行为排除在犯罪圈之外。[2] 还有人认为，犯罪构成的定量因素是刑法谦抑原则的具体体现。立法者通过在具体犯罪的犯罪构成中设置定量因素，就可以将那些社会危害性尚未达到刑事可罚程度的、不需要刑法加以干预的行为排除在犯罪成立范围之外，以实现刑法谦抑的目的。[3] 如果立法既定性又定量立法模式真的如上述学者所言是刑法谦抑性的表现，限缩了犯罪圈的范围，那么该种立法模式自然有其合理性的存在理由。但是，我们认为，立法既定性又定量的立法模式具有将所有人类行为均纳入犯罪圈的可能性，只要该行为可以被评价为具有一定程度的社会危害性。

不可否认，如果从微观的角度来考察的话，该种立法规定模式确实具有限缩犯罪圈设置的功能。因为，某一行为是否构成犯罪，不仅对行为类型作出了规定，同时也要求该行为必须达到一定的危害程度才能被认定为犯罪，该种立法规定模式背后隐藏的是量变到质变的质量互变定理。也就是说，根据该立法规定模式，刑事违法行为与一般违法行为在行为类型上通常处于交叉重合的状态，某种

---

[1] 储槐植、汪永乐："再论我国刑法中犯罪概念的定量因素"，载《法学研究》2000年第2期，第38页。

[2] 张勇："犯罪定量刑法模式的比较与选择"，载《河北法学》2006年第5期，第46页。

[3] 王志祥："犯罪构成的定量因素论纲"，载《河北法学》2007年第4期，第87页以下。

行为如果没有达到刑法对于该种行为类型所规定的"量"之要求，那么该种行为就是一般违法行为；反之，一旦某种行为达到了刑法对于该种行为类型所规定的"量"的要求，那么该种行为就是刑事违法行为。这就意味着，就某一行为类型而言，立法既定性又定量的立法规定模式可以说是采用"横切的方法"来划定犯罪圈的范围，如果该行为达到了一定的"量"的要求，那么该行为就是刑事违法行为，确实将一些未达到刑法规定的"量"的要求的行为排除在了犯罪圈之外，具有限缩犯罪圈的功能。但是，如果从宏观的角度进行分析的话，我国立法既定性又定量的立法规定模式恰恰具有扩张犯罪圈范围的可能性。因为，用"量"的规定来划定犯罪圈，本身带有将造成法益危害的所有行为类型都纳入犯罪圈规制的倾向，这样的倾向性立法思维存在不当设置犯罪圈的可能性。也就是说，以行为类型为基准进行观察，在整个法律体系中由于刑事违法行为与其他一般违法行为在行为类型上没有得到明确性的区分，这就极有可能导致在刑事司法实践中对于行为性质的评价会基于某些法外因素或者功利性动机而被评价为犯罪行为，从而使犯罪圈具有了不当扩散的倾向。因为从维护行为规范的角度来看，不同的规范具有不同的意义，有的对人类社会存续和发展具有根本性的意义，如不得欺诈、不得偷窃、不得非法剥夺他人生命、不得非法伤害他人身体等，但是有的则不具有这样的根本性意义。刑罚是最为严厉的社会秩序维护手段，因此刑法立法者必须区别何种规范的维护需要动用刑罚，而何种不需要。

对比《日本刑法典》采用的立法定性不定量模式，不难发现，刑事违法行为与一般违法行为在行为类型上不具有交叉重合的可能，犯罪圈范围的划定是以行为性质来确定的。如果某一行为符合刑法规定的行为类型，那么不管该种行为的危害程度多么轻微，都是刑事违法行为；反之，如果某一行为不符合立法规定的行为类型，那么不管该种行为的危害程度多么严重，也不能作为刑事违法行为进行处理。这种犯罪圈立法划定模式，可以称之为"纵切法"。这样一来，从宏观的角度进行观察，由于刑事违法行为与一般违法行为处于分立状态，那么刑事违法行为与一般违法行为有各自的范围，彼此之间不存在相互转化的可能。反观我国立法既定性又定量的立法规定模式，由于立法是以行为程度来区分刑事违法行为与一般违法行为，加之立法对"量"的规定又具有一定的模糊性和不明确性，例如，在立法规定中多采用"数额较大""情节严重""情节恶劣"等语言表述作为"量"之规定。然而，究竟多少数额属于"数额较大"，何种程度的行为属于"情节严重"，何种程度的行为属于"情节恶劣"等，其实并无明确的界限。由此可见，在立法语言不明确的情况下，想要对刑事违法行为与一般违法行为作出确定性的界分显然是不可能的，进而导致所有的行为都有可能被评价为刑事违法行为，造成对一般违法行为范围的挤压，使犯罪圈具有了不当扩张的倾向。

第二节 列举择一式入罪门槛规定模式评判

上一部分论证了立法既定性又定量的立法规定模式存在的不当扩大犯罪圈的倾向，其原因在于"量"之立法语言表达的不明确性。本部分将对列举择一式入罪门槛规定模式进行分析，探讨在具有所列举的单一因素的情况下对行为人进行入罪处理是否具有合理性，这其实是对立法表达过于具体或者所列举事项过于狭窄进行的评判。

一、列举择一式的立法规定模式

所谓列举择一式的立法规定模式，是指对犯罪成立条件或者法定刑升格条件采取多因素列举的方式，只要符合其中之一，那么犯罪即可成立或者法定刑即可升格的规定模式。以盗窃罪为例，《刑法》第 264 条规定，"盗窃公私财物，数额较大的，或者多次盗窃、入户盗窃、携带凶器盗窃、扒窃的，处……"从该条文规定来看，不管是行为人窃取数额较大的财物，还是"多次盗窃""入户盗窃""扒窃""携带凶器盗窃"，其都是在窃取他人财物这一行为类型的基础之上，对能够达到社会危害性程度之"量"进行的列举或描述。只要行为人实施的窃取行为具有上述所列举的情节之一时，该种行为就成立盗窃罪，否则，只是一般违法行为。

以抢劫罪为例。我国《刑法》第 263 条规定，以暴力、胁迫或者其他方法抢劫公私财物的，处 3 年以上 10 年以下有期徒刑，并处罚金；有下列情形之一的，处 10 年以上有期徒刑、无期徒刑或者死刑，并处罚金或者没收财产：①入户抢劫的；②在公共交通工具上抢劫的；③抢劫银行或者其他金融机构的；④多次抢劫或者抢劫数额巨大的；⑤抢劫致人重伤、死亡的；⑥冒充军警人员抢劫的；⑦持枪抢劫的；⑧抢劫军用物资或者抢险、救灾、救济物资的。依据该条文规定，只要行为人实施的行为符合条文列举的 8 种法定刑加重情节之一的，对于行为人就应当在加重的法定刑幅度内裁量刑罚。

根据上述分析，不难发现，前者是列举择一式的入罪门槛设定模式，是从入罪的角度对犯罪成立条件作出列举性规定，所列举的情节影响到犯罪的成立，而不涉及法定刑的问题；后者是列举择一式的法定刑升格条件规定模式，是在基本犯成立的基础之上对加重犯的成立条件作出列举性规定，这些情节与法定刑幅度有着密切的关系，直接影响对行为人在哪个法定刑幅度内裁量刑罚。由于本章主题是从"罪"之设定的角度对立法技术进行评判的，因此只对列举择一式入罪门槛设定模式进行评判，而将列举择一式法定刑升格条件规定模式留待下一章进行探讨。

二、列举择一式入罪门槛规定模式的优劣

法是规则，规则需要遵守，而遵守的前提是对规则的了解，因而明确性是规则有效的前提。诚如有人认为的那样，法律条文含义不清，罪责不明，足以使一个政府堕落到专制主义中去。[1] 明确的刑法等于在国家刑罚权和民众的自由安全之间划了一道清晰的界限，筑起了一道限制和规束刑罚权的藩篱。只有刑法规定得清晰明确，才能为罪与非罪、此罪与彼罪以及刑罚的轻重提供明确的界限，民众也才能分辨哪些行为是刑法所禁止的，从而明确不可涉足的领域。[2] 贝卡利亚（Marchese di Beccaria）在其名著《论犯罪与刑罚》一书中也曾写道，法律是用一种人民所不了解的语言写成的，这就使人民处于对少数法律解释者的依赖地位，而无从掌握自己的自由，或处置自己的命运。这种语言把一部庄重的公共典籍简直变成一本家用私书。[3] 因此，列举择一式入罪门槛设定模式的优点是明显的，因为从形式上看，它符合罪刑法定原则所强调的明确性要求，成罪条件明确，司法中便于掌握，可以有效限制司法自由裁量权的不当扩大，保障国民的权利与自由。

但是，列举择一式入罪门槛设定模式也并非完美无缺，其缺点就在于过分具体。不可否认，法律的明确性是法治的一项基本原则，刑法立法应当最大限度地实现罪刑法定原则要求的明确性。但是，就明确与具体的关系而言，具体的东西是明确的，但明确并非

---

〔1〕　周旺生、张建华主编：《立法技术手册》，中国法制出版社 1999 年版，第 401 页。

〔2〕　张建军："刑法明确性的判断标准"，载《华东政法大学学报》2011 年第 1 期，第 72 页。

〔3〕　[意]贝卡利亚：《论犯罪与刑罚》，黄风译，中国法制出版社 2003 年版，第 17 页。

要求非常具体，一种华而不实的明确性可能比老老实实的含糊不清还要有害。如有人认为，过分的明确性对法律来说是作茧自缚，也是法律受到损害的因素。[1] 基于上述认识，仔细考察一下列举择一式入罪门槛规定模式，不难发现该模式具有导致犯罪圈不当扩大的弊端，主要表现在以下方面：

第一，列举择一式入罪门槛设定模式可能使刑法的适用缺乏实质的公正，导致犯罪圈的不当扩大。在形式上看，对于犯罪的成立条件采用列举择一式的立法规定模式是明确的，完全符合罪刑法定原则所要求的明确性，其优点上文已述。但是，列举事项的明确应当说是一种过于具体的规定，因此一旦犯罪成立条件列举失误，就可能使本来不应当受到刑罚处罚的行为受到处罚，有碍"刑法既是善良人的大宪章，又是犯罪人的大宪章"的保障功能的发挥。之所以会有这一不良后果的产生，原因在于过分具体的列举在实质上排斥了司法者的自由裁量权。如有人认为，有时构成要件的扩大与形式化，在个案中可能导致违背实质正义。即使在法治国中，也绝不可能以几乎毫无漏洞的实证立法全然予以实现，因为鉴于构成要件的多样性，始终必须保留司法对概括条款的裁量空间和价值补充空间。[2]

以盗窃罪为例，如果行为人采用入户的方式仅仅窃取了被害人一管已经使用了 1/4 的牙膏，那么从形式上看，其行为完全符合现行《刑法》关于入户盗窃的情节规定，对于行为人就应当以盗窃罪定罪处罚。但是，这样的处理方式在我们看来并不合理。因为，盗窃罪毕竟属于侵财类的犯罪，在行为人所窃取的财物价值微乎其微

---

〔1〕 张文显：《二十世纪西方法哲学思潮研究》，法律出版社 1996 年版，第 64~65 页。

〔2〕 ［德］考夫曼：《法律哲学》，刘幸义等译，法律出版社 2004 年版，第 275~276 页。

的情况下，不能仅因其符合"入户"这一情节规定就断定其行为的社会危害性程度显著跃升，达到值得用刑法进行处罚的程度。这样的定罪处罚不管是对于行为人，还是社会公众来说，都难以被接受。张明楷教授持有与我们类似的观点，他认为，入户盗窃交换价值和使用价值均低廉的财物的，不应认定为盗窃罪。例如，非法进入农户窃取一两个鸡蛋之类的财物的，不宜认定为盗窃罪。[1] 虽然张明楷教授仅是给出了这一类案件如何处理的结论而未予以详细论证，但是，可以推测出，在张明楷教授的观点背后，隐藏着该类行为的社会危害性并未达到值得动用刑罚处罚的程度。也就是说，"入户"这一情节并非是决定行为社会危害性程度的唯一因素，仅有该情节的存在并不会导致行为的社会危害性程度的显著跃升，也即没有达到应当由刑法介入的程度。

但是，这样的分析依然是从应然层面作出的，在实然刑法将"入户"作为盗窃罪入罪情节之一的情况下，采用何种办法对行为人作出出罪处理呢？可以想到的办法只有一个，即以《刑法》第13条"但书"所规定的"情节显著轻微危害不大的，不认为是犯罪"这一规定对行为人进行出罪处理。但是，我们认为，这样的出罪方式并不合理。因为，从立法者的立法意图来看，之所以将"入户盗窃"这一情形作为盗窃罪的入罪门槛之一，显然是因为其认为"入户"这一情节已经完全使窃取行为的社会危害性程度发生了显著跃升，达到了应当由刑法加以规制、予以定罪处罚的程度。如果是这样的话，那么上述案件就难以适用"但书"所规定的"情节显著轻微危害不大的"予以出罪化。所以，如果对行为人按照"但书"进行出罪处理的话，显然在逻辑上是无法自圆其说的。当然，同样存在着另外一种解释：即认为立法者并非认为行为人实施的行

---

[1] 张明楷：《刑法学》（第 5 版），法律出版社 2016 年版，第 954 页。

为符合"入户"这一情节规定就一定会使行为的社会危害性程度显著跃升，达到应由刑法进行处罚的程度。但是，如何协调例外性的单一情形列举与《刑法》第13条"但书"之间的关系，就会成为一个理论上的难题。毕竟，单独列举出来的情节本身即表明行为的社会危害性程度之"量"，而"但书"表明的亦是行为的社会危害性程度之"量"，根据原则与例外的关系，显然应当适用例外性的规定，对行为人定罪处罚。反之，若不依据"入户盗窃"这一情节规定对行为人定罪处罚，那么该种列举的意义何在呢？由此即凸显出了列举择一式的入罪门槛规定模式这一立法技术本身存在的不当性，在这种情况下对行为人进行入罪处理，不是其他因素造成的，而是由于过分具体的立法方式造成的。进而言之，列举择一式的入罪门槛规定模式具有不当扩大犯罪圈的倾向。

第二，列举择一式的入罪门槛设定模式破坏刑法规范体系内部的协调与平衡，从而可能导致重刑的出现。刑法作为一种规范体系，不仅要在逻辑上保持严密一致，更应当在内容上实现协调和统一，罪与罪之间不应存在矛盾和冲突。这不仅是对刑法规定内容在形式上的要求，更是刑法规定内容实现实质公正的要求。一般而言，刑法作为一个有机的整体，要对其规定内容是否合理、是否符合实质公正的要求进行评价，就不能仅仅局限于就事论事，从一个点，即从单一罪名本身来考察其合理性，而应当具有整体意识，联系其他罪名，从体系性的角度对其内容进行评价。只有如此，才能对评价的对象得出正确、合理的结论。上文是基于刑法分则规定的具体犯罪的成立条件来对列举择一式立法规定模式进行的评析，尚未涉及总则规定的内容。因此，下文将对总则采用的列举择一式入罪门槛设定模式进行考察。

我国《刑法》第17条第1、2款规定，已满16周岁的人犯罪，应当负刑事责任。已满14周岁不满16周岁的人，犯故意杀人、故意伤害致人重伤或者死亡、强奸、抢劫、贩卖毒品、放火、爆炸、投放危险物质罪的，应当负刑事责任。这一条文是关于限制行为能力人负刑事责任的规定，即限制行为能力人实施何种行为应当被认为是犯罪的规定。根据该条文，限制行为能力人只有在实施上述8种行为时，才成立犯罪，实施其他行为的均不成立犯罪。我们需要先明确一个问题，该条文明确列举的这8种犯罪行为是不是刑法分则规定的全部犯罪行为当中应受刑罚惩罚性最为严重的行为。很显然，答案是否定的。因为，对某一犯罪行为的严重程度进行评价的时候，我们可以借助于相应的法定刑进行评价，毕竟刑罚作为犯罪的法律后果，应当与其社会危害性程度相对应，这也是罪刑均衡原则的基本要求。这样一来，不难发现，在刑法分则规定的具体各罪当中，至少有绑架罪和劫持航空器罪的法定最低刑要高于上述8种犯罪行为中除故意杀人、故意伤害致人死亡之外的其他行为的法定最低刑。当然，我们这里所说的是基本犯或者相应法定刑幅度的比较。在明确了这一问题之后，需要我们转换一个视角来对刑法总则规定的这一条文进行评价。也就是说，虽然刑法分则规定的这8种犯罪行为一般而言并没有行为程度的要求，只要行为人实施了这些行为中的一种，其行为的社会危害性程度就已经达到了应当受刑罚处罚的程度。但是，为了使这8种犯罪与其他犯罪的比较处于一个对话平台上，我们首先假设已满14周岁不满16周岁的未成年人实施刑法分则规定的所有犯罪行为都不构成犯罪，其次再对刑法分则规定的这8种犯罪与《刑法》第17条的规定结合起来进行评价。这样一来，在已满14周岁不满16周岁的未成年人实施刑法分则规定的这8种犯罪行为的时候，如果刑法总则没有这样的规定，那么完全可以认为其实施这些行为的时候，不应当作为犯罪处理。但是，当刑法总则有了对这8种犯罪的列举式规定的情况下，只要行为人实施了这8种犯罪之一，其就应当受到刑罚处罚，构成犯罪。

这样的话，问题就出现了，即从法定最低刑的比较来看，刑法分则中至少有绑架罪和劫持航空器罪要比《刑法》第17条所列举的除故意杀人、故意伤害致人死亡之外的其他行为更为严重。然而，在《刑法》第17条不包含这两种犯罪行为的情况下，已满14周岁不满16周岁的行为人实施了绑架行为和劫持航空器的行为，就不能对其进行入罪处理。因此，不论以绑架罪和劫持航空器罪作为对比基准，还是以《刑法》第17条的规定作为对比基准，我们都会得出在行为人实施故意伤害、强奸、抢劫、贩卖毒品、放火、爆炸、投放危险物质行为进行入罪处理要重的结论，即从实然层面看，重行为未入罪，轻行为反而入罪，对于轻行为来说显然被入罪处理就是一种重处罚。

基于上述分析，我们认为，之所以会出现罪名之间的不协调，导致重刑的出现，也许根源就在于列举择一式的立法规定模式。1979年《刑法》第14条第2款规定，已满14周岁不满16周岁的人，犯杀人、重伤、抢劫、放火、惯窃或者其他严重破坏社会秩序罪，应当负刑事责任。这一立法采用的是列举加概括式的立法规定模式，虽然"其他严重破坏社会秩序罪"所指向的犯罪并不明确，但却赋予了法官在适用该条文时可以将其解释为"与所列举具体犯罪具有相同社会危害性的行为"的权利，这样一来，就可以较好地实现刑法规范内部关系的协调。然而，1997年《刑法》却改变了这种列举加概括的立法规定模式，转而采用的是明确列举的立法规定模式，其修改后果就是严格限制了法官在刑事司法实践当中所拥有的自由裁量权，列举的失误造成罪刑不协调和重刑的出现就在所难免。

此外，列举择一式的入罪门槛规定模式还具有另外一个显著的缺陷，那就是其不具有对未来行为的适应性，虽然该缺陷与本书的研究内容没有直接的关联，但是我们认为有必要予以说明，以此保证对该规定模式评判的全面性。在当今时代，只要社会在不断发展，可以构罪的新情况也就会不断涌现出来，而明确列举行为程度的规定方式，则往往会使立法明显滞后。例如，《刑法》第 168 条规定的国有公司、企业人员失职罪，其成罪的要求是造成国有公司、企业破产或者严重损失，致使国家利益遭受重大损失的。该罪的规定，应该说是比较符合立法当时的情况，即行为人往往因为国有公司破产、严重亏损时才会被发现、被追究，因而有此规定。但是，在大型国有企业或者中小型但盈利甚丰的国有企业，因主管人员徇私舞弊，造成国有财产重大损失或一般亏损，但又未达破产或严重亏损程度的，其危害通常不会小于中小型或不盈利型企业的严重亏损和破产，但却由于其列举式的规定方式而使其排除在犯罪之外。现在这样的情况已经出现，以后也会继续出现该类情况，这就会显得《刑法》第 168 条之列举式过于狭窄而不适应保护法益的要求。社会的发展使原来之列举不全面应该是自然的情况，但却造成法的明显滞后性。诚如有人认为的那样，法与其他社会现象一样，实际上也是一个不断成长着的有机体，它只有随着社会生活的发展变化而变化才能求其长生。否则，就会陷入僵化的境地而无法适应社会需要。刑法要反映千变万化的犯罪现象，就不能使用过于确定的法律概念，因为越确定的概念所包含的意思越明确，内涵越清晰，需要解释的余地越小，法官根据犯罪事实的变化进行自由裁量的权限也越小，从而不利于刑法适应社会变迁和实际发展需要。[1]

那么，以上的缺点可否进行有效的补救呢？应该说，补救是可能的，这就是将立法当时可能出现的各种情况充分考虑，尽量减少失误，并尽可能地预测未来可能发生的情况，将其在立法中表现出来，使立法具有一定的前瞻性，这是可以做到的。但不可否认，其

---

[1] 刘艳红："刑事立法技术与罪刑法定原则之实践——兼论罪刑法定原则实施中的观念误差"，载《法学》2003 年第 8 期，第 67 页。

后果也未必是十全十美。理由至少有两个方面：一是立法者是人不是神，人就必然有能力的限制，不可能将法律制定得十全十美；二是对未来情况的预测未必准确与全面。两方面的原因，导致列举择一式立法之漏洞的出现不可避免，补救的效果也是有一定限度的。

第三节　共同犯罪立法模式评判

二人以上共同实施某种犯罪行为，是实际存在的一种社会事实。对于这种事实在立法上予以规定，形成共同犯罪的立法；在理论上予以研究，则形成共同犯罪的理论。这种关于共同犯罪的立法规定与理论研究，是各个国家均存在的现象。但由于其不同的观念、思路、传统等，导致共同犯罪的立法规定与理论主张均不相同。就我国现行《刑法》关于共同犯罪的规定模式而言，其隐含着一种"主体间"关系思维，以"共同（犯罪）关系"作为共犯制度设计的核心内容。质言之，只要各共同犯罪参与人之间具有共同的犯罪故意和共同的犯罪行为，形成一种"共同（犯罪）关系"，那么即可成立共同犯罪。然而，该种立法模式存在造成共同犯罪处罚范围不当扩大的问题，究其根本，原因在于：在该模式之下，仅是从形式上对"共同（犯罪）关系"予以认定，而并未对共犯的实质处罚根据进行深入思考。此外，我国刑法分则具体各罪的设置并非完全是"行为统罪"[1]的立法规定，也存在着"同质行为分

---

〔1〕"行为统罪"指的是，立法者在类型化思维指导之下，对于某一类表现出同一性质和意义的行为，将其所具有的在法律意义上具有重要评价作用的共同特征加以抽象、取舍，以构成要件要素的形式规定下来，从而在整体上类型化为一个罪名（犯罪类型）。

立"[1] 的立法规定，其中包括"同质行为主体分立"[2]，与之相联系，因共同犯罪处罚原则的制度逻辑要求对共同犯罪参与人进行刑罚裁量的前提是需要确定同一罪名，这就导致在多元身份主体参与犯罪的情况下产生定性的困难，可能造成对于同一性质的行为有加重处罚的倾向。

一、我国共同犯罪的立法规定及其制度思维

我国现行《刑法》关于共同犯罪的条文主要规定在刑法总则第二章第三节之中，该节共用 5 个条文（第 25~29 条）规定了共同犯罪的定义和 4 种共同犯罪人的主要界定及其刑事责任处罚原则。

按照学界的通论观点，《刑法》第 25 条是关于共同犯罪定义的规定，即共同犯罪是指二人以上共同故意犯罪。由该定义可以分解出共同犯罪的三个基本特征：其一，主体是二人以上（有责任能力）的人，包括自然人和单位。其二，主观方面必须有共同故意，过失不成立共同犯罪，而且这不仅是由第 25 条第 1 款的规定之推论，而且有第 2 款的规定明确将共同过失犯罪排除在共同犯罪之外。其三，客观方面必须有共同行为。共同行为指的是，每个人的犯罪行为都是共同行为的一部分，其行为都与犯罪结果之间具有因

---

〔1〕"同质行为分立"指的是，立法者基于不同的政策性考量，出于不同的立法规制目的，将本来体现同一性质和意义内涵的行为，在刑法立法中通过行为客观情状的增加、减少，或者重新排列组合，类型化为不同的具体犯罪类型。

〔2〕 同质行为主体分立，即根据主体的不同将相同性质的行为分立为不同的罪名。这里的典型情况是《刑法》第 397 条规定了针对国家机关工作人员的滥用职权罪和玩忽职守罪；而第 168 条则基于相同的行为对国有公司、企业、事业单位人员设定了"国有公司、企业人员失职罪""国有公司、企业人员滥用职权罪""国有事业单位人员失职罪""国有事业单位人员滥用职权罪" 4 个罪名。王志远、吴亚可："论我国刑法罪名设定上'同质行为过度分立'——同质行为分立'适度性'评估与保证"，载《"刑事法治体系与刑法修正"理论研讨会论文集》，《法学研究》2016 年春季论坛，第 310 页。

果关系。这样的共同犯罪基本特征或者说成立条件，也是我国理论界关于共同犯罪成立条件的通论观点。虽然在一些具体内容的界定与分析上并不完全相同，但这三个条件基本是不存在分歧的。以此观之，该条文第1款的意义并非仅仅在于表明共同犯罪的定义，更在于表明共同犯罪参与人应受刑罚处罚时必须具备的基本条件。也就是说，在以多人参与为特征的共同犯罪情况下，只有在多个参与人之间形成"二人以上共同犯罪"这样一种主体间现象结构，形成"共同（犯罪）关系"时，不符合刑法分则类型化的个罪实行行为特征或者不能够适用分则归责原则处理的参与犯才具有法定的处罚条件。第2款则从消极意义上将"共同过失犯罪"从共同犯罪的范围内排除出去。这种一正一反的法条设计表明，立法有意将故意共同犯罪的参与犯的处罚条件区别于分则实行犯，而将过失共同犯罪的处罚条件诉诸刑法分则的个罪处罚条件。

《刑法》第26~29条分别规定了4种共同犯罪人类型。其中，第26条是关于主犯的规定：第1款是对主犯的概念界定，即组织、领导犯罪集团进行犯罪活动的或者在共同犯罪中起主要作用的，是主犯。依此规定，主犯包括两种类型：一种是犯罪集团的组织、领导者，也被称为首要分子；另一种则是在共同犯罪中起主要作用的犯罪人。一般认为，后一种主犯包括：犯罪集团中首要分子之外的、在共同犯罪中起主要作用的人；聚众犯罪中的首要者；一般共同犯罪中起主要作用者。[1] 第2款是对犯罪集团的界定，即三人以上为共同实施犯罪而组成的较为固定的犯罪组织。第3、4款是对主犯的刑事责任原则的规定，即主犯负刑事责任的范围。依其规定，对组织、领导犯罪集团的首要分子，按照集团所犯的全部罪行处罚（第3款）；对于其他主犯，应当按照其所参与的或者组织、

----

〔1〕 高铭暄、马克昌主编：《刑法学》（上），中国法制出版社1999年版，第305页。

指挥的全部犯罪处罚（第 4 款）。

《刑法》第 27 条是关于从犯的规定：第 1 款规定了从犯的定义，即在共同犯罪中起次要或者辅助作用者。依其界定，理论界的解释是：从犯分为两种类型：一种是实行犯即正犯，但与其他成员相比，所起的作用相对次要，即处于次要地位的实行犯；另一种则是非实行犯，即帮助犯。第 2 款规定的是从犯的刑事责任处罚原则，即对于从犯，应当从轻、减轻处罚或者免除处罚。从轻是指在法定刑的范围内，选择较轻的刑种或较短的刑期；减轻是指在法定最低刑之下判处刑罚；免除是指作有罪宣告，但不判处刑罚。

《刑法》第 28 条是关于胁从犯的规定，即被胁迫参加犯罪的，是胁从犯（第 28 条前半段）。关于胁迫的程度，理论界一般认为，是指精神上受到了一定的强制，但尚未完全丧失选择行为可能的情况。[1] 胁从犯的处罚原则是：应当按照他的犯罪情节减轻处罚或者免除处罚（第 28 条后半段）。

《刑法》第 29 条是关于教唆犯的规定，该条用两款规定了教唆犯的基本界定与 3 种不同的处理方式。按其对教唆犯的基本界定，教唆犯是指教唆他人犯罪的人。教唆犯的 3 种处理方式分别为：对于教唆犯的一般处罚原则是按照其在共同犯罪中所起的作用处罚；教唆不满 18 周岁人犯罪的，从重处罚，从重是指在法定刑幅度之内，选择较重的刑种或较长的刑期；对于被教唆人没有犯被教唆之罪的，对教唆犯可以从轻或者减轻处罚。第三种情况，一般解释为教唆未遂，其处罚的规定也与未遂的处罚规定相同。

根据上述分析，不难发现，现行《刑法》关于共同犯罪定义的概念界定和处罚原则体现着一种"主体间"关系思维，以"共同（犯罪）关系"作为共犯制度设计的核心内容。具体而言，在共同

---

〔1〕 高铭暄、马克昌主编：《刑法学》（上），中国法制出版社 1999 年版，第 308 页。

犯罪的情况下，参与犯罪的行为人之间是否成立共同犯罪，是否应当受到刑罚处罚，直接取决于同一犯罪事实的多元参与人之间是否形成了"共同犯罪"这一现象结构。也就是说，强调各犯罪参与人在主观方面和客观方面相互协调的犯罪性联系，即各共同犯罪参与人只要具有共同的犯罪故意和共同的犯罪行为，即可成立共同犯罪。在处罚原则上，作为立法论所要研究的问题，是将何种行为人规定为主犯，即共犯中危害最严重的行为人；将何种参与人规定为从犯，即相对于主犯来说，其危害相对较轻；胁从犯则是考虑到被胁迫的一面，即共犯之主观上的自愿程度问题，相对规定较轻的刑罚；教唆犯由于其行为的特殊性，即与实行者的特殊关系，因此单独予以规定，来解决其刑事责任问题。这实际上是在"主体间"关系思维的指引下以各共同犯罪参与人之间的"主从关系"作为裁量刑罚的根本原则。

二、"主体间"关系思维导致共犯处罚范围的不当扩大

如果上述分析能够被认可和接受的话，按照现行《刑法》关于共同犯罪的规定所提供的"主体间"关系思维，在认定共同犯罪的成立时，只要行为人之间形成了"共同（犯罪）关系"，即具有共同的犯罪行为和共同的犯罪故意，那么即可认定行为人之间成立共同犯罪，对其进行刑罚处罚。其中，所谓共同的犯罪行为，是指各共同犯罪人的行为都指向同一犯罪，彼此联系，相互配合，成为一个有机的犯罪活动整体，各共同犯罪人的行为与结果之间都存在因果关系。所谓共同的犯罪故意，是指各共同犯罪人都认识到他们的共同犯罪行为和行为会发生的危害社会的结果，并且希望或者放任这种结果发生的心理态度。这样一来，在将该立法规定运用到司法实践的过程中时，这两个具体要素所界定的共同犯罪的成立范围经常有失宽泛，这就不可避免地会造成共同犯罪参与人处罚范围的不

当扩大。

举一个刑事司法实践中的真实案例加以说明。甲与某国营旅行社工作人员乙保持互发旅行团业务联系，在此期间，乙利用开展相关旅行社业务之机贪污国有资产，甲对此有所了解。后乙贪污案发，法院审理判决甲构成贪污罪共犯。[1] 对于本案判决，如果按照现行刑事立法关于共同犯罪的规定以及其所提供的"主体间"关系思维导向模式进行评价的话，似乎并没有什么太大的问题，完全符合现行《刑法》的规定。因为，从主观方面来看，行为人甲明知乙与其进行业务往来是为了利用其提供的机会实施贪污犯罪，因此主观方面至少可以认定为放任国有资产受侵害结果的发生，是间接故意的心态；从客观方面来看，行为人甲是基于放任的心态实施了为乙提供贪污机会的行为，因此，可以认定为为乙实施贪污行为提供了帮助。这样一来，完全可以认定行为人甲与乙之间形成了一种"共同（犯罪）关系"，对于他们按照共同犯罪的立法规定进行处理并不存在什么大的问题。

但是，如果对本案进行仔细思索的话，不难发现，对于行为人甲以贪污罪的共犯进行定罪处罚并不合理。因为，虽然行为人甲对乙实施贪污行为事实上确实提供了一定的帮助，从形式上看确实可以认定为与乙之间形成了一种"共同（犯罪）关系"，但是这种帮助在我们看来并不是为威胁法益的功能性实行行为助力。也就是说，这种事实上的帮助从规范目的的角度进行考量的话，并不是必不可少的应予禁止的行为。即使行为人甲不与乙进行业务往来，乙也完全会寻找其他的机会实施贪污行为。单凭良心和经验我们即可感觉到，这个案例中的所谓犯罪参与行为完全可以理解为无社会危害性的一般日常生活行为。这样一来，就暴露出我国现行刑事立法

---

〔1〕 此案例是在兰州大学俞树毅教授所提供的真实案例的基础上合理改造而成，在此表示感谢。

更多地将眼光局限于参与犯罪的多元主体之间是否成立"共同（犯罪）关系"这一形式特征之上，而未对参与犯进行处罚的实质合理性进行考量所存在的缺陷。因此，有必要探讨一下参与犯的处罚根据，只有如此，才能为处罚共同犯罪参与人提供合理性的支撑。

一般而言，任何应当受到刑罚处罚的行为，在本质上都应当是对于刑法所保护的法益有危害或者有危险的行为，这种危害或者危险都应当是在"功能"意义上加以考虑，而不能从"现实"意义上加以考虑。而判断一个行为是否属于"功能"上对刑法所要保护的法益有危害或者威胁的行为，一个重要的依据就是该行为是否违反了客观的社会一般规范。因为，这种社会一般规范来源于社会一般人对于某种行为所带有的危险的恐惧，法律在最终意义上也是据此禁止或者命令某种行为的。共同犯罪的参与行为肯定不会像正犯行为那样直接侵害或者威胁法益，但是却可以以"助力于实行行为"的方式间接威胁法益。犯罪参与行为助力作用发挥的方式，在教唆行为和帮助行为之间稍有不同：前者的助力相对于实行行为具有"导源性"，而后者的助力相对于实行行为则具有"附加性"。综上所述，我们认为，共同犯罪参与行为的处罚根据应当是：对于刑法所保护的利益具有威胁作用的功能性实行行为助力，或者简称为"功能性实行行为助力"。根据"功能性实行行为助力"这一实质的处罚根据，反思前述案例，我们会肯定地发现：我国参与犯的处罚范围的确被不当地扩大了。

三、多元身份主体共同犯罪的重刑导向问题

正如前文所述，我国现行刑事立法关于共同犯罪的立法模式为我们提供了一种"主体间"关系思维模式，在这一思维模式的指引之下，要对行为人进行刑罚处罚，就必须先确定行为人共同所犯的罪名，只有在确定了共同所犯的罪名之后，才能按照"主从关系"

对行为人裁量刑罚。这就意味着，确定共同所犯的罪名成为对行为人进行刑罚处罚的前提性要求，而这一前提性要求在刑事司法适用过程中往往会造成一些意想不到的重刑适用可能。

一般而言，在各共同犯罪参与人一起实施普通犯罪的情况下，对于行为人以普通犯罪进行定罪并不存在什么大的问题；无身份者与有身份者共同实施纯正身份犯，并且刑法分则条文未对无身份者规定罚则时，只要无身份者对共同犯罪的实施施加了功能性助力，就应当对其进行刑罚处罚，但是由于没有其他罪名选择的可能性，那么对于行为人以纯正身份犯进行定罪，似乎也不存在什么太大的问题。但是，在无身份者与有身份者共同实施犯罪，并且刑法分则条文对无身份者规定了单独的罚则时，问题就出现了。例如，无国家工作人员身份的自然人与国家工作人员共同利用国家工作人员的身份，实施骗取国家财产的犯罪，而刑法对于骗取行为分别对国家工作人员和非国家工作人员规定了贪污罪和诈骗罪。在此种情况下会出现的问题是："依照各自罪名定罪处罚"更为合理呢？还是依照"不同身份者共同所犯之罪定罪处罚"更为合理呢？于是，无身份者与有身份者共同犯罪时的定性问题就由此产生了。其实，这一问题也可能出现在不同特定身份者共同犯罪的情况之下，如公司企业职员加功于准国家工作人员的贪污行为，刑法对于侵占行为分别对两类行为人规定有职务侵占罪和贪污罪。综合以上分析，只有在刑法分则基于某种特定行为，针对不同身份者规定了不同的罪名的情况下才会出现定性上的问题。

对于多元身份主体共同犯罪进行定性的问题，学界主要有统一定罪说、分别定罪说和区别对待说。按照我国共同犯罪的立法规定及其提供的"主体间"关系思维，符合逻辑的必然结论就是要求"罪名统一"。例如，陈兴良教授指出，可以用以下三个"步骤"来概括我国参与犯处罚原则的制度实践逻辑：①确定共同所犯的罪名，根据共同所犯之罪的法定刑为参与犯的刑罚量定提供终极参照系；②以在共犯过程中的作用大小为调整基准，确定诸犯罪参与人的"主从关系"；③对主犯适用共同所犯之罪为实行犯规定的法定刑，对从犯则参照共同所犯之罪的法定刑予以从宽处罚。[1] 这样一来，分别定罪说和区别对待说忽视了共同犯罪的整体性，即共同犯罪人之间共同犯罪故意的存在以及共同犯罪人各自行为之间密不可分的联系，其合理性也就不攻自破了，虽然这两种学说在实现罪刑均衡方面也许更有助益。因此，本部分主要探讨的就是在现有制度逻辑之下统一定罪说所存在的问题。

顾名思义，统一定罪说主张，参与到一个共同犯罪中的多元身份主体应认定为同一罪名。然而，在坚持统一定罪说的学者之间，就"如何统一罪名"这一更为具体的问题却观点各异，主要包括以下观点：主犯决定论、实行行为决定论、从一重处断论、特殊身份论、行为性质决定论、共同犯罪构成要件符合论、以实行行为论为基础的综合观点，以及特殊身份论、职务利用论、从一重处断论相结合的观点等。对于这些不同的观点，由于与本书所研究的内容并无太大的联系，因此这里不再展开论述，而只是对现有制度逻辑的必然结论——统一定罪说予以分析。我们认为，统一定罪说符合现有共同犯罪的制度逻辑，遵循着"主体间"关系思维，具有逻辑自洽性，是现有共同犯罪立法的必然结论。坚持统一定罪说的理由阐述当中经常出现的"统一定罪遵循了共同犯罪的原则原理""共同犯罪制度的一致性要求所有的共犯总是对同一个罪行负责任"都可以说是我国共犯制度逻辑在多元身份主体共同犯罪定性问题上的展开。但是，逻辑上合理的结论并不代表具有全部意义上的合理性，统一定罪说的一个明显不合理之处在于与罪刑均衡原则之间不相协调。

―――――――――

〔1〕 需要提请注意的是，这里所阐述的只是一种理想类型化的制度实践逻辑，并不全然代表实际上的参与犯刑罚量定过程。

其实，统一定罪说的提出者对于这一点也是有清醒认识的，但其常常以"使刑罚与犯罪的性质与危害程度相适应""可以保证刑法的均衡要求"等作为支撑性论据，以至于统一定罪说的观点却每每被批判为没有顾及罪刑均衡的要求。如有观点就指责"主犯决定论的观点在同类犯罪中由于主犯不同出现定性上的区别，导致罪刑失当，不利于贯彻罪刑相适应原则"。[1] 张明楷教授更为深刻地指出，主犯决定论为共犯人避重（刑）就轻（刑）指明了方向。[2]上述批判同样也可以适用于实行行为决定论等其他观点。其实在这一问题的背后隐藏着一个更为关键的问题，那就是现行共犯制度模式要求罪名统一有加重刑罚处罚的可能。也就是说，实施同样的行为，由于共犯制度模式的限制，导致同种行为异样处理，这从一个侧面说明了罪刑关系的失衡，也就意味着刑罚的加重。

根据我们目前所掌握的资料，俄罗斯关于共同犯罪的规定与我国具有相似性，《俄罗斯联邦刑法典》第 32 条规定，二人以上故意共同参加实施犯罪，是共同犯罪。根据这一规定，要处罚共同犯罪参与人，首先要求参与到同一犯罪当中的所有主体之间形成所谓的"共同犯罪"。较为一致的理论解读认为，在共同犯罪中，各个共同犯罪人通过共同的努力实现同一犯罪结果，每一个共同犯罪人对于犯罪结果的产生都有自己的贡献且其行为与犯罪结果之间有因果关系，因此，法律规定，对所有的共同犯罪人根据刑法典分则同一个条款的规定确定其罪名和刑事责任。[3] 然而，我们并没有发现在俄罗斯存在有关多元身份主体共犯情况下定性问题的讨论，甚至也

[1] 莫洪宪、李成："职务犯罪共犯与身份问题研究——以职务犯罪为角度"，载《犯罪研究》2005 年第 6 期，第 15~16 页。

[2] 张明楷：《刑法的基本立场》，中国法制出版社 2002 年版，第 278 页。

[3] ［俄］Л. B. 伊诺加莫娃－海格主编：《俄罗斯联邦刑法（总论）》，黄芳、刘阳、冯坤译，中国人民大学出版社 2010 年版，第 139 页。

没有发现类似"多元身份主体共犯"的现象引起俄罗斯学者的关注，这足以说明上述"要求罪名同一"的制度逻辑并没有给俄罗斯的司法实践造成什么困难。这是为什么呢？

其实，我国参与犯处罚原则制度逻辑要求参与犯刑罚裁量参照系"罪名同一"，在绝大多数情况下不会导致什么问题，只有在刑法分则就同一性质的侵害行为，针对不同的身份设定不同的罪名时才会出现困境。比较典型的是，就非法占有公私财物行为来说，普通人可以构成盗窃罪、诈骗罪，公司、企业人员可以构成职务侵占罪，而国家工作人员则可以构成贪污罪。由于法律对三种身份者所规定的不同罪名之间法定刑轻重差别巨大，所以在多元身份主体共同实施非法占有公私财物行为时，到底按照哪一个罪名量刑对于不同身份参与者的刑罚裁量影响重大。而通过查阅国内翻译出版的《俄罗斯联邦刑法典》我们发现，对于上述情况，《俄罗斯联邦刑法典》采取了"行为统罪"方式，即同一行为设定一个罪名，而特定的身份是一个罪名下的法定刑加减情节。《俄罗斯联邦刑法典》分则中一系列条文规定，利用自己的职务地位实施犯罪的是加重情节，如第 159 条诈骗、第 160 条侵占或盗用、第 188 条走私等。根据这样的立法方式，在实施了这些条文规定的犯罪行为的情况下，一些共同犯罪人的行为符合普通的犯罪构成，而另一些共同犯罪人的行为则符合加重的犯罪构成，即不同的共同犯罪人具有轻重不同的刑事责任。[1] 这里显然就不存在所谓"多元身份主体共犯定性难题"。

由上推知，要求参与犯量刑参照系选择"罪名同一"，只是产生"多元身份主体共犯定性难题"的必要条件之一，"就同一性质行为针对不同身份者规定不同的罪名"这样的分则立法模式则是另一个必要条件。换句话说，这两个制度选择自身都没有什么问题，

---

〔1〕 ［俄］Л. В. 伊诺加莫娃-海格主编：《俄罗斯联邦刑法（总论）》，黄芳、刘阳、冯坤译，中国人民大学出版社 2010 年版，第 140 页。

但两者的结合体却是有害的。

《新加坡刑法》中的一个特别规则对于上面的判断具有一定的印证作用。《新加坡刑法》第38条规定，如果数人参与实施一个犯罪行为或者与该犯罪行为的实施有关，他们可以因该犯罪行为而构成不同犯罪。立法者对该条规定给出了一个例示性说明：A在受到严重挑衅的情况下杀死Z，此种行为为刑事杀人罪而非谋杀罪。B对Z怀有恶意，企图杀死Z，但未受到严重挑衅，而帮助A杀死Z。在此，尽管A和B的行为导致了Z的死亡，但B构成谋杀罪，而A仅构成刑事杀人罪。[1] 这里的例子反映出立法者所面临的一个问题，即法规规则将同样的杀人行为，根据是否存在"遭受严重挑衅"这一辩护事由，分别将它们规定为刑罚严厉程度差异巨大的"刑事杀人罪"和"谋杀罪"。这时，如果非得确定共同所犯的同一罪名，无论确定哪一个都会有人觉得不公正。也许这就是催生上述特殊规则的原因。就实际效果而言，这种因为某种辩护事由的存在而将同一性质的侵害行为设定为不同罪名的做法，与我国"就同一性质行为针对不同身份者规定不同的罪名"是非常类似的。如果这样考虑问题，那么就可以更加坚定我们的看法：要保留参与犯刑罚参照系选择问题上的"罪名同一"要求，就需要刑法分则采取严格的"行为统罪"模式；而如果分则不严格采取"行为统罪"的立法模式，那么就不能在参与犯刑罚参照系选择问题上毫无例外地要求"罪名同一"。然而，由于我国现行《刑法》在共同犯罪的立法规定中并没有关于多元身份主体共同犯罪应当如何定罪的规定，这就造成在现有立法规定所提供的思维模式之下，在刑事司法适用过程中存在不同解释余地的可能，而这种可能性之一就是出现对同一行为异样处理问题。

---

[1]《新加坡刑法》，刘涛、柯良栋译，北京大学出版社2006年版，第7页。

第四节　犯罪未完成形态立法规定模式评判

一、刑事立法对犯罪未完成形态的普遍处罚

（一）犯罪未完成形态的立法模式简况

我国现行《刑法》在总则中对犯罪未完成形态[1]的处罚作出了总括性规定，原则上对犯罪预备、犯罪中止和犯罪未遂予以普遍处罚，这是我国《刑法》立法技术较为粗糙的表现，可能引致重刑。这里主要以轻罪为例对该种立法进行评析。因为轻罪的社会危害性程度较低，对法益的侵害较小，处罚轻罪的未完成形态有违刑法的谦抑性原则和罪责刑相适应原则，同时也与当今世界各国刑罚轻缓化的发展潮流相左。

我国《刑法》并未规定轻罪的概念，在我国语境下轻罪仅作为学理上的概念使用。综观世界主要国家的立法例，一些国家的刑法存在关于轻罪、重罪的规定，如法国、德国、意大利、美国、俄罗斯等国刑法对犯罪的轻重程度进行了区分。轻罪与重罪的划分通常以刑罚量的多少为区分标准，以《德意志联邦共和国刑法典》为例，其第12条规定：重罪是指最低以一年或者一年以上的自由刑相威吓的违法行为。轻罪是指最低以更轻微的自由刑或者以罚金刑相威吓的违法行为。[2]就我国刑法理论而言，一般认为，我国《刑法》中法定最高刑在3年有期徒刑以下（包括3年）的罪名为轻罪。

通常而言，轻罪与重罪的划分具有实体上和程序上的双重意

---

[1]　犯罪未完成形态包括犯罪未遂、犯罪中止和犯罪预备。犯罪未完形态与犯罪既遂合称犯罪停止形态。

[2]　参见郑丽萍："轻罪重罪之法定界分"，载《中国法学》2013年第2期，第129页。

义。同样以《德意志联邦共和国刑法典》为例，在实体方面，《德意志联邦共和国刑法典》规定重罪的未遂一律应受到刑罚处罚，而轻罪的未遂仅在法律有明确规定的情况下才应受到刑罚处罚。[1]由此可见，在德国，对轻罪的未遂原则上是不予刑罚处罚的，仅在法律有明确规定的例外情况下才予以刑罚处罚。对轻罪的未遂原则上不予处罚并非德国刑法所独有，而是在世界范围内具有相当程度的普遍性，这从当今世界主要国家的刑事立法中可以一看究竟。在程序方面，轻罪与重罪区分的意义主要在于诉讼程序的分流，轻罪通常可以适用简易程序，而重罪的诉讼程序则更为完整和严格。有一些国家还设立了重罪法院和轻罪法院，分别审理重罪和轻罪，如法国。[2]

我国现行《刑法》第22～24条分别对犯罪预备、犯罪未遂和犯罪中止的成立条件和处罚原则作出了规定。对于预备犯，可以比照既遂犯从轻、减轻处罚或者免除处罚。对于未遂犯，可以比照既遂犯从轻或者减轻处罚。对于中止犯，没有造成损害的，应当免除处罚，造成损害的，应当减轻处罚。可见我国《刑法》对于犯罪未完成形态原则上予以处罚，亦即从刑法条文的规定来看，刑法对犯罪未完成形态一般都应予处罚，对于未遂犯一概不可免予处罚，对于预备犯和中止犯也只有在特殊情况下才免予处罚。基于此种认识，我国《刑法》对犯罪未完成形态处罚的总体特点可以概括为：对犯罪未完成形态原则上予以处罚，例外情况下不予处罚。从立法本身进行逻辑推演的结果是：刑法对犯罪未完成形态予以普遍处罚。具体而言，不处罚的例外情况包括以下三种情形：一是对于预

---

〔1〕 参见郑丽萍："轻罪重罪之法定界分"，载《中国法学》2013年第2期，第129页。

〔2〕 参见郑丽萍："轻罪重罪之法定界分"，载《中国法学》2013年第2期，第129页。

备犯可以免除处罚，但在何种情况下预备犯才能免于处罚，规定得不够明确；二是对于中止犯，如果没有造成损害，则应当免除处罚；三是对于三种具体的犯罪未完成形态，即预备犯、未遂犯和中止犯，如果情节轻微，可以适用《刑法》第37条的规定定罪免刑，如果情节显著轻微危害不大的，可以适用《刑法》第13条但书的规定不认为是犯罪。上述三种例外情况除第二种外，其他例外情况的判断和法律适用均具有一定程度的模糊性，法律规定并不明确，司法实践中的适用也不统一。加之司法实践中超期羁押的现象较为常见，即使存在例外情况也会因现实的需要而对行为人施以刑罚。立法规定的模糊性为法官作出不合理的判决提供了"保护"。由此，对犯罪未完成形态普遍处罚的立法规定模式显然会导致刑罚适用的不合理，申言之，此种原则上对犯罪未完成形态进行处罚的立法模式存在导致重刑的危险。下面以窝藏罪为例予以分析。

甲和乙是相处多年的好朋友，一天下午，甲接到乙打来的电话，在通话中乙告诉甲"自己犯事了，刚抢了一家金店，出去避避风头"，让甲帮忙找一辆车并加满油，他在晚上来取车。甲在通话结束后到租车公司租了一辆小汽车并加满油，开到家门口等候乙来取车。但是，乙迟迟不来，最后等来的却是公安人员，这才得知乙在来取车的路上已被公安人员抓获。在本案中，甲明知乙涉嫌犯罪而为其提供汽车助其逃匿，但因意志以外的原因（乙在来取车的途中被警方抓获）而未能得逞，因此根据《刑法》第23、310条的规定，甲的行为成立窝藏、包庇罪未遂。根据现行《刑法》对未遂犯的普遍处罚规定，甲将面临3年以下有期徒刑、拘役或者管制的刑罚。抛开现行《刑法》的相关规定，这里需要进一步探讨的是处罚窝藏未遂是否适当，是否符合罪刑均衡原则和刑法的谦抑性精神。我们知道，窝藏、包庇罪规定在《刑法》第六章第二节妨害司法罪中，据此，窝藏、包庇罪所要保护的是司法活动的顺利进行，行为人的行为只有在现实地妨害了或威胁到司法机关对涉嫌犯罪之人的抓捕、审讯等司法活动的顺利进行时，方能受到刑罚处罚。由此可见，窝藏行为在未遂的情况下并未对涉嫌犯罪之人提供任何助其逃匿的实质性帮助，而只有在涉嫌犯罪之人已经获得了实质帮助，窝藏行为才会威胁到司法活动的顺利进行。因此，我们认为，窝藏未遂不应受到刑罚处罚，并且从比较法的角度也可以获得相应的论据支持。以我国台湾地区"刑法"为例，其第164条规定："藏匿犯人或依法逮捕拘禁之脱逃人或使之隐避者，处2年以下有期徒刑、拘役或500元以下罚金。意图犯前项之罪而顶替者，亦同。"然而，其第25条规定，未遂犯之处罚，以有特别规定者为限，并得按既遂犯之刑减轻之。这样一来，如若对本案中的行为人甲以窝藏、包庇罪未遂施以刑罚，则显然有违罪刑均衡原则，裁判结果显属无理，是刑法重刑主义的一种表现。进而言之，这种结果的出现，实是我国刑法立法技术较粗疏和其所传达的未遂普遍处罚理念所致，因为依照这种立法规定，对行为人定罪处罚并不存在什么问题。此种不甚合理的问题，在预备犯、中止犯的立法规定中同样存在。

（二）犯罪未完成形态立法规定模式存在的重刑观念导向

一般而言，立法规定模式对司法者以及普通民众的刑法观念、犯罪观念等均具有一定程度的影响。我国现行《刑法》对犯罪未完成形态普遍处罚的立法规定是一种入罪导向的规定模式，即提示司法者预备犯、中止犯和未遂犯等犯罪未完成形态原则上应予处罚。司法者的裁判思维模式被引导为：首先，假定预备犯、中止犯和未遂犯等成立犯罪进而应予处罚，这实际上是一种"有罪推定"；其次，考虑其他相关因素；最后，确定对上述犯罪的未完成形态的处罚，在例外情况下不认为是犯罪或者免于刑罚处罚。在入罪导向下，司法者倾向于认定为有罪，因为这可以免除其证明存在例外情况的举证责任，减轻其工作负担。在我国当下的社会环境和司法环境下，对未遂犯等犯罪未完成形态作有罪的判决还可能对相关司法者的绩效考核、避免被害人上访、维护社会稳定等有"积极"作用。当司法者面对具体案件时，先是作出有罪推定进而顺理成章地作出有罪判决，既符合了法律的规定，又有诸多切身利益，司法者最终认定未达犯罪既遂的行为人有罪也就不难理解了。基于此种分析，可以认为，正是立法规定模式的不合理引致了司法者在司法活动中的"惰性"，加之"惰性"行为又可带来诸多"好处"，"惰性"似乎也就自然成为一个理性的司法者所具有的品格。然而，这样的实践操作却丧失了对公正的追求，危害了法律的生命力，因为公正是法律的生命。可见，上述在总则中规定普遍处罚犯罪未完成形态的立法模式引导着司法者的刑法观念走向重刑化的岔道。

除立法规定模式外，法律条文的语言表述同样会对人们的刑法观念、犯罪观念产生影响。这里以《刑法》第 23 条对犯罪未遂的立法规定为例进行分析。该条第 2 款规定，对于未遂犯，可以比照既遂犯从轻或者减轻处罚。这一条文的语言表述就具有影响普通民众犯罪观念的作用，因为该条文中使用了"可以""比照既遂犯"等语言表达。详言之，首先，"可以"告诉人们的是，既可以是比照既遂犯施以较轻的刑罚，当然也可以不施以较轻的刑罚而是施以与既遂犯同样的刑罚。其次，"比照既遂犯"一词让人们自然联想到未遂犯与既遂犯具有相关性，之所以可以"比照"，原因在于它们二者具有相似的性质。既遂犯是应受刑罚处罚的犯罪，既然未遂犯与既遂犯具有相似的性质，当然也是应受刑罚处罚的犯罪。进而推知，上述条文的语言表述方式引导人们产生这样一种认识，即未遂犯与既遂犯性质类似，都是犯罪，只是未遂犯一般可以比照既遂犯从轻或者减轻处罚，但在一些情况下也可以不对未遂犯施以较既遂犯轻的刑罚。由此可见，我国《刑法》对于犯罪未遂的语言表述具有强调未遂犯社会危害性的作用，能够引导并加重人们对未遂犯的可责难性评价。

二、司法解释对犯罪未完成形态立法规定作出的纠正努力

（一）司法解释对立法纠正的体现

以盗窃罪和诈骗罪的相关司法解释为例，2013 年 4 月 2 日，最高人民法院和最高人民检察院联合发布了《关于办理盗窃刑事案件适用法律若干问题的解释》。该《解释》第 12 条对盗窃罪未遂的处罚作出了限制性规定，即盗窃未遂只有在下述三种情形下才追究刑事责任：以数额巨大的财物为盗窃目标的；以珍贵文物为盗窃目标的；其他情节严重的情形。由此可见，如果仅以数额较大的财物为目标盗窃未遂的，则不予追究刑事责任。这可以视为司法解释对普遍处罚未遂犯所作的一种纠正。除了上述盗窃罪的司法解释之外，还有一些司法解释也对未遂犯的处罚作出了类似的限制性规定。例如，2011 年 3 月 1 日，最高人民法院、最高人民检察院联合发布了《关于办理诈骗刑事案件具体应用法律若干问题的解释》，其中第 5 条第 1 款规定"诈骗未遂，以数额巨大的财物为诈骗目标的，或者具有其他严重情节的，应当定罪处罚"。

上述"两高"关于盗窃罪和诈骗罪的司法解释对未遂犯的处罚范围作出了一定的限制性规定，其背后的法律依据是《刑法》第 13 条"但书"的规定，即"情节显著轻微危害不大的，不认为是犯罪"。显然，上述司法解释的制定，是由于以"两高"为代表的司法机关在长期的司法实践中认识到对盗窃罪等轻罪的未遂予以普遍处罚的不合理之处。这在一定意义上彰显出司法解释对立法缺陷的纠偏努力，表明了最高司法机关对未遂犯处罚范围的合理揭示，即对于轻罪的未遂不应予以处罚。因此，我们有理由认为，通过司法解释进一步规定对分则各罪的处罚范围，明确规定在何种情况下

对犯罪未遂等犯罪未完成形态予以处罚，是最高司法机关为纠正立法粗疏导致的重刑危险而作出的努力。

（二）对司法解释纠偏效果的评析

首先，最高司法机关通过司法解释的形式纠正立法上对犯罪未完成形态普遍处罚的立法设置，反映出现行刑事立法存在可能扩大犯罪圈的问题，而此种问题的产生主要是由"对犯罪未完成形态的处罚在总则中予以总括性的规定"这一立法技术的不当运用所致。尽管在立法层面，刑法对犯罪未完成形态规定以普遍处罚，但是司法实践中对未遂犯并非一概予以处罚，对预备犯和中止犯更是在大多数情况下不予处罚，在某种意义上说，处罚预备犯和中止犯倒成了例外。司法实践中上述现象的出现，实际上是司法者对立法不合理规定的一种合理纠正，目的是实现罪责刑相适应，使裁判结果符合公众的正义直观。换句话说，在一些司法者心中，现行刑事立法对犯罪未完成形态一概予以处罚不尽合理，可能导致不当入罪或过当其罚等让人难以接受的裁判结果。因此，一些司法者试图在法律允许的限度内变通现行立法的有关规定，[1] 将一些轻罪的未完成形态排除在犯罪圈之外或者免除刑罚处罚。同时，为适应刑事司法实践中的现实需要，[2] 最高司法机关通过制定司法解释的方式对上述问题予以回应，在相关司法解释中对犯罪未遂的处罚作出了限

---

〔1〕 对现行刑事立法的变通主要是通过以下两种路径实现的：一是适用《刑法》第13条但书的规定排除犯罪；二是适用《刑法》第37条的规定定罪免刑。

〔2〕 司法实践中的现实是，司法机关在法律适用的过程中对"犯罪未遂是否应当处罚"这一问题的态度并不明确，类似的案件可能作出截然不同的判决。例如有的法院对以数额较大财物为目标的盗窃罪未遂，通过宣告无罪或者定罪免刑的方式不予刑罚处罚；而有的法院则对类似的案件定罪处刑。需要指出的是，在司法实践中，大量的盗窃罪未遂案件（限定为以数额较大的财物为目标）在立案侦查阶段或者在审查起诉阶段即以撤销案件或者不起诉的方式终结，只有少量案件经由法院审理。这也能在一定程度上反映出侦查和起诉机关对处罚犯罪未遂所持的态度和立场。

制性规定。最高司法机关所作的上述努力，一方面是为了统一司法裁判秩序，践行刑法面前人人平等这一刑法基本原则；另一方面则是为了纠正立法上对犯罪未遂普遍处罚所引致的重刑裁判结果。[1]

其次，司法解释并未根除立法较粗疏引致的重刑危险且存在一些弊端：

第一，造成《刑法》第13条"但书"有被滥用的危险，并可能导致司法实践中对"情节显著轻微危害不大的"在解释上和适用上的不统一。这损害了刑法典的体系性和一致性，对刑事立法和司法的良性发展不利。

第二，有违罪刑法定原则。例如，刑法总则对犯罪未遂原则上予以处罚且一般无例外规定（《刑法》第13条但书除外），但是司法解释却未遵循立法而作出规定。例如，在盗窃罪司法解释中规定，对盗窃罪未遂的处罚是有一定条件的，而非一概予以处罚。这种司法解释有违反罪刑法定原则的嫌疑。在某种程度上说，这种突破刑事立法的司法解释是一种司法权对立法权的僭越，可能会破坏法律的权威性和有效性。

详言之，我国现行《刑法》对犯罪未遂坚持原则上一律处罚的立场，《刑法》第23条第2款规定了未遂犯的处罚原则，即"对于未遂犯，可以比照既遂犯从轻或者减轻处罚"。因此从刑法条文的字面含义来看，并未留下不处罚犯罪未遂的余地，即便《刑法》第13条"但书"规定了"情节显著轻微危害不大的，不认为是犯罪"，但其只能例外适用而不能大范围的普遍适用，否则将架空刑法总则中关于犯罪未遂的规定。上述关于盗窃未遂的司法解释据以作出的法律依据不是《刑法》第13条的"但书"，也非《刑法》

---

[1] 我们认为，重刑主要包括以下三种情形：一是不应当入罪而入罪，二是不应当施以刑罚而施加，三是应当施以轻刑却施以重刑。简言之，违反罪责刑相适应原则的不当入罪和刑罚过量即是重刑。

第 23 条第 2 款规定的未遂犯的处罚原则，而是在刑法之外的一种超法规的法律解释。虽然对盗窃未遂处罚所作的解释具有相当意义的合理性，但是其却有违反罪刑法定原则之嫌。同样地，根据上述关于盗窃罪的司法解释，可以得出对犯罪预备原则上不予处罚的推论。因为，根据当然解释，"举轻以明重，举重以明轻"，如果对于那些仅以数额较大财物为目标的盗窃未遂都不予刑罚处罚，那么对于那些以数额较大财物为目标的盗窃预备就更不应当予以刑罚处罚了。正是因为我国《刑法》在总则中对犯罪预备、犯罪未遂等停止形态作出了原则上应予处罚的一般性规定，由此导致了司法解释与刑法条文之间的紧张和矛盾，也进而造成了司法实践对罪刑法定原则的违背。这种实质合理却不合法的状况之所以出现，在相当意义上可归结为立法技术不够不合理，即对犯罪预备、犯罪未遂等犯罪停止形态在总则中予以一般性规定的立法方式是导致上述状况出现的主要原因。不可否认，对于严重侵害法益的犯罪（即所谓重罪），如故意杀人罪、抢劫罪、放火罪、爆炸罪处罚犯罪预备等未完成形态是必要的，但是对于那些未严重侵害法益的犯罪（即所谓轻罪），处罚其犯罪预备等未完成形态则有失妥当。

三、被司法解释"遗忘"的若干罪名评析——以犯罪未完成形态为视角

前文所论及的司法解释对盗窃罪和诈骗罪的未遂形态所作的限制性规定并不能全然代表司法解释对所有的罪名均作出了限制性规定，对于大部分犯罪的未完成形态的处罚尚没有司法解释的细化规定。下面，本书将以常见多发的侵犯财产类犯罪为例展开论述，以凸显出立法对犯罪未完成形态普遍处罚立法规定模式所引致的重刑危险。

我国现行《刑法》在分则第五章规定了侵犯财产类犯罪，共有

抢劫罪、盗窃罪、诈骗罪等犯罪。在这些犯罪中，有一些犯罪采用的是平和的、非暴力的行为方式，如诈骗罪、侵占罪、职务侵占罪、挪用资金罪等罪名的类型化构成要件行为就不包含暴力因素。这些平和的犯罪行为仅侵害他人的财产利益，并不对他人的人身法益造成侵害或威胁，因此平和取财型犯罪具有的社会危害性相对较小，它们的未完成形态的社会危害性则更小。这也就意味着，一般而言，平和取财型犯罪的未完成形态并不具有值得动用刑罚进行处罚的社会危害性。但是，就目前的司法解释而言，平和的侵财类犯罪中仅有盗窃罪和诈骗罪的司法解释对犯罪未遂的处罚作了一定的限制性规定，而其他类似的犯罪则被司法解释所"遗忘"。

以侵占罪为例，甲代为保管朋友乙所有的一台价值 8000 元的苹果牌笔记本电脑，甲一直想买一台该品牌的电脑但苦于收入微薄未能如愿。于是，甲萌生了占有该电脑的想法，在乙到甲家中要求取回该电脑时，甲予以抵赖，声称未曾帮乙保管过该电脑，甲的妻子得知后趁甲上卫生间的间隙将该电脑还给了乙，乙随后报案。在该案中，甲欲将代为保管的他人财物非法占为己有，但因意志以外的原因（其妻将电脑返还给乙）而未能得逞。因此，根据《刑法》第 23、270 条的相关规定，甲的行为构成侵占罪的未遂，对甲可以比照侵占罪的既遂犯从轻或者减轻处罚。申言之，对甲处 2 年以下有期徒刑、拘役或者罚金的刑罚，且可以从轻或者减轻处罚。可见，根据现行《刑法》规定，侵占罪未遂原则上是要受到刑罚处罚的，只有在例外情况下才可以定罪免刑或者除罪。然而，处罚侵占数额不大的未遂显然有违刑法的谦抑性原则同时也与罪刑均衡原则相抵牾，这一点从盗窃罪和诈骗罪的相关司法解释中不难看出。我们知道，侵占罪无论在法益侵害程度上，还是在行为人的可归责程度上，一般都要轻于盗窃罪和诈骗罪。因此，如果对盗窃罪和诈骗罪未遂的处罚作出限制，那么对侵占罪未遂的处罚就更应该作出限制。然而，遗憾的是，司法解释并未对侵占罪未遂的处罚作出限制，即便以数额较小的财物为目标的侵占未遂也可以合法地被定罪处罚。[1] 不可否认，司法解释不可能面面俱到地对每一犯罪均作出详细的规定，问题的症结在于普遍处罚犯罪未完成形态的立法设定模式。也就是说，在总则中总括性规定处罚犯罪未完成形态的立法规定模式不当地扩大了刑法的处罚范围，导致了重刑刑法的产生。

四、犯罪未完成形态立法模式造成犯罪类型诸概念使用上的混乱

（一）混乱的犯罪类型概念使用现状及其成因

根据我们的思考，我国现行《刑法》对犯罪未完成形态的立法规定模式是导致犯罪类型诸概念使用混乱的重要原因，特别是在对危险犯、行为犯、结果犯的概念使用上，这种混乱局面可能导致法律适用无所适从，并且可能导致重刑的适用。

危险犯、行为犯、结果犯等概念于20世纪80年代引入我国，但至今对这些概念的含义和使用仍未达成共识，对这些概念的理解往往随着学者立场的不同而发生变化，这一现象值得我们深思。

首先，学界对于危险犯、行为犯、结果犯等概念有着不同的理解。由于对上述概念理解上的分歧表现形式大体相同，因此本书以危险犯为例展开论述。关于危险犯的概念，学界主要有以下三种观点：第一种观点认为，危险犯是指以行为人实施的危害行为造成法

---

〔1〕 在司法实践中，对于侵占罪未遂的处理可能有三种路径：一是公安机关不立案或者立案后撤销案件，案件终了；二是公安机关移送审查起诉，公诉机关作不起诉处理，案件终了；三是公诉机关提起公诉，法院依法审理作出判决，案件终了。值得注意的是，在司法实践中一旦侵占罪未遂的犯罪嫌疑人、被告人已被羁押，则其最终通常都会被定罪处罚。

律规定的发生某种危害结果的危险状态作为既遂标志的犯罪。[1]
此种观点将危险犯作为犯罪既遂的一种类型，是我国的通说观点。
第二种观点认为，危险犯是在犯罪成立意义而言的，以危险发生作
为犯罪构成要件。[2] 此种观点将危险作为危险犯成立的标志，当
行为造成了法益侵害的危险时危险犯旋即成立。第三种观点认为，
危险犯之危险的发生既是犯罪成立的标志，同时也是犯罪既遂的标
志。在危险犯的场合，行为造成了法益侵害的现实危险犯罪即宣告
成立，同时犯罪已达既遂形态。

　　其次，学界对于危险犯、行为犯、结果犯等概念之间的关系也
存在分歧。有学者以刑法介入的时点为标准，将危险犯、行为犯与
结果犯三者之间的关系理解为并列关系。按照刑法介入的时点，刑
法对于行为犯介入的最早，只要行为完成刑法即介入处罚。需要说
明的是，由于此时行为对法益造成侵害的危险还未迫近，还未产生
具体紧迫的法益侵害危险，因此行为犯与抽象危险犯其实并无二
致。刑法对危险犯的介入时点介于行为犯与结果犯之间，当行为造
成了法益侵害的具体危险，亦即行为对法益侵害的危险已经现实且
紧迫时，刑法方才介入处罚。刑法对结果犯的介入时点最晚，只有
当行为造成了现实的法益侵害结果时，刑法才介入处罚。还有学者
以法益侵害程度为标准将犯罪分为危险犯与实害犯，以犯罪构成要
件是否要求具备犯罪结果为标准将犯罪分为行为犯与结果犯，其中
危险犯的范围大体与行为犯重合，实害犯的范围大体与结果犯重
合。在此种观点的论者看来，某一犯罪可以既是实害犯又是结果
犯，或者既是危险犯又是行为犯。

---

〔1〕　高铭暄、马克昌主编：《刑法学》，北京大学出版社、高等教育出版社
2010 年版，第 148 页。

〔2〕　参见苏彩霞、齐文远："我国危险犯理论通说质疑"，载《环球法律评
论》2006 年第 3 期，第 352 页。

根据我们的思考，学界在危险犯、行为犯、结果犯等概念的使用上产生混乱，原因主要有以下两方面：

第一，犯罪分类的标准不统一。在德、日刑法理论上危险犯与实害犯相对应，行为犯与结果犯相对应。危险犯与实害犯的区分以行为对法益的侵害状态为标准，若行为已经对法益造成了现实的侵害则是实害犯，反之则是危险犯。行为犯与结果犯的区分则是以犯罪构成要件要素中是否包含犯罪结果为标准，若犯罪构成要件不要求具备结果要素则为行为犯，反之则为结果犯。我国刑法学者在使用危险犯、行为犯等概念时往往将它们并列，认为它们均是犯罪既遂的类型，这种做法混淆了犯罪的分类标准。

第二，该种概念使用混乱源自于现行刑事立法对犯罪未完成形态的立法规定模式。我国现行《刑法》在总则中规定了犯罪的未完成形态，在分则中规定了具体各罪的犯罪构成要件及相应的刑罚。这种立法模式在具体罪名的适用时可能带来解释上的分歧，分歧主要表现在对刑法分则条文性质的理解上：一种观点认为，刑法分则条文是对犯罪既遂的规定；另一种观点则认为，刑法分则条文是对犯罪成立的规定。上述两种观点的论者又均有各自的理由，至今尚未达成共识。本书并不介入何种观点更为合理的争论之中，而是抛开不同观点的争论转而论述对分则条文的不同理解所导致的对危险犯等概念理解的混乱。

首先，若将刑法分则条文理解为犯罪既遂的规定，则刑法中的危险犯等概念都是在犯罪既遂的意义上使用的，危险犯等概念都是犯罪既遂的类型。此种观点也是我国刑法理论的通说观点。例如，高铭暄、马克昌教授主编的《刑法学》一书就将行为犯、结果犯、危险犯和举动犯作为犯罪既遂形态的类型加以论述。[1] 此外王作

---

[1] 参见高铭暄、马克昌主编：《刑法学》，北京大学出版社、高等教育出版社 2010 年版，第 147～148 页。

富教授主编的《刑法》一书也将危险犯等作为犯罪既遂的类型加以把握。[1] 具体到刑法分则规定的罪名，诸如《刑法》第116条规定的破坏交通工具罪、第117条规定的破坏交通设施罪、第143条规定的生产、销售不符合安全标准的食品罪等均为危险犯。在这些罪名中，行为人的行为只要足以造成相关法益的侵害，亦即产生法益侵害的具体危险就成立犯罪既遂。以生产、销售不符合安全标准的食品罪为例，食品的生产者、销售者生产或销售不符合食品安全标准的食品，足以造成严重食物中毒事故或者其他严重食源性疾病的，即成立该罪的既遂。易言之，成立生产、销售不符合安全标准的食品罪的既遂不要求产生现实的侵害结果，亦即不需要现实地发生严重食物中毒事故或者其他严重的食源性疾病，而只需要产生上述侵害结果的危险即可。与危险犯相对，诸如故意杀人罪、盗窃罪、诈骗罪等则为结果犯，只有当行为对法益已经造成了现实的侵害才成立犯罪既遂。以盗窃罪为例，盗窃罪的既遂要求现实地造成了他人财物的损失，亦即行为人成功地窃取了他人的财物，如果出于意志以外的原因未窃取到他人财物，则成立盗窃罪的未遂。申言之，在将刑法分则条文理解为犯罪既遂规定的场合，危险犯、结果犯和行为犯等概念中的"危险""结果产生"和"行为完成"是成立犯罪既遂的标志。危险犯既遂的标志是行为产生了法益侵害的危险；结果犯既遂的标志是作为犯罪构成要件必备要素之一的犯罪结果已经发生；行为犯既遂的标志是作为犯罪构成要件必备要素之一的犯罪行为已经实施完成。如果犯罪未达到相应的既遂标准，则可能成立犯罪的未完成形态或者不成立犯罪。

　　其次，若将刑法分则条文理解为犯罪成立的规定，则危险犯等概念都是在犯罪成立的意义上使用的。以危险犯为例，危险犯犯罪

---

〔1〕　参见王作富主编：《刑法》，中国人民大学出版社2009年版，第118~120页。

成立的标志是行为导致了法益侵害的危险。以放火罪为例，《刑法》第114条规定了放火罪的基本犯，即放火危害公共安全，尚未造成严重后果的……如果将此规定理解为犯罪的成立条件，则放火罪的成立要求放火行为达到危害公共安全的程度。在对危害公共安全的判断上，要先将所有客观事实作为判断资料，如行为本身的危险性、对象物本身的性质、结构、价值，对象物周围的状况，对象物与周围可燃物的距离，行为时的气候、风力、气温等。再要根据客观的因果法则进行判断，对象物燃烧的行为是否足以形成在时间上或空间上失去控制的燃烧状态。[1] 如果经过判断，点火燃烧对象物的行为已达到危害公共安全的程度，则成立放火罪。至于放火罪的停止形态则有待进一步考察，如果放火行为造成了严重后果则成立放火罪的既遂；如果尚未造成严重后果则成立放火罪的未遂；如果行为人在造成严重后果之前基于自由意志主动放弃了犯罪，阻止了严重后果的发生，则成立放火罪的中止。

（二）概念使用混乱的弊端

1. 未达成共识的刑法理论研究

概念是我们认识事物、分析问题、进行对话交流乃至论争所必不可少的工具，对概念的理解和使用如若自说自话，则难以形成一个彼此交流进而展开思想对话的平台，对某一问题的认识就只能是个人智慧的彰显而非集体智慧的结晶。在刑法学研究中需要存在一个被研究者普遍接受的概念体系，唯有如此，刑法学研究才不至于闭门造车，刑法学研究才能集诸多先贤和现世才俊的共同智慧迸发前进的力量。

危险犯、行为犯、结果犯等概念是刑法理论中的基本概念，对这些基本概念的理解和使用需要达成共识，否则理论研究将难以展

---

［1］ 张明楷：《刑法学》（下），法律出版社2016年版，第691页。

开。然而，遗憾的是，上述基本概念在我国刑法理论研究中至今尚未达成基本共识，上文对危险犯的分析即是其中一例。对危险犯等基本概念使用上的混乱必然导致研究者在研究相关问题时的自说自话，从而阻碍刑法理论研究的发展。此为危险犯等概念使用混乱的弊端之一。

2. 法律适用上的无所适从

危险犯等概念使用上的混乱导致的另一个弊端则是法律适用上的无所适从。以破坏交通工具罪为例，本罪是公认的危险犯，但是，在对本罪的法律适用上则可能因对危险犯的不同理解而导致不同的裁判结论。如果在犯罪成立意义上理解危险犯，则行为人破坏交通工具的行为足以使交通工具发生倾覆、毁坏的危险时犯罪才成立；反之，如果破坏交通工具的行为尚未造成使交通工具发生倾覆、毁坏的具体危险则不成立犯罪。如果在犯罪既遂的意义上理解危险犯则会有不同的处理结果，即一旦将足以使交通工具发生倾覆、毁坏的危险理解为犯罪既遂的标志，那么行为人实施的破坏交通工具但还不足以使交通工具发生倾覆等具体危险的行为，虽然不被认定为是犯罪既遂，但却可能是犯罪预备、犯罪中止等犯罪未完成罪。通过上述分析可以发现，对危险犯概念的理解和使用不统一，将会导致司法裁判结论的重大差异，即司法者在作出裁判时，在何种意义上使用危险犯等概念将直接影响到最终的裁判结论。然而，我国刑法理论中对危险犯等概念的理解和使用众说纷纭、莫衷一是，呈现出较为混乱的局面，这就可能导致司法者在法律适用上的无所适从，导致不同裁判结论的作出，而类案不同判则隐藏着重刑适用的危险。

3. 可能的重刑化倾向

如上所述，危险犯等概念使用上的混乱可能导致裁判者适用法律时的无所适从，但司法诉讼程序的终局性却又要求裁判者要给出一个确定的裁判结论，在此种情况下裁判者不得不选择概念的一种含义来裁断案件。就危险犯而言，裁判者在欲作出最终裁判时面临两种解释论上的选择：第一种选择是在犯罪成立的意义上理解危险犯，认为犯罪的成立要求行为已经造成了法益侵害的具体危险，如果行为尚未造成具体危险则不成立犯罪。第二种选择则是在犯罪既遂的意义上理解危险犯，行为引致法益侵害的具体危险是犯罪既遂的标志，如果行为未造成法益侵害的具体危险，则行为未达既遂，但行为仍然可能成立犯罪。以破坏交通设施罪为例，裁判者对危险犯概念理解的不同可能导致裁判结论存在差异。而之所以出现"类案不同判"的结果，直接原因就在于危险犯等概念使用上的混乱。概念使用的混乱之下存在着裁判者对危险犯等概念的错误理解，而这可能导致裁判者作出不合理的裁判结论。就危险犯等犯罪的未完成形态而言，错误地将危险犯等概念理解为犯罪既遂的形态将得出重刑的裁判结论，而这正是本书所关注的刑法重刑化问题。

举一个案例予以说明重刑化何以会出现。张某原是铁路职工，因上班期间酗酒被单位解雇，张某被解雇后十分郁闷，整日借酒消愁，欲伺机报复社会。一天夜晚，张某跳进火车站台，将堆放在站台边上的几块花岗岩石头搬至铁轨上。在一列旅客列车快要进站时，张某心生悔意遂将铁轨上的石头搬回站台，火车随后顺利通过。火车经过后张某欲从栅栏跳出离开时被站台巡警发现，案发。

对于本案中张某行为的定性，如果法官作上述第一种选择，在犯罪成立意义上使用危险犯概念，则张某的行为成立破坏交通设施罪，因为张某将石头置于铁轨上的行为足以使火车发生倾覆、毁坏的危险，张某的行为已经产生了侵害法益的现实危险，成立破坏交通设施罪自无异义。接下来的问题是，张某破坏交通设施的行为是否可以被认定为犯罪中止。本案中张某在实施破坏交通设施的行为后尚未造成严重后果之前，心生悔意自动有效地防止了犯罪结果的发生，根据《刑法》第 24 条的规定，其行为属于犯罪中止。对于中止犯，如果没有造成损害则应当免除处罚，因此对张某应免除处罚。然而，如果法官作上述第二种选择，在犯罪既遂的意义上使用危险犯概念，则本案中张某的行为显然成立破坏交通设施罪既遂，因为只要张某破坏交通设施的行为足以产生使火车倾覆、毁坏的危险，其行为即既遂。

由此可见，对危险犯概念的不同理解将可能导致裁判结论的巨大差异，对相关行为人的利益产生重大影响。本案中张某的行为尚未造成火车发生倾覆、毁坏的危害结果，并且张某自动中止了犯罪，因此，根据"迷途知返的黄金桥理论"将张某的行为认定为犯罪中止进而免除处罚是妥当的。而一旦将张某的行为认定为破坏交通设施罪的既遂，则至少对其判处 3 年以上有期徒刑，这显然是对他的过重处罚。可见，危险犯等概念使用上的混乱可能使司法者基于不同的理解而作出差异较大的判决，并极有可能导致重刑的产生。

（三）现行立法模式下对纠正概念使用混乱的一种尝试

不可否认，目前刑法理论上对危险犯等概念理解和使用上的混乱很大程度上是由现行《刑法》关于犯罪未完成形态的立法模式所导致的。我国《刑法》对犯罪未遂、犯罪中止和犯罪预备在总则中予以规定，这使人们倾向于认为，刑法分则各罪的规定与总则对于犯罪未完成形态的规定共同构成了对各罪的完整规定，而总则中并未有犯罪既遂的规定，因此将分则各罪的规定当作对犯罪既遂的规定也就顺理成章了。由此可见，正是犯罪未完成形态的立法规定模式导致了传统刑法理论将分则各罪的具体规定理解为犯罪既遂的成立条件。这又间接导致了传统刑法理论将危险犯、行为犯、结果犯概念划归为犯罪既遂的一种类型。然而，将上述概念在犯罪既遂意义上使用将导致司法实践中对一些案件的处理难以得出合理的裁判结论。于是有学者试图将刑法分则各罪的规定理解为是在成立意义上的犯罪规定，[1] 这样就可以避免刑法打击触角的过度前伸，避免得出不合理的重刑裁判结论。如果将刑法分则对危险犯的规定理解为犯罪成立意义上的规定，则只有当行为造成法益侵害的现实危险时才对该行为予以处罚，而这里的处罚根据与犯罪未遂一致，均是在行为已造成了法益侵害的现实危险但尚未发生具体损害结果时，刑法出于对法益的周全保护，提前介入对侵害行为进行规制。因此将危险犯独立成罪的立法设定可以视作未遂犯处罚的既遂化。

上述两种观点均具有一定的合理性。第一种观点根据我国现行《刑法》对犯罪未遂等未完成形态的立法规定，合乎形式逻辑地将刑法分则的具体条文理解为对犯罪既遂的规定，进而在犯罪既遂的意义上理解和使用危险犯等概念；而第二种观点直面司法实践中存在的具体问题，看到了传统观点将分则条文理解为犯罪既遂的规定在处理一些特殊案件时的力不从心。如危险犯既遂后的中止等问题，传统观点就难以提供很好的解决方案。通过以上的分析我们可以得出以下初步结论：一是对刑法分则条文性质的理解直接影响到对危险犯等犯罪类型的理解和使用；二是单纯地将刑法分则条文理解为犯罪既遂的规定抑或犯罪成立的规定均存在逻辑上或实践上的困境。因此本书主张对刑法分则条文作不同于上述两种观点的另一种解读，即将存在犯罪停止形态的犯罪细分为四种模式，[2] 即犯罪既遂模式、犯罪未遂模式、犯罪预备模式和犯罪中止模式，每一

---

〔1〕 参见苏彩霞、齐文远："我国危险犯理论通说质疑"，载《环球法律评论》2006年第3期，第352页。

〔2〕 刑法分则中规定的具体罪名并非都具有完整的未完成形态，有的罪名没有未完成形态（如过失犯罪），有的罪名没有全部未完成形态（如欠缺犯罪预备形态）。

种模式下"犯罪成立＝犯罪既遂"，即犯罪成立时点与犯罪既遂时点重合。具体而言，刑法分则规定的具体罪名可能有四种犯罪成立模式：犯罪既遂的成立（分则的具体规定）、犯罪未遂的成立（总则犯罪未遂的规定＋分则的具体规定）、犯罪中止的成立（总则犯罪中止的规定＋分则的具体规定）、犯罪预备的成立（总则犯罪预备的规定＋分则的具体规定）。以故意杀人罪为例，有四种模式，即故意杀人既遂罪、故意杀人未遂罪、故意杀人预备罪、故意杀人中止罪。将未遂犯、预备犯、中止犯的处罚规定置于总则中，是立法者基于立法技术的便宜性作出的规定。将我国刑法分则罪与刑的规定解释为"犯罪既遂的成立规定及既遂的处罚标准"或许更为合理。至于某一具体罪名是否具有犯罪未完成形态以及具备哪几种未完成形态则需要结合特定罪名的类型化特征和行为的性质等因素予以综合判断。

五、与其他国家或地区的犯罪未完成形态立法模式比较

（一）大陆法系国家或地区的犯罪未完成形态立法模式简况

通过考察大陆法系国家和地区的刑事立法，我们归纳总结出犯罪未完成形态立法规定的三种典型模式：一是总括式规定模式；二是列举式规定模式；三是总括与列举并用的混合规定模式。[1] 总括式规定，是指仅在刑法总则中对犯罪未完成形态作出实质性的处罚规定，[2] 在分则条文中不再予以具体规定；列举式规定，是指在刑法总则中不对犯罪未完成形态作出实质性的处罚规定，而是在分则中作出具体的处罚规定；混合规定，是指在总则和分则中都对

---

〔1〕 这里立法规定模式的分类不是就犯罪未完成形态处罚的整体立法模式而言，而是指向具体的犯罪未完成形态的立法规定模式。

〔2〕 实质性的处罚规定是指对行为定性及处罚有实质影响的规定，如我国《刑法》对未遂犯的处罚规定即是适例。

犯罪未完成形态作出实质性的处罚规定。下文将简要介绍德国、日本和我国台湾地区刑法关于犯罪未完成形态的规定模式。

1. 德国

《德意志联邦共和国刑法典》对犯罪未完成形态的处罚同时采取了多种立法规定模式，具体而言，对犯罪未遂采取了混合式规定模式；[1] 对犯罪中止采取了总括式规定模式；[2] 对犯罪预备采取了列举式规定模式。[3]

2. 日本

《日本刑法典》对犯罪未遂采取了混合式规定模式；[4] 对犯罪

〔1〕《德意志联邦共和国刑法典》第 23 条第 1 款规定，重罪的未遂一律处罚；对轻罪的未遂的处罚以法律有明文规定为限。由此可见，《德意志联邦共和国刑法典》对犯罪未遂的处罚即采用了混合式规定模式，即对重罪的未遂在总则中规定了实质性的处罚规定，对轻罪未遂的实质处罚规定则在分则作出。例如，《德意志联邦共和国刑法典》对盗窃罪（第 242 条）、侵占罪（第 246 条）、诈骗罪（第 263 条）等轻罪的未遂的处罚在分则中作了具体规定。参见《德国刑法典》（2002 年修订），徐久生、庄敬华译，中国方正出版社 2004 年版。

〔2〕《德意志联邦共和国刑法典》第 24 条第 1 款规定："行为人自愿地使行为不再继续进行，或者主动阻止行为的完成的，不因犯罪未遂而处罚。"《德意志联邦共和国刑法典》在总则中对犯罪中止作出了一概不予处罚的规定，因此采用的是总括式规定模式。

〔3〕《德意志联邦共和国刑法典》在总则中未对犯罪预备的处罚作出规定，而是在分则中予以具体规定。例如，《德意志联邦共和国刑法典》第 83 条第 1 款规定，预备实施针对联邦的特定的叛乱行为的，处 1 年以上 10 年以下自由刑；情节较轻的，处 1 年以上 5 年以下自由刑。由此可见，在犯罪预备的处罚上《德意志联邦共和国刑法典》采取了列举式规定模式。

〔4〕《日本刑法典》第 43 条规定，已经着手实行犯罪而未遂的，可以减轻刑罚，但基于自己的意志中止犯罪的，应当减轻或者免除处罚。第 44 条规定，处罚未遂的情形，由各本条规定。《日本刑法典》在总则中规定了对未遂犯罪可以减轻刑罚，在分则中具体规定了何种犯罪的未遂形态应予处罚。可见，《日本刑法典》对于犯罪未遂的处罚规定采用的是混合式的规定模式。

中止采取了混合式规定模式;[1] 对犯罪预备采取了列举式规定模式。[2]

3. 我国台湾地区

我国台湾地区"刑法"对犯罪未遂采取了混合式规定模式[3];对犯罪中止采取了混合式规定模式[4];对犯罪预备采取了列举式规定模式[5]。

(二) 犯罪未完成形态立法模式的优劣比较

上文对德国、日本和我国台湾地区犯罪完成形态处罚的立法规定模式进行了简要的介绍,从总体上看,上述国家或地区的刑事立法对犯罪未完成形态要么不予处罚,要么在分则中严格限定处罚范围。首先,对犯罪预备的处罚采取了列举式的规定模式,均是在分

---

[1] 在《日本刑法典》中犯罪未遂包含犯罪中止的情形,犯罪中止被称为中止未遂。《日本刑法典》第43条规定,已经着手实行犯罪而未遂的,可以减轻刑罚,但基于自己的意志中止犯罪的,应当减轻或者免除处罚。至于哪些犯罪的中止应予定罪处罚,则由分则条文予以规定。因此,《日本刑法典》对犯罪中止的规定模式同犯罪未遂相同,也采用混合式规定模式。

[2] 如《日本刑法典》第201条规定,以犯第199条之罪(杀人罪)为目的进行预备的,处2年以下惩役,但可以根据情节免除刑罚。《日本刑法典》对于犯罪预备仅在分则中予以具体规定,因此采用的是列举式规定模式。

[3] 台湾地区"刑法"第25条规定,已着手于犯罪行为之实行而不遂者,为未遂犯。未遂犯之处罚,以有特别规定者为限,并得按既遂犯之刑减轻之。台湾地区"刑法"在总则中规定了对未遂犯罪得按既遂犯之刑减轻处罚,在分则中具体规定了何种犯罪的未遂形态应予处罚。

[4] 台湾地区"刑法"第27条规定,已着手于犯罪行为之实行,而因己意中止或防止其结果之发生者,减轻或免除其刑。结果之不发生,非防止行为所致,而行为人已尽力为防止行为者,亦同。前项规定,于正犯或共犯中之一人或数人,因己意防止犯罪结果之发生,或结果之不发生,非防止行为所致,而行为人已尽力为防止行为者,亦适用之。台湾地区"刑法"规定的犯罪中止是犯罪未遂的一种特殊形态,对何种罪名的犯罪中止予以处罚仍要看分则中有无对犯罪未遂的处罚规定。

[5] 如台湾地区"刑法"第271条规定,杀人者,处死刑、无期徒刑或10年以上有期徒刑……预备犯第一项之罪者,处2年以下有期徒刑。

则中予以具体规定。其次，对犯罪未遂（狭义）和犯罪中止的立法规定从表面上看虽然属于混合式规定模式，但是在总则中所作的却是减轻或免除刑罚的规定，并在分则中对处罚范围作出了严格的限定。最后，《德意志联邦共和国刑法典》将犯罪未遂区分为重罪的未遂和轻罪的未遂，对于重罪的未遂在总则中规定一律予以处罚，对于轻罪的未遂的处罚以法律有明文规定为限，即在分则中予以具体规定。

由此可见，上述国家和地区刑法关于犯罪未完成形态的立法模式与我国现行《刑法》关于犯罪未完成形态的立法模式形成反差，即我国现行刑事立法在总则中对犯罪未完成形态作总括性的处罚规定，在分则中却不作具体的限定。这就导致司法者在司法实践中要具体分析分则各罪名的性质，确定哪些犯罪有未完成形态，以及对未完成形态是否应当予以处罚。我国的上述立法模式存在浪费司法资源的问题，同时引致了具体法律适用上的分歧。前文论及的关于分则条文性质的分歧[1]以及随之而来的关于危险犯、行为犯、结果犯等概念理解和使用上的分歧，均是由我国现行《刑法》关于犯罪未完成形态的立法规定模式所导致的。通过以上分析可以得出结论：我国的犯罪未完成形态的立法规定模式存在较为严重的缺陷，这是立法技术不当运用引致的立法粗疏的结果。而此种立法粗疏导致了司法实践中法律解释和适用的无所适从的同时，还可能导致重刑裁判结果的出现。

---

[1] 分歧主要表现为三种观点的并立：第一种观点认为刑法分则条文是犯罪成立的规定；第二种观点认为刑法分则条文是犯罪既遂的规定；第三种观点认为刑法分则条文既是犯罪成立的规定又是犯罪既遂的规定。

第五节 法律拟制的立法规定评判

刑法中的法律拟制和注意规定主要是解释论上的问题，一般来说，二者的区分不会成为难题。然而在立法对法律拟制规定模糊的情况下，二者的区分往往成为问题，进而影响到具体的法律适用，其中一个突出的表现就是重刑化的法律适用。因此有必要对我国《刑法》中的法律拟制和注意规定展开研究，从而发现我国刑事立法中存在的不合理之处。

一、刑法中的法律拟制与注意规定

（一）法律拟制的概念

法律拟制（legal fiction）是一种常见的立法技术，但是对于何为法律拟制可谓众说纷纭、观点不一，从众多法律词典对法律拟制相关语词的不同解释可见一斑。[1] 因此，要给法律拟制下一个能为多数人所接受的定义几乎是不可能的，本书并不纠缠于法律拟制的具体定义，而是试图从法律拟制的特点入手对法律拟制进行描述。就刑法分则中的法律拟制而言，其特点是"将原本不同的行为按照相同的行为处理，或者说将原本不符合某种规定的行为也按照该规定处理"。[2] 以《刑法》第 267 条第 2 款关于抢劫罪的法律拟制为例，该款规定"携带凶器抢夺的，依照本法第 263 条（抢劫罪）的规定定罪处罚"，该款将原本属于抢夺罪的犯罪行为拟制为抢劫罪。上述规定即是法律拟制的一个典型示例，尽管携带凶器抢

---

〔1〕 关于法律词典对法律拟制所作的不同解释，可参见卢鹏："法律拟制正名"，载《比较法研究》2005 年第 1 期，第 138~139 页。

〔2〕 张明楷："如何区分注意规定与法律拟制"，载《人民法院报》2006 年 1 月 11 日，第 B01 版。

夺与抢劫罪所要求的以暴力胁迫为手段特征的抢劫行为在事实上并不完全相同，但立法者基于携带凶器抢夺行为对法益侵害严重程度的考量仍然对这种严重的抢夺行为赋予与抢劫行为相同的法律效果，从而指示司法者将携带凶器抢夺的行为视为抢劫罪的一个特殊类型，对其依照抢劫罪的相关规定定罪处罚。刑法之所以采用法律拟制这种立法技术，主要出于两方面的考虑：一是形式上的考虑，主要是为了避免立法表述上的重复，使刑法条文的表述能够尽可能简明扼要；二是实质上的考虑，法律拟制涉及的两种行为类型在性质上具有相似性或相当性，即两种行为对法益的侵害程度基本相当，此时法律拟制就具有了实现罪刑均衡的作用，法律拟制也就因此具有了正当性。

（二）注意规定的概念

刑法分则中的注意规定，"是在刑法已作基本规定的前提下，提示司法人员注意，以免司法人员混淆或忽略的规定。"[1] 注意规定的功用在于提醒司法人员注意，相关行为符合刑法分则某一罪名的基本规定，对相关行为应按照该罪名定罪处罚。举例言之，《刑法》第382条第3款规定，"与前两款所列人员勾结，伙同贪污的，以共犯论处。"[2] 该款规定即为注意规定，旨在提醒司法者注意不具有贪污罪主体身份的人员伙同具有贪污罪主体身份的人员贪污的，符合刑法总则关于共同犯罪的规定，对有身份者和无身份者应按照贪污罪的共同犯罪处理。需要说明的是，即便刑法中并无此款

---

〔1〕 吴江："刑法分则中注意规定与法律拟制的区分"，载《中国刑事法杂志》2012年第11期，第56页。

〔2〕《刑法》第382条是对贪污罪的规定，前两款规定分别为"国家工作人员利用职务上的便利，侵吞、窃取、骗取或者以其他手段非法占有公共财物的，是贪污罪"；"受国家机关、国有公司、企业、事业单位、人民团体委托管理、经营国有财产的人员，利用职务上的便利，侵吞、窃取、骗取或者以其他手段非法占有国有财物的，以贪污论。"

规定，对于伙同贪污的也应当以共犯论处。由此可见，该款的规定并未超出贪污罪的基本规定，只是对贪污罪中伙同贪污的情况进行了重申。也就是说，刑法分则中的注意规定在适用时须完全符合相关罪名的基本规定，不可增加或减少成立犯罪的条件，否则将违反罪刑法定原则。

（三）法律拟制与注意规定的关系

法律拟制与注意规定之所以存在区分的问题甚至难题，主要是由于二者具有一定程度的相似性。如果二者并无相似性而是截然不同的两种事物，那么二者的区分难题也就无从谈起了。厘清法律拟制与注意规定之间的关系，正确认识和把握二者的异同是我们准确区分二者进而正确适用法律的关键所在。

第一，法律拟制与注意规定的相似之处。二者的相似之处主要表现在存在形式上，刑法条文对法律拟制和注意规定在语言表述和结构安排上具有高度的相似性。一般而言，刑法条文会使用"……（描述客观行为）的，依照本法第 XX 条的规定定罪处罚"或者"……（描述客观行为）的，以……（具体的罪名）论处"等语言文字表述规定法律拟制或者注意规定，这就使得司法工作人员无法直观地、直截了当地分清法律拟制和注意规定。以《刑法》第 267 条第 2 款和第 242 条第 1 款为例，前者规定，"携带凶器抢夺的，依照本法第 263 条的规定定罪处罚"；后者规定，"以暴力、威胁方法阻碍国家机关工作人员解救被收买的妇女、儿童的，依照本法第 277 条的规定定罪处罚"。从形式上看，二者具有高度的相似性，但二者却分属于法律拟制和注意规定，即前者是将携带凶器抢夺拟制为抢劫罪；后者是提示司法人员注意"以暴力、威胁方法阻碍国家机关工作人员解救被收买的妇女、儿童的"行为应依照妨害公务罪定罪处罚。由此可见，单纯通过条文的语言表述是无法直接区分法律拟制与注意规定的。正是法律拟制与注意规定在条文语言表述上的相似性导致二者难以区分，而采取何种语言表述则是立法技术的问题，因此可以将司法实践中法律拟制与注意规定区分难题的成因归结于立法技术的不当运用，而这又直接体现在对法律拟制和注意规定的未作明示规定上。

第二，法律拟制与注意规定的差异。二者在条文解释和法律适用上存在本质的差异，这种差异对相关行为的法律后果有重大影响，即对同一条文作不同的理解可能影响到罪与非罪、此罪与彼罪的判断。这种具有实质意义的差异是区分法律拟制与注意规定的最主要原因。二者的差异主要表现为三个方面：①二者的规定内容与所指向的罪刑规范的关系不同。法律拟制的规定内容超出了所指向的罪刑规范的规制范围，而注意规定的规定内容仍包含于所指向的罪刑规范的规制范围内。②二者在法律适用上存在差异。法律拟制的规定可分解为"法律拟制条款规定的行为类型"＋"拟制条款所指向的犯罪的法律效果"，因此只要特定行为符合法律拟制条款所要求的行为构成要件就可以对该特定行为施以拟制之罪的刑罚。而注意规定的适用和所指向的罪刑规范的适用相同，特定行为不仅要符合注意规定所要求的行为特征，同时还要符合所指向的罪刑规范所要求的行为构成要件。③二者发挥的作用存在差异。法律拟制具有补充或修正所指向的罪刑规范的作用，具有弥补法律漏洞的功能。注意规定具有提示、提醒作用，即提醒司法工作人员注意对相关行为也应按照刑法中某一既存规定定罪处罚。

二、法律拟制和注意规定的区分难题

(一) 法律拟制和注意规定的认识分歧

1. 以《刑法》第 292 条第 2 款为例

《刑法》第 292 条第 2 款规定：聚众斗殴，致人重伤、死亡的，依照本法第 234 条（故意伤害罪）、第 232 条（故意杀人罪）的规定定罪处罚。对于该款性质的认识，学界存在分歧。

一种观点认为该款规定是法律拟制。[1] 依据该种观点，对本款的解读将是，行为人在聚众斗殴过程中故意或者过失造成他人重伤的以故意伤害罪定罪处罚，同样情况下故意或者过失造成他人死亡的以故意杀人罪定罪处罚。由于故意伤害罪和故意杀人罪是典型的故意犯罪，犯罪的主观心态只能为故意，而聚众斗殴过失致人重伤、死亡的却按照故意犯罪定罪处罚，这说明《刑法》第292条第2款的规定是法律拟制，即将过失犯罪拟制成故意犯罪。也就是说，该种观点是将"致人重伤、死亡"的主观心态理解为包含故意和过失两种情形，进而认为聚众斗殴过失造成他人重伤、死亡的行为被法律拟制为故意犯罪，并依照故意伤害罪或故意杀人罪定罪处罚。

另一种观点则认为该款规定是注意规定，本款的作用在于提示司法人员注意，聚众斗殴的过程中行为人故意造成他人重伤或者死亡的，应按照故意伤害罪或者故意杀人罪定罪处罚，而不能以聚众斗殴罪定罪处罚。立法者之所以在这里提示司法人员注意，是因为聚众斗殴罪的最高法定刑幅度为3年以上10年以下有期徒刑，也就是说如果对聚众斗殴故意造成他人重伤或者死亡的行为以聚众斗殴罪定罪处罚，对相关行为人最高只能判处10年有期徒刑，这显然难以实现罪刑均衡。立法者正是出于罪刑均衡的考虑，在《刑法》第292条第2款设置了注意规定以防止和避免司法人员不当定罪处刑。此种观点显然是将"致人重伤、死亡"的主观心态理解为仅包含故意一种情形，即只有聚众斗殴故意造成他人重伤、死亡的才以故意伤害罪或故意杀人罪定罪处罚，否则仍应认定为聚众斗殴罪。

以上两种观点的分歧主要在于对"致人重伤、死亡"的主观心态的理解上。实际上，我国现行《刑法》中大量存在"致人"一

---

[1] 参见张明楷：《刑法学》（下），法律出版社2016年版，第1061~1062页。

词的使用，例如《刑法》第234条第2款，"犯前款罪，致人重伤的，处……"又如《刑法》第235条，"过失伤害他人致人重伤的，处……"由上述两个例子可见，刑法条文中"致人"一词既可以在故意犯罪中使用又可以在过失犯罪中使用，因此"致人"一词本身与主观心态并无关联，"致人"纯粹只是表明行为与结果之间存在客观上的因果关系。因此试图通过"致人"来判断上述《刑法》第292条第2款的条文性质显然是徒劳的。由此，足以凸显出法律拟制与注意规定的区分难题。然而，区分难题的存在必然导致法律适用的不统一和类案不同判，而这又会带来重刑适用的问题。事实上，如果立法上对法律拟制和注意规定进行提示性的明确规定，上述区分的难题就完全可以避免了。例如在刑法中明确指出哪些条文是法律拟制，或者使用语言表述来规定法律拟制和注意规定条文。

2. 以《刑法》第196条第3款为例

《刑法》第196条第3款规定，"盗窃信用卡并使用的，依照本法第264条的规定定罪处罚。"对于该款的性质在理解上同样存在争议，主要存在如下三种观点：第一种观点认为，本款条文是法律拟制，即将盗窃信用卡并使用的行为拟制为盗窃行为并按照盗窃罪定罪处罚。第二种观点认为，本款条文是注意规定，旨在提醒司法人员注意盗窃信用卡并使用的行为是盗窃行为的一种，按照盗窃罪定罪处罚。第三种观点认为，本款条文既是法律拟制同时也是注意规定，即本款条文在一些情形下是法律拟制，如行为人盗窃信用卡后在银行柜台窗口使用的情形；在另一些情形下则是注意规定，如行为人盗窃信用卡后在ATM机上使用的情形。[1]

本书无意对上述三种观点的合理性作过多评述，而是希冀通过

---

〔1〕 参见张明楷：《刑法学》，法律出版社2011年版，第805~806页；陈洪兵："刑法分则中注意规定与法律拟制的区分"，载《南京农业大学学报（社会科学版）》2010年第3期，第78页。

对不同观点的展示，揭示出法律拟制与注意规定的区分难题。一般而言，对于某一特定条文究竟是法律拟制还是注意规定，只有形成一致意见才能保证司法实践中法律适用的统一，才能避免出现类案不同判的司法混乱局面。但是，在对某一条文的定性出现分歧时，就可能在一定范围内出现定性错误，如将注意规定误认为法律拟制，而这可能产生不当入罪或处罚过当的重刑危险。

（二）法律拟制与注意规定区分难题的原因

1. 法律拟制与注意规定的区分标准简介

根据我们的概括，法律拟制与注意规定的区分标准主要有以下几种：

（1）五问法。此种判断标准试图以提问的方式通过以下五个方面的综合考察来区分法律拟制与注意规定：其一，是否存在设立注意规定的必要性？如果不存在设立注意规定的必要性则可能为法律拟制，反之，则否。其二，是否存在作出法律拟制的理由？如果存在法律拟制的理由则可能为法律拟制，反之，则否。其三，某条款的内容与基本条款的内容是否相同？如果不相同则可能为法律拟制，反之，则否。其四，解释为法律拟制时，其规定的行为与基本条款规定的犯罪行为，在法益侵害上是否存在重大区别？如果存在重大差别则可能为法律拟制，反之，则否。其五，条款是否具有特殊内容？如果具有特殊内容则可能为法律拟制，反之，则否。[1]

（2）三察法。此种判断标准试图通过三个方面的考察来区分法律拟制和注意规定：其一，从刑法的立法意旨来考察；其二，从条

---

[1] 参见张明楷："如何区分注意规定与法律拟制"，载《人民法院报》2006年1月11日，第B01版；陈洪兵："刑法分则中注意规定与法律拟制的区分"，载《南京农业大学学报（社会科学版）》2010年第3期，第71~72页。

文的内容上考察；其三，从所侵害的法益与法定刑均衡的角度来考察。[1]

（3）没有明确的标准。此种判断标准试图从解释论上解决法律拟制与注意规定的区分问题。论者认为，区分注意规定与法律拟制不应寻求一般性规则，二者的区分在根本上是一个解释论的问题。对法律拟制和注意规定进行区分要从条文本身入手进行分析，结合条文表述、上下文关系等对条文作体系性的解释，同时要结合立法原意对条文作目的性的解释。[2] 此种观点实际上并未提出一个具体判断标准。

2. 法律拟制与注意规定区分标准的操作难题

上述三种判断标准的存在说明了在区分法律拟制与注意规定上标准并不统一，这是导致二者区分难题的原因之一。此外，判断标准难以操作是导致区分难题的另一原因。例如"五问法"与"三察法"中涉及的法益侵害程度的衡量在一些情形下就难以操作。举例而言，聚众斗殴过程中过失致人死亡与故意杀人这两种行为的法益侵害程度的比较衡量就难以操作，因为前者侵害了多重法益，既扰乱了公共秩序、侵害了社会公共秩序的安定性，又侵害了他人的生命权利；而后者侵害的则是单一法益，仅侵害了他人的生命权利。具体而言，法益侵害程度衡量难以操作主要表现在以下两个方面：一是社会公共秩序与他人的生命法益不具有通约性，二者属不同性质的法益；二是同样是侵害了他人的生命法益，但过失侵害与故意侵害显然不具有相同法益侵害程度。可见，对上述两种行为法益侵害程度的衡量不具有可操作性，即便是粗略的衡量也难以做

---

〔1〕 参见吴学斌："我国刑法分则中的注意规定与法定拟制"，载《法商研究》2004年第5期，第54页。

〔2〕 参见吴江："刑法分则中注意规定与法律拟制的区分"，载《中国刑事法杂志》2012年第11期，第59页。

到，我们能做的或许仅仅是直观上的判断。

（三）区分难题的产生源于立法对法律拟制的模糊规定

根据上文的分析不难发现，之所以出现法律拟制与注意规定的区分难题，主要是因为对法律拟制与注意规定的区分标准尚未达成共识，而未达成共识的原因则主要在于目前的区分标准主要采取的是实质性标准，这就必然涉及法益侵害程度相当性与等价值性的判断，由此导致判断者基于不同的立场和不同的观察角度给出截然相反的答案。进一步追问，实质性判断为何不可避免？我们认为，这是由于我国现行《刑法》对法律拟制的规定较为模糊，单从条文表述等形式特征上无法准确区分法律拟制和注意规定。所以对二者的区分不得不转向实质性判断。需要指出的是，尽管采取不同的实质性判断标准，但是就大多数条文而言，在通常情况下得出的结论是相同的，仅对个别条文的判断存在争议。此外，在法律条文被修改或者犯罪行为出现特殊情形时，原本达成共识的结论也会产生新的争议。由此可见，正是由于立法上对法律拟制的模糊规定最终造成了法律拟制与注意规定的区分难题。

三、法律拟制与注意规定的区分难题导致的重刑

对同一刑法条文作出不同的理解和解释往往会产生不同的适用结果，并且其法律后果可能相差悬殊。举例而言：

刚年满 14 周岁的被告人李某参与了朋友组织的聚众斗殴，在与对方打斗的过程中不慎用木棍击中被害人王某的头部致其死亡。经法医鉴定，王某的死亡原因是钝器击打头部致颅内出血休克。那么，对于行为人李某实施之行为应当如何定性，就取决于对《刑法》第 292 条第 2 款条文性质的理解。

具体言之，如果将该条款理解为法律拟制，则聚众斗殴过失致人重伤、死亡的，应按照故意伤害罪、故意杀人罪的规定定罪处

罚。具体到本案，李某在聚众斗殴的过程中过失致王某死亡的行为符合《刑法》第 292 条第 2 款的规定，应以故意杀人罪定罪处罚。如果将该条款理解为注意规定，则在聚众斗殴的过程中只有故意致人重伤、死亡时，才可按照故意伤害罪、故意杀人罪定罪处罚。具体到本案，李某是过失致人死亡而非故意，因此李某的行为不符合《刑法》第 292 条第 2 款的规定，不应以故意杀人罪定罪处罚。此外，李某在行为时刚年满 14 周岁，属于限制刑事责任能力人，根据《刑法》第 17 条第 2 款的规定，李某不应对其过失致王某死亡的行为承担刑事责任。

通过上述分析，不难看出，在特殊案件中法律拟制与注意规定的区分将会对相关行为人的行为定性产生重大影响，对同一法律条文作不同的理解甚至可能得出罪与非罪差异悬殊的结论。抛开对《刑法》第 292 条第 2 款条文性质的争议，如果该款规定确为注意规定，由于立法规定的模糊性则可能出现司法人员将此款规定误认为法律拟制的情况，在误认的情况下对上述案件中的李某将以故意杀人罪定罪处罚。而将一个本应无罪的人以故意杀人罪论处显然是重刑的体现。当然，关于该款规定性质到底为何，则有待进一步研究。在这里以其为例进行分析，是为了指出法律拟制与注意规定的区分难题，极有可能导致司法者在适用法律时因误解条文的性质而作出错误的判决，由此造成法律的错误适用而带来刑法的重刑化。

四、共识性的法律拟制导致的重刑

如前文所述，在法律适用时对法律拟制存在争议将可能导致重刑。除此之外，即使对法律拟制并无争议亦有可能导致重刑。此种情况主要是指，法律拟制的不当设定存在导致重刑的可能。例如，《刑法》第 269 条规定，犯盗窃、诈骗、抢夺罪，为窝藏赃物、抗拒抓捕或者毁灭罪证而当场使用暴力或者以暴力相威胁的，依照

《刑法》第 263 条的规定定罪处罚。该条文通常被认为是法律拟制，对此理论界和实务界并无分歧。然而，该条文拟制的内容并非具有全然的合理性，该条文可能将一些不应当拟制为抢劫罪的行为拟制成了抢劫罪。一个明显的例子就是，诈骗后为抗拒抓捕而当场以暴力相威胁的情形，此种情形下对行为人以抢劫罪定罪处罚显然处罚过重。

首先，诈骗行为与盗窃、抢夺行为在行为性质上存在明显差异。诈骗行为的典型行为模式是，行为人采取虚构事实、隐瞒真相的手段—（使）被害人陷于认识错误—被害人基于认识错误交付财物。行为人通过实施诈骗行为取得被害人财物表面上并未违背被害人的意愿，被害人实际上是"自愿"地交付财物，被害人在财产利益受到侵害时通常并不自知亦不会反抗。而盗窃、抢夺行为是在违背被害人意愿的前提下取得财物，被害人在发现后往往会采取反抗措施，在反抗的过程中被害人遭受暴力侵害的危险也就大大提高了。由此可见，诈骗行为通常只侵害他人的财产权益，而盗窃行为和抢夺行为不仅侵害他人的财产权益，同时可能对他人的人身权益构成威胁。此外，诈骗行为人在实施骗取行为时通常不会事先准备和携带凶器等具有暴力性质的作案工具。这一点同盗窃、抢夺行为形成鲜明对比，行为人在实施盗窃、抢夺行为时携带管制刀具、枪支等作案工具的可能性要明显高于诈骗行为。综上可知，诈骗行为对被害人人身伤害的威胁程度显然要远远低于盗窃、抢夺行为。《刑法》第 269 条将诈骗行为与盗窃、抢夺行为并列作为转化型抢劫罪的前置行为类型显然违背了罪刑均衡原则。

其次，行为人在罪行暴露后使用暴力相威胁从而为逃跑创造条件乃是行为人的本能反应，法律不强人所难，我们不能强求行为人在被追赶时束手就擒。诈骗行为人在骗局暴露后为抗拒抓捕可能以暴力相威胁阻却被害人等对其的抓捕，这几乎是绝大多数行为人罪行暴露并被追赶时的本能反应。因此，行为人在实施诈骗行为后，为抗拒抓捕而当场以暴力相威胁的，其可谴责程度要明显低于抢劫罪，故将上述情形转化为抢劫罪同样有违罪刑均衡原则。

通过以上分析可知，无论从诈骗行为的行为性质还是诈骗行为人的可谴责程度来看，行为人诈骗后为抗拒抓捕而当场以暴力相威胁的行为都不可与抢劫行为等量齐观。因此，我们认为，对诈骗后为抗拒抓捕而当场以暴力相威胁的情形不应以抢劫罪定罪处罚，否则将导致重刑结果，违反罪刑均衡原则。

"刑"之立法技术综合评判

　　"法无明文规定不为罪，法无明文规定不处罚。"刑罚作为犯罪的法律后果和对犯罪的否定，实质上是对犯罪人的惩罚，体现了对犯罪人的一种报应，是为了满足"善有善报、恶有恶报"的正义要求。与此同时，刑罚在预防犯罪人再次实施危害社会的犯罪行为，警示和威慑潜在的犯罪人不实施危害社会的犯罪行为方面，也发挥着其他社会治理手段和制裁措施所不可替代的功能和作用。这其实是从报应刑论和目的刑论的角度来说明刑罚存在的正当化根据，论证刑罚存在的合理性的。诚如张明楷教授所认为的那样，目的刑论的缺陷正好需要报应刑论的优点来克服，报应刑论的缺陷恰好需要目的刑论的优点来弥补。于是，并合主义成为理想的刑罚观念。[1]综观古今中外，在不同的历史时期，世界各国根据各自的国情需要、国民观念、政策导向等，大都建立了自己的刑罚体系。一般说来，随着人类文明的不断进步和人权观念的日益深入人心，在现代社会中，设定身体刑已经基本上被否定，以自由刑为中心的刑罚体系在普遍意义上已经得到确认；虽然死刑在一些国家已经被明令废止，但是仍有相当数量的国家保留死刑；财产刑是近代以来比较重

----

　　〔1〕　张明楷：《刑法学》（上），法律出版社 2016 年版，第 507 页。

要的法定刑种类，资格刑也有一定的立法例。这种情况表明，从刑罚类型和种类的角度考察的话，各个国家刑罚的具体性和独特性往往能够证成其合理性。职是之故，我国《刑法》第33条规定的管制、拘役、有期徒刑、无期徒刑和死刑五种主刑，第34条规定的没收财产、罚金和剥夺政治权利三种附加刑，以及第35条规定的适用于犯罪的外国人的驱逐出境，均是立法者基于我们国家的特点、现实需要作出的合理性规定，我们不能盲目地指责某一刑罚种类的设置不合理、不科学。举例而言，关于死刑的存废问题学界曾有过激烈的讨论，但是一旦上升到价值层面的讨论，争论的结局往往是"公说公有理，婆说婆有理"，难以达成基本共识。然而，无法达成基本共识的问题并非意味着没有学术研究价值，更不意味着该立法问题的全然合理性，只要我们转换视角来看同样的问题，就可以跳脱出争议无解的泥淖。基于此种认识，本部分研究将从立法技术层面对我国现行《刑法》规定的刑罚进行考察和评判。因为，立法技术作为立法者在制定刑法时所采用的一种技术，它在实质上也会影响到刑罚规定的合理性和科学性，并且立法技术的运用合理与否更为直观，相较于价值层面的讨论更容易达成基本共识。

第一节　附加刑并科模式评判

一、没收财产刑并科模式评判

我国现行《刑法》设定的财产刑包括罚金和没收财产两种刑罚类型。如果考虑到刑罚的性质，就值得提出没收财产刑在规定罚金刑的前提下是否有存在的合理性问题。

在我国现行《刑法》规定的刑罚体系中，没收财产刑是作为附加刑规定的。从排列顺序来看，是附加刑中最重的刑种。由于没收

　　财产与罚金均属于以剥夺犯罪人一定的财产为惩罚形式的附加刑，因而在其所适用的范围上有所分工。如果说，罚金刑的主要适用对象是具有贪财图利性质的危害程度未达最大的犯罪的话，那么，没收财产刑就是适用于无特定性质要求但危害性很大或者极大的犯罪。在规定了罚金刑的犯罪中，往往是在危害未达最大时规定并处罚金或选科罚金，而危害达到很大或最大时并处没收财产；在没有规定罚金刑的犯罪中，如果危害严重，也有附加适用没收财产刑的规定，如危害国家安全罪的全部犯罪；侵犯公民人身权利、民主权利罪中的绑架罪，拐卖妇女、儿童罪；侵犯财产罪中的部分犯罪；贪污贿赂罪中的贪污罪、受贿罪等。

　　那么，这里就存在这样一个问题：同是财产刑，将其分为罚金与没收财产两个刑种，其必要性是什么？在我们看来是值得研究的。我们认为，没收财产刑作为一种剥夺部分财产的刑罚，在已经有罚金刑规定的情况下，没有存在的必要；作为对危害国家安全罪和其他严重犯罪适用的没收财产难以看出其特殊的性质；作为判处死刑、无期徒刑的附加刑，违反刑法的基本目的，其存在具有一定的超刑事责任范围的任意处置的违反罪刑法定原则基本精神，加重刑罚适用的倾向。因此，我们认为，一般的没收财产刑应当予以废止。本书在下面将以此为主要目的，论证其基本理由。

　　（一）没收财产刑的性质

　　在我国现行《刑法》中，没收财产刑是作为附加刑来加以规定的，而且该刑罚具有绝对附加刑的性质。因为，虽然《刑法》第34条第2款规定"附加刑也可以独立适用"，但是，在刑法分则的规定中，只有罚金与剥夺政治权利有单独科处的规定，而没收财产刑全部都是附加适用，分则具体各罪没有独立适用没收财产的规定。因此，没收财产刑实际上是一种绝对的附加刑，只能附加于主刑适用，而不能独立适用。但是，不管没收财产刑是否可以独立适用，由刑法对其的规定可以看出，以下几个方面的性质是应该得到承认的：

第一，没收财产刑是刑罚，而不是其他处理措施。这无论是将其作为刑罚种类之一的总则规定，还是作为各罪法定刑之一的分则规定，都足以说明这个问题。因此，对此毋需赘言。

第二，没收财产刑是以剥夺犯罪人的财产为内容的刑罚，因而属于财产刑。这一点也应该是明确的。无论是剥夺犯罪人的部分财产，还是剥夺犯罪的全部财产，均说明其财产刑的性质。

第三，没收财产刑是刑事责任的实现方式之一。在前两点已经被肯定的情况下，没收财产刑作为刑事责任的实现方式也应该是不存在疑义的。因为，刑罚在本质上是一种惩罚，是以剥夺犯罪人的一定合法权益的方式而施加于犯罪人的一种剥夺性、耻辱性痛苦，并且其功能和作用的发挥机制在于通过对犯罪人施加这种痛苦使其得到教训、教益，并以此赎罪，得以改过自新。由此，基于刑罚的痛苦性本质，这样的一种对犯罪人合法权益的剥夺就不能是随意进行的，它只能是刑事责任的实现方式，并且应当与刑事责任的"量"具有一定的对应性。也就是说，如果一种刑罚是可以独立适用的，意味着它可以作为全部刑事责任的实现方式，例如我国现行《刑法》规定的其他五种主刑、三种附加刑均是如此；如果一种刑罚只能附加适用于其他刑罚之后，那么就意味着它只能作为刑事责任的部分实现方式，而犯罪人的其他部分的刑事责任就必须通过其他刑罚的适用来加以实现。根据我国现行《刑法》的规定，没收财产刑只能作为自由刑和生命刑的附加刑适用，这就说明它是与死刑或自由刑结合在一起共同分担着犯罪人的刑事责任的，这一点是从刑罚应有的性质和我国现行《刑法》对没收财产刑的具体规定方式所能得出的必然的逻辑结论。

第四，没收财产刑应当有"量"的规定。如果没收财产刑是一种实现刑事责任方式的刑罚类型，而且作为财产刑，其具有可分割的性质，而不像死刑那样具有唯一性，那么它就应当具有"量"的规定。这是因为，作为刑事责任的实现方式，就应该存在着刑事责任之"量"与刑罚之"量"的对应点，只有存在这种对应关系，刑罚的规定才可以被认为是合理的、正当的。如果可分性的刑罚不存在"量"的规定，那么就不能认为这样的规定是符合罪责刑相适应原则的，进而就难以认为其具有合理性和正当性。根据我国现行《刑法》对没收财产刑的规定，我们可以发现，没收财产刑也是存在"量"的规定的。如《刑法》第59条规定，没收财产是没收犯罪分子个人所有财产的一部或者全部。但是，除此之外，分则再无关于没收财产刑之"量"的任何规定。"一部或者全部"，显然是一种"量"的规定，而"量"的规定也应该是对于实现刑事责任之刑罚的必然性规定。但不容忽视的是，现行《刑法》对于没收财产刑之"量"的这种规定显然是过于概括的、模糊的。因为，"一部"到底指的是多少，显然从立法使用的语言文字表达中无法得出肯定结论，只好委任于司法裁量权的自由行使。因此，在我们看来，这种规定本身只是用宣言的形式，规定没收财产有"量"的要求，不是没收犯罪分子的部分财产就是没收全部财产，仅此而已。

以上几点，是在概括理论界认同的基本观点的基础上，对现行《刑法》关于没收财产刑的规定进行分析之后所得出的必然的逻辑结论，并且是从最概括的方面说明了没收财产刑应该具备的最起码的性质。

（二）没收财产刑不应附加于无期徒刑和死刑而适用

根据我国刑法分则关于没收财产刑的适用规定来看，该种刑罚类型大部分是作为无期徒刑和死刑的附加刑被规定的，即在对犯罪人判处死刑和无期徒刑的同时，附加没收其个人所有的全部或者部分财产。但是，如果根据罪刑法定原则和罪责刑相适应原则的基本精神来看，这样的附加适用存在有违二者精神的嫌疑。因为，没收财产刑附加于死刑和无期徒刑之上，不具有实质上的合理性，具有加重刑罚适用的倾向性。

第一，这种附加适用不符合刑罚公正性的要求。所谓刑罚的公正性，就是指刑罚的"质"与"量"应当与犯罪行为的社会危害性程度和犯罪人的人身危险性程度相适应。[1] 但是，"罪"与"刑"的相适应性并不意味着"刑"是对"罪"的完全等量的报复。因为，刑罚是以国家的名义对犯罪人施加的惩罚，这种惩罚应该是理性的而不是感性的、情绪化的。也就是说，从人类所具有的理性这一视角考察，理性的刑罚追求对犯罪人应当施加何种处罚才是可以满足公众的报应感情的目的。一方面，通常而言，只要满足了公众的报应感情，刑罚就具有了公正性的理性要求；另一方面，理性的刑罚又要求惩罚是与犯罪相适应的而不是形态上相对等的。这从现代社会刑种类中基本没有身体刑、耻辱刑，[2] 以及当今一些国家明令废除死刑就能够说明。报应不是报复，杀人者未必以死相报，杀伤者未必以牙还牙，侮辱者也未必要让其受耻辱，这已经基本上是现代社会所公认的。

基于此种认识可以推知，刑法所规定的报应性的刑罚就应该是有限度而不应当是没有任何限制的。质言之，一方面，具有限度性的刑罚既要受到犯罪行为所具有的社会危害性程度的制约，不能重罪轻罚或轻罪重罚，而是要罪刑相当，罚当其罪；另一方面，"刑"与"罪"的相当并不是要求在"量"上的绝对对等，而是以公正性作为其实质内核，即只要按照人类的理性可以认可刑罚所具有的

---

〔1〕 参见张明楷：《刑法格言的展开》，法律出版社 1999 年版，第 64 页。

〔2〕 在现代发达国家的刑罚中，如德、法、日、韩、意、英、美、加等国家，均无身体刑与耻辱刑。

公正性，那么该种刑罚就应该被认为是罪刑相当的。进一步讲，可以认为，如果在对犯罪人判处了死刑，其严厉程度已经达到了无以复加的地步，或者判处了无期徒刑，已经严厉到了剥夺人的终身自由的时候，仅以生命刑或者自由刑，已经完全可以实现刑罚的公正性要求，不再需要其他的刑罚附加适用来实现这种公正。换一个角度来说，根据预防犯罪的需要来考虑问题的话，也能够得出上述结论。因为，行为人已经被剥夺了生命，他就根本没有可能利用其财产再次实施犯罪；已经被剥夺了终身自由，也无这种可能。[1] 因此，对于被判处死刑或者无期徒刑者再附加适用没收财产，它已经超出了公正性的要求，而沦为一种报复。换言之，这样的刑罚规定方式，其存在缺失刑罚公正性本质的支撑，由此凸显出了其不合理性和不公正性，进一步推论的话，其所导致的当然结果就是法律适用的重刑化。

第二，这种附加适用不符合刑罚功利性目的的要求。在任何时代、任何国家制定法律、规定犯罪与刑罚都不可能是一种无目的的创造，人的行为的目的性特征决定了立法的目的性。那么，刑罚的目的是什么？对此，预防犯罪的目的是在现代社会中得到广泛承认的，[2] 而要实现这一目的就需要通过刑罚的公正性防止刑罚的功利性的肆意扩张。如有人认为，现代社会也强调刑罚的公正性对功利性的制约，其功利的实现不能超过公正性的限度。[3] 换句话说，只有在刑罚公正性所允许的范围内，追求刑罚的功利性目的的实现

---

〔1〕 在我国，被判处无期徒刑的犯罪人可以因假释或减刑而重新回归社会，这是事实，但已经回归社会的人应该是被判断为不会再危害社会的人，否则不应该被减刑或假释，因此无必要没收财产。

〔2〕 参见高铭暄主编：《新编中国刑法学》，中国人民大学出版社1998年版，第311页。

〔3〕 参见曲新久：《刑法的精神与范畴》，中国政法大学出版社2000年版，第87页。

才是有合理根据的；反之，则失去了存在的正当性基础。由此，从预防犯罪的功利性目的来看附加于死刑、无期徒刑之上的没收财产，可以说这样的功利性目的并不存在。一般而言，没收财产刑作为一种预防犯罪的手段，应该是为了避免犯罪人再次将自己的财产作为实施危害社会的犯罪行为的手段（特殊预防）；或者用以警示、威慑潜在的犯罪人不实施危害社会的犯罪行为，向其宣示这种并用的刑罚就是实施该类犯罪的后果；以及对于守法的社会公众和被害人，展示国家之惩罚的程度而使被害人的报应心理得到满足，公众的守法观念得到增强。[1] 那么，在预防犯罪的目的之下，对于判处死刑或者无期徒刑的犯罪人并科适用没收财产是必要的吗？在我们看来，答案应当是否定的。在已经让犯罪人以死抵罪，或者以终身剥夺自由相报的情况下，无论是对于被害人还是对于社会公众来说，足以实现刑罚的报应以及预防效果。在此种意义上，既然附加的没收财产对于预防犯罪来说是不必要的，那么它也就不是刑罚的功利性所要求的。当然，需要指出的是，如上文所述，报复不是公正，公正的报应是应当以理智的刑罚投入来与犯罪相对应，而不是以与危害相同量的刑罚投入作为对应的报应实现手段，不是"以眼还眼，以牙还牙"。因此，可以说附加于死刑或者无期徒刑之上的没收财产不是实现功利目的的必要手段。

第三，附加没收财产刑不能作为没收违法所得的手段。对于附加适用于死刑、无期徒刑之上的没收财产刑，从刑罚的公正与功利的目的或要求来看，应当说是没有存在根据的。但是，立法之所以这么规定，还存在另外一种可能，那就是这种没收财产的附加适用是基于现实需要作为没收犯罪人的违法所得的一种手段。而且这种需要从现实需要的角度来看不能说是完全不必要的。在我国，对于

---

〔1〕 参见高铭暄主编：《新编中国刑法学》，中国人民大学出版社 1998 年版，第 311~314 页。

判处死刑、无期徒刑而附加没收财产的，有相当一部分是具有一定贪财图利意图的犯罪，其具有一定的违法所得是可以预想到的。但是这种实际上存在的违法所得未必都能够通过证据得到证实。例如，在《焦点访谈》节目中披露的一起县委组织部长受贿案中，行为人利用儿子结婚、女儿上学、自己住院等时机，在不到三年的时间内收受钱财达 150 余万元，其中只有 14 万元被认定为贿赂，其余的近 140 万元只是作为灰色收入。灰色收入显然不能直接作为违法所得，它不是正当的，但也难以因此认为其属于违法所得，[1]于是，出现了非正当收入难以认定为犯罪所得，没收就没有法律根据，不没收显然是使犯罪人由于犯罪在经济上占到便宜的情况，这是由于法律规定而出现的没收间隙。还有，从行为人的行为状况推测，行为人应该还存在超过被揭露之数额的非法所得，但因缺乏证据，不能证明这种非法所得的存在，这样的情况在非法经营性的经济犯罪、侵财犯罪、贪污贿赂犯罪中是在一定范围内存在的。但是，由于没有足够的证据加以证明，就不能认定为非法所得，甚至其是否存在都是难以证明的，这也是难以处理的情况。对于上述情况，如果用没收财产这种附加刑来解决，就达到处理的实质公正来说，未必是完全没有意义的。对于这一点，我们也持赞同态度。但是，这里存在一个选择问题，即在两种情况中选择其一：一种选择是以追求在某些情况下的处理的实质公正为目标，即在依据某些事实说明行为人有一定数额甚至数额相当大的违法所得，但又难以用证据加以证明，不能依据《刑法》第 64 条规定进行没收，又难以依据《刑法》第 395 条规定认定为来源不明的财产（如不具有国家工作人员的身份，或者能够说明财产来源但司法机关无法证明其来

---

〔1〕 当然，如果在我国的受贿罪中不是将"为他人谋取利益"作为收受型受贿罪成立之必不可少的条件，这样的收入应该均归为贿赂的范围，但由于我国的立法规定，只能将其排除在贿赂之外。

源或不能说明其来源非法等）的情况下，用附加没收财产来解决问题。这种做法的优点是在某些情况下可以实现实质的公正，使犯罪人受到应得的惩罚，使其不能因犯罪行为而在经济上占到便宜。然而，其缺点也是显而易见的，即其将导致没收财产刑的异化，因为这样的没收已经不再具有刑罚的性质，甚至还会导致某些情况下的冤枉无辜，即在实际上这种违法所得并不存在时。另一种选择是维持没收财产刑的刑罚性质，不将这样的没收作为没收财产的根据。其优点是可以避免财产刑的异化，维持刑罚之本来性质，实现形式的公正。然而，其缺点是在某些情况下，使得实质的公正不能得到完全的实现。在上述情况下应该如何选择呢？究其实质，也就是一种法治与人治的选择问题。如果坚持法治的方向，就应在立法上尽量实现罪刑法定原则的要求，维持刑罚本来的性质，不使其发生异化，至于可能导致的实质上的不公正，也只能作为选择法治、罪刑法定所不得已而付出的代价；如果选择后者，是为了在某些情况下实现实质公正而放弃法治，放弃罪刑法定原则在立法上、司法上的实现。两者相比较，结论显而易见。我们选择法治而放弃人治，选择在立法上罪刑法定原则的真正实现，从而容忍在坚持罪刑法定原则这个大原则的同时，牺牲某些实质公正的追求，[1] 维持没收财产刑的本来性质。

通过上述分析我们可以得出这样的结论：死刑、无期徒刑附加没收财产刑的立法规定，虽然可能在有的情况下会实现实质的公正，但是在我国全面推进国家治理体系和治理能力现代化的当下，保留这种规定得不偿失，因为其违背了预防犯罪的刑罚目的，脱离罪刑法定原则的立法宗旨，导致没收财产刑在性质上的异化，加重了刑罚的适用。尤其是在没收个人全部财产的场合，从某种意义上

---

[1] 当然我们还可以为前述的情况制定其他的解决方式，这里只是就最坏的情况，即寻找不出有效的其他方法时的牺牲。

讲，这种刑罚不啻在经济上判处犯罪人"死刑"，这是没收个人全部财产刑罚的潜在目的和功能，这种潜在的目的和功能往往在司法机关中形成一种思维定式，致使法官们习惯于针对被判处死刑（包括死缓）或无期徒刑的犯罪人适用没收个人全部财产这一附加刑。[1]

（三）危害国家安全罪无必要附加适用没收财产刑

在《刑法》规定可以适用附加没收财产刑的犯罪中，除危害国家安全罪之外，多数是以具有贪财图利性的犯罪作为其适用对象的。因此，也就提出了一个问题：为什么不具有明显的贪财图利性的危害国家安全罪可以适用没收财产刑呢？我们百思不得其解，找不出这样立法的合理性根据，因此大胆提出这样一种观点，即危害国家安全罪无必要附加适用没收财产刑。由于附加于死刑或无期徒刑之上的附加适用没收财产刑的不合理性已如前文所述，这里只分析死刑、无期徒刑以外的主刑附加适用没收财产刑的不合理性：

第一，危害国家安全罪并无附加适用没收财产的必要性。如果说，在自由刑之上再附加财产刑是有益的话，那么其益处不外是以下两个方面：一方面是对贪财图利性犯罪适用财产刑具有刑罚与犯罪形态的相关性，可以更加直观地说明刑罚的性质。因为"杀人者死，侵财者被判处罚金刑或者没收财产刑"可以更加直观地说明，侵犯他人的利益，自己的相当利益也将会因此受到损失。这种直观性对犯罪人的教化和对社会一般公众的警示和威慑更加直接，可以收到更好的刑罚效益，符合预防犯罪的目的性要求。同时，这样的裁判还具有以犯罪行为的社会危害性程度的具体表现作为参照，使

---

〔1〕 参见黄风："论'没收个人全部财产'刑罚的废止——以追缴犯罪资产的国际合作为视角"，载《法商研究》2014 年第 1 期，第 47~48 页。

刑罚的确定更具有可量化性的作用。[1] 另一方面是将没收财产这种财产刑作为部分刑事责任的实现方式，与以单纯由自由刑这么一种刑罚作为刑事责任实现的唯一方式相比，有利于顺应刑罚向轻缓方向发展这样的世界性刑罚发展的大趋势。刑罚应该逐渐向轻缓的方向发展，从历史上看，是一种大趋势，这从刑罚体系中心的变化就可以得到说明：由以生命刑、身体刑为中心的刑罚体系（其间还反映着在生命刑和身体刑执行方法上从残忍向普通发展的过程），发展到以自由刑为中心的刑罚体系（自由刑也伴随着执行方法上从非人道向人道发展的轨迹），再到以自由刑和罚金刑为中心的刑罚体系，这样的刑罚体系之中心的变化，是一种刑罚从苛刻向轻缓的变化；[2] 从现代刑罚的发展来说，也是一种大趋势，如死刑向废除至少是严格限制的方向发展、自由刑向短期化发展[3]、罚金刑被广泛适用等都足以说明这个问题。然而，这样的两个益处未必符合我国对危害国家安全罪规定附加没收财产刑的立法意图。首先，危害国家安全罪不是贪财图利性犯罪，第一个优点对此无法适用。其次，我国虽然也有许多学者提出刑罚应当向轻缓化的方向发展，但无论如何，轻缓的发端不应当是在危害国家安全这种最严重的犯罪类别中首先实现，因此第二个优点的实现也不应该是危害国家安全罪并科适用没收财产刑的立法初衷。如果不是为了上述两个优

---

〔1〕 需要指出，对此的过分强调也未必是有益的。综览刑罚的发展史，是从罪与罚在形态上的相近向实质上的相近发展而不是相反，其刑罚种类也是由繁杂向简约的方向发展的，因此过分强调这种对应未必是一种进步。

〔2〕 罚金刑是否已成为刑罚体系的中心这一问题有值得研究之处，以日本为例，日本可以说是罚金刑适用最多的国家之一，但若从其适用的对象、适用的数额、适用的保障等方面来看，未必可以得出罚金刑也是刑法体系中心的结论。参见何鹏主编：《现代日本刑法专题研究》，吉林大学出版社1994年版，第133～134页。

〔3〕 这里所说的自由刑向短期化发展，主要是指司法的层面。以日本1999年为例，在全部被判处自由刑的罪犯中，被判处的自由刑在3年以下的占70%以上。参见日本法务省法务综合研究所编：《犯罪白书》，大藏省印刷局2000年版，第474～475页。

点，对危害国家安全罪普遍规定没收财产刑就看不出其积极意义，看不出其存在的合理性根据。这样一来，一种缺乏合理性根据的立法规定本身就可能导致刑罚的规定表现出重刑化。

第二，该规定与其他犯罪的规定不平衡。在为危害国家安全罪附加适用没收财产刑的合理性寻找根据的过程中，还有另外一种可能性存在，即在财产刑中，罚金刑与没收财产刑相比较，没收财产刑是重刑（从总则刑罚种类排列中可以说明），罚金刑相对较轻，因此在应该附加适用财产刑的犯罪中，危害国家安全罪附加适用没收财产，而其他犯罪附加适用罚金，以表明危害国家安全罪是更为严重的犯罪。但是，如果从我国现行《刑法》规定适用财产刑的犯罪之范围来看，这种理由也难以站得住脚。除危害国家安全罪之外，其他犯罪中只有贪财图利性犯罪才可以适用财产刑，而不具有直接贪财图利意图的犯罪，如危害公共安全罪，侵犯公民人身权利、民主权利罪，妨害社会管理秩序罪，危害国防利益罪，渎职罪，军人违反职责罪中的大多数犯罪都没有罚金刑和没收财产刑的规定（死刑、无期徒刑附加没收财产的除外），如果将罚金刑与没收财产刑作为刑事责任的实现方式，所判处的罚金或没收财产是对犯罪人部分刑事责任的分担，那么，同样责任程度的不同类的犯罪，其刑罚严厉程度的顺序就是（从轻到重排列）：自由刑附加罚金、自由刑附加没收财产、单纯自由刑。这样一来，就推导出这样的逻辑结论：如果从刑罚的规定来分析罪的严重程度，危害国家安全的犯罪要比非贪财图利的其他犯罪性质轻。然而，这样的结论显然是错误的。因为，从我国《刑法》将危害国家安全罪排在分则各罪的第一章来看，足以表明立法者是将该类犯罪作为最严重的犯罪来看待的，该类犯罪的刑罚规定也可以说明这个问题，在该类犯罪的12个罪名中，有7个罪名的法定最高刑是死刑，其比例达到58%，占各章罪名的死刑比例之首。这样一来，本来是危害最严重的犯罪，也是处罚最重的一章犯罪，从其法定刑规定的应然逻辑关系却得出了相反的结论，显然与其他章之罪的规定存在不平衡，或者说存在问题。

第三，可能成为没收财产刑异化的表现形式。如果认真分析立法意图，还可以得出这样的结论：立法者规定对危害国家安全罪附加适用没收财产刑并不是将其作为分担刑事责任的方式，而是刑事责任之外的处罚，即在依其社会危害性程度判处自由刑之后，由于该种犯罪对国家的危险性，还可以根据情况附加适用没收财产刑，以防止犯罪人利用自己的财产再次实施危害国家安全的行为。这样一来，又打又罚，双管齐下，可以增加预防的可靠性，增加国家安全的保险系数，达到既可以使最严重的犯罪受到最严厉的惩罚，又使国家最重大的利益得到了更周全保护的目的。如果从对判处死刑和无期徒刑的犯罪也要附加没收财产的规定来看，这样的推测可能符合立法者的真实立法意图。但是，这样一来就遇到了前面已经提到的问题，离开了刑罚的公正性要求，即超出刑事责任的范围判处刑罚，这样的刑罚实质上是合理的吗？我们认为，结论是否定的。因为，这样一来没收财产已经不再是刑罚了，因为它不与刑事责任相联系，不与犯罪行为的社会危害性程度相对应，反而成为一种刑事责任之外的惩罚，刑罚之外的制裁措施，为了特殊目的对犯罪人施加的惩罚。从以上几个方面的分析可以看出，对危害国家安全罪规定可以并处没收财产是缺少合理性根据的，所导致的结果就是刑罚的适用超出了刑罚公正性的要求。而不公正的刑罚适用本身可以有两种结果：一是使刑罚的适用呈现出轻刑化；二是使刑罚的适用呈现出重刑化。然而，我国现行《刑法》所规定的危害国家安全罪附加适用没收财产导致的结果是后者而不是前者，因为它的适用本身是对犯罪人利益的过分剥夺。

二、罚金刑规定模式评判

罚金刑是 21 世纪以来被广泛运用的一种较轻的刑罚方法。随着刑罚缓和化之世界刑法潮流的不断发展，短期自由刑的大量适用所产生的弊端日益凸显，作为补救短期自由刑之弊端的最重要方法，罚金刑才有了今天这样重要的地位。[1] 罚金刑的制度价值主要在于降低刑罚的严厉程度，推动刑罚走向轻缓化。可以说，现代刑法中罚金刑的大量适用是人权保障理念的贯彻，彰显了人性的光辉，反映了人类法治文明的进步。但是，需要注意的是，任何事物都具有两面性，罚金刑也概莫能外。罚金刑的设置如若不当，则将适得其反，加重刑罚的严苛程度，而这显然违背了罚金刑制度的初衷。下文将首先分析罚金刑的几种设定模式，在明晰了各种模式的利弊之后着重分析评价我国现行《刑法》关于罚金刑的规定，最终得出初步结论：对罚金刑的不当设定是我国现行《刑法》呈现出重刑化品性不容忽视的一个原因。

（一）罚金刑之数额规定的几种模式

罚金刑之数额的规定方式，综观各国刑法之规定，主要有以下几种：其一，总则规定罚金刑的最高或最低限，分则规定总则未规定的高或低限，根据各罪的情况不同，其限度不同。如《日本刑法典》之罚金刑，就是由总则规定罚金刑的低限，而高限在分则各罪中予以规定。其二，总则只规定罚金刑，而对数额不予涉及，具体数额由分则各罪条文加以规定，如我国《刑法》的罚金刑即采此规定方式。[2] 在此模式中，分则各罪中规定的罚金刑的数额，又有

---

〔1〕 孙力：《罚金刑研究》，中国人民公安大学出版社 1995 年版，第 38 页。

〔2〕 我国《刑法》第 52 条对罚金刑作出了规定，"判处罚金，应当根据犯罪情节决定罚金数额"，该条文仅模糊地规定了罚金刑数额的确定根据，但并未明确规定罚金刑的具体限额。

以下几种规定方式：一是无限额制，即刑法分则条文只规定某罪的刑罚中有罚金刑，但对数额不作具体规定，完全听凭司法机关的自由裁量；[1] 二是限额制，即在分则各罪的条文中明确规定罚金刑的最高限、最低限或者同时规定最高与最低限，形成各罪罚金刑的具体适用幅度；[2] 三是比例制，即根据某种参照系，规定一定的罚金比例。[3] 以上几种方式在不同的国家中有不同的选择，有的选择其中一种，有的选择其中两种，还有对不同的罪名分别选取以上三种规定方式的立法例。

在我国，对罚金刑数额规定的三种方式均存在。尤其在经济犯罪（破坏社会主义市场经济秩序罪）一章中采取的各种不同的规定，一般说来是与各类犯罪的危害性的表现形式相关的。例如，在有直接的违法所得，且是直接的侵财犯罪中，独立规定倍比罚金；在以经营方式直接得到非法所得，且经营额具有明确的数额的，往往采取比例制；虽然其经营额可以确定，但违法所得额的有无及大小无法确定的时候，或者行为不但侵害经济秩序，而且更为重要的

---

〔1〕 例如我国《刑法》第268条（聚众哄抢罪）对罚金刑的规定，聚众哄抢公私财物，数额较大或者有其他严重情节的，对首要分子和积极参加的，处3年以下有期徒刑、拘役或者管制，并处罚金……该条仅规定了罚金刑而未对罚金数额作出规定，至于最终会判处何种数额的罚金则要依凭法官的自由裁量。此种类型的罚金刑规定在我国《刑法》中较为普遍。

〔2〕 例如，我国《刑法》第192条（集资诈骗罪）对罚金刑的规定，以非法占有为目的，使用诈骗方法非法集资，数额较大的，处5年以下有期徒刑或者拘役，并处2万元以上20万元以下罚金……该条对罚金数额同时规定了最低限和最高限。

〔3〕 例如我国《刑法》第140条（生产、销售伪劣产品罪）对罚金刑的规定，生产者、销售者在产品中掺杂、掺假，以假充真，以次充好或者以不合格产品冒充合格产品，销售金额5万元以上不满20万元的，处2年以下有期徒刑或者拘役，并处或者单处销售金额50%以上2倍以下罚金……可见上述对罚金刑数额的规定即采比例制，类似的罚金刑规定还可见于《刑法》第142、145~148条等条文的规定，在此不逐一列举。

是同时侵害公共安全或人身安全的时候，或者其侵财难以在数额上进行具体确定的时候，则采取无限额制，以便司法机关在这种情况下根据具体情况确定合理的罚金数额。

（二）罚金刑适用方式与数额规定模式的关系

在以上所列举的不同的罚金刑数额规定模式中，应该说，单从其规定本身，而不考虑其他因素时，其规定是各有特色，与不同的情况相对应都是有合理性的。例如，对以侵财为主要特征，且其最主要的危害性表现为对财产的侵害时，对其规定限额制罚金可以使刑罚规定明确，不至于像无限额罚金那样给法官过大的自由裁量权，体现了刑罚规定的明确性，这是合理的。对于在经营性的犯罪中，以侵害被害人的财产利益为主要危害表现的犯罪，虽然也具有侵财性，但由于其是以经营的方式侵财，因而其侵财数额之量的限度，甚至是否含有侵财数额往往具有不确定性，在这种情况下，其危害的大小往往反映在经营规模上，其规模大，可能侵财数额大，对社会的危害大，反之亦然。在这样的犯罪中，与作为危害的主要表现形式的经营规模相适应，应该采取相对确定的罚金刑规定方式，而这种采取比例制是比较合理的。而对其他可以或应该判处罚金的犯罪，在难以具有侵财数额，或其对社会的危害不表现或不直接表现在侵财、非法经营上，或其危害表现难于以财产数额计量的情况下，就只能采取无限额罚金制。这种情况下，虽然数额是不确定的，但司法机关可以根据一般经验确定罚金数额，只要司法机关能够达到一定范围内的平衡，也是应该被认可的，因为在这种情况下实在是不得已而为之。

以上评价只是就这种数额规定方式本身进行的，而这种罚金刑的数额规定不是独立的，而是与罚金刑的法定适用方式相结合的。在不同的结合方式中，罚金刑采取何种规定方式较为合理是一个复杂但又是必须予以解决的问题。就罚金刑的适用方式来说，大的类别有单科制与并科制；在并科制中又有得并制与必并制。[1] 但作为最终的选择只有两种（不同种罚金不在本书关注的范围内）：一种是单科，即只科罚金刑；一种是并科，即在判处自由刑或生命刑的同时再判处罚金刑。[2] 这里只讨论单科罚金和罚金与自由刑并科两种情况下，与罚金刑的数额规定相结合，何种模式是合理的。

在这里有一个前提需要说明，即我们不赞成大面积规定自由刑与罚金刑的并科制，与此相比，罚金刑的选科制更为合理。但在我国现行《刑法》中，罚金刑选科制的大面积实现并非现实，因而在规定并科制为主的现阶段情况下，讨论并科制与罚金刑数额规定的结合方式是有意义的。

如果用排列组合的方式，罚金刑适用方式与罚金刑数额的规定方式之结合，可以有以下几种形式：第一种是选科制与无限额制结合；第二种是选科制与限额制结合；第三种是选科制与比例制结合；第四种是并科制与无限额制结合；第五种是并科制与限额制结合；第六种是并科制与比例制结合。前三种方式是三种数额规定方式与选科制的结合，后三种方式是三种数额规定方式与并科制的结合。

先看选科制与各种数额规定方式的结合。如果是选科罚金，由于罚金刑是单独科处，没有其他的刑罚，那么，上述第一种模式就意味着只规定刑罚种类而没有规定刑罚的限度，虽然不能说是绝对

---

〔1〕 罚金刑的选科制和单科制的实质后果均为只以罚金为唯一刑罚。因而本书不再将选科制与唯一刑的规定方式分列。

〔2〕 在这里，对生命刑同时并科罚金或没收财产刑的做法，笔者持反对态度，因为这种判处，已经完全离开了预防犯罪的刑罚目的，判处死刑，就意味着行为人已经没有可能再利用财产实施任何犯罪；同时也失去了公正的刑罚本质，报应的公正不是报复，不是同态复仇，人最重要的权益是生命，判处死刑，意味着已经让行为人以死相报，报应的公正已经完全实现，再处罚金或没收财产，则已经离开了刑法应有的价值。

的不定期刑，其在实质上也是与绝对不定期刑大同小异的。因为不同的犯罪行为的社会危害性是不同的，与其相对应的刑罚也应该不同，如果规定罚金时这种区别消失，就意味着立法未对此作出应有的评价。而且，罚金刑与自由刑一样，是具有量的可分性的，在这一点上与死刑不同。具有可分性的刑罚，单独适用时没有量的限定，严格说来，应该是违反罪刑法定原则明确性要求的，因此可以说这种结合不具有合理性。

上述第二种和第三种模式都体现了具体的刑罚幅度，只是第二种模式是确定的刑罚，直接规定了刑罚的幅度，可以在这个幅度内进行裁量，这与自由刑的规定方式大致是相同的，因此也具有与自由刑相当的合理性。第三种模式的规定在一定意义上与第二种模式的规定一样确定，这表现在：它不但规定了比例的范围，不论是倍比制还是其他比例制，只要行为所涉及的数额是确定的，其范围也是确定的。除此之外，由于这种规定以涉罪的某些数额作为刑的比例之基础，因此这种规定也就通过对涉罪数额的规定而进一步限定了刑罚的幅度，只要涉罪数额被确定，其刑罚范围也就确定了。当然，在这种规定方式之下，还有一个前提问题需要解决，即涉罪数额的意义。[1] 不同的涉罪数额其意义并不相同，在不同情况下与其相对应的罚金刑的比例应如何确定，是一个十分复杂的问题，这需要在研究了涉罪的各种数额与社会危害性程度的基本对应关系之后，所确定的比例才是有根据的。否则，虽然罚金刑的比例相同，但由于涉罪数额的性质不同，因而相同比例的罚金数额在性质上也不相同，很可能造成只是形式公正而欠缺实质基础抑或实质公正的状态。现在，国外的罚金刑的数额规定很少采用比例制，如《日本

---

〔1〕 这里所说的意义，是指不同的涉罪数额对社会危害性关系上的意义，如所得额、经营额、伪造额等，其与社会危害性的关系不同，相同数额所反映出来的社会危害性程度也就不同。

刑法典》规定的可以判处罚金刑的犯罪中，只有一个罪名规定了比例制，[1] 其他均为限定的罚金，大致也可以说明这一点。

以上是就选科罚金与三种数额规定方式的结合模式进行的分析。下面再分析并科罚金与三种数额规定方式结合所形成的三种模式的特点。但在此之前，还有一些前提性的问题需要澄清：其一，罚金刑是否是刑事责任的实现方式；其二，所并科的罚金与自由刑之间可否任意调剂其比例；其三，规定并科罚金所反映出来的刑罚的价值取向是什么。只有在解决了这些问题的基础上，或者至少是在明确了这些问题的基础上，对三种模式的研究结论才可以说是有实际意义的。

以上三个问题是密切联系的。首先看第一个问题。关于罚金刑是否是刑事责任的实现方式，有两种可能性：一种是将其作为刑事责任的实现方式，因此其适用应该是刑事责任的实现方式之一，在与自由刑并科时，存在着此消彼长的关系。换言之，如果判处罚金，就意味着其自由刑的量要比未判罚金刑时的刑罚要轻，因为两者共同实现一个刑事责任。另一种是不将其作为刑事责任的实现方式，它只是在与刑事责任相对应的自由刑之外，为了某种特殊的目的，如剥夺违法所得、不让犯罪人因犯罪在经济上占到便宜[2]等目标而在刑事责任已由自由刑实现之外，再科处的刑罚。

两种不同的可能性导致对第二个问题的不同的解决方式。与第一种可能性相适应，罚金与自由刑之间自然是此消彼长的关系，那么，其调剂的可能性是存在的，当然是否可以任意调剂，还有赖于第三个问题的解决。如果与第二种可能性相适应，罚金刑既然不是

---

〔1〕《日本刑法典》第 152 条规定：取得货币、纸币或银行券后，知道是伪造或变造而行使，或者以行使为目的而交付他人的，处面额 3 倍以下的罚金或科料，但不得少于 2000 日元。

〔2〕 邵维国：《罚金刑论》，吉林大学 2001 年博士学位论文，第 152 页。

刑事责任的实现方式，当然也就不可能存在与作为刑事责任实现方式之一的自由刑调剂比例的问题。而对第三个问题的解决，可以推导出前两个问题的答案。如果规定并科罚金的价值取向是使刑罚向苛重的方向发展，即我国《刑法》原有的自由刑还不足以达到立法者所要求的苛重状态，再加上罚金刑使得刑罚进一步苛重，那么罚金刑就不是作为刑事责任的实现方式。如果罚金刑不是刑事责任的实现方式，而是为了达到某种目的的处置方法，当然也就不存在罚金刑与自由刑之间的调剂问题。如果规定罚金刑的价值取向是使刑罚向轻缓化的方向发展，主要通过罚金刑的广泛适用达到逐渐缓和我国一直以来以自由刑甚至生命刑作为刑事责任基本实现方式的苛重局面，与此相适应，应该将罚金刑作为刑事责任的实现方式，由此导致罚金刑与自由刑之间的调剂是可能的。是否可以任意调剂，还有赖于立法目的的实现，即在现实情况下，这种调剂应否给予必要的限制还是完全委任于法官。其结果是：两种刑罚的相互调剂之方向越是任意，就越是向轻缓发展，但是与之相对，则使司法机关的裁量权也就越大；反之，如果调剂受到严格限制，就意味着这种轻缓是有限度的，同时法官的自由裁量权也因此受到限制。

以上是几个问题解决的可能性情况。如果从应然的角度来说，以上问题的结论是明确的。在我国 1997 年《刑法》之前，并没有广泛地要求加重刑罚的呼声，虽然也有人主张当时刑法中刑罚不够重，还要增加死刑罪，加重刑罚，[1] 但这种观点可以说是力薄声微。而认为当时刑法规定的刑罚存在重刑化倾向，[2] 不符合世界刑法发展方向的观点在学界主张者较多，虽然这种观点时常被基于

---

〔1〕 参见成光海："当前扩大死刑适用范围实属必要"，载《现代法学》1985 年第 1 期，第 86~87 页。

〔2〕 赵秉志主编：《刑法争议问题研究》（上卷），河南人民出版社 1996 年版，第 24 页。

我国目前严重犯罪大量存在的事实现状所反驳，但其反驳的目的是要求不能操之过急，对一些法定刑还应维持现状，而不是要求向苛重的方向发展。这样的一些事实表明，刑罚向轻缓化方向发展应该是中国刑法的未来趋势。在现阶段，即使不能使刑罚有大的轻缓化变动，但至少刑罚不应该再向苛重的方向发展。那么，在这种前提之下，对上述三个问题应有的结论就是：其一，罚金是刑事责任的一种实现方式；其二，罚金刑与自由刑并科当然可以存在相互消长的关系；其三，规定并科罚金的价值取向应该与整个刑法的价值取向相一致，即向轻缓而不是苛重的方向发展。

在解决了上述问题的基础上，我们再来具体分析并科制与几种数额规定方式的结合，它们会导致何种后果：首先是上述第四种方式，即并科制与无限额罚金制的结合。在坚持上述前提之下，并科制与无限额罚金制的结合，形成了一种罚金刑数额不定的局面，此时由司法机关裁量罚金刑可以分担多大部分的责任，不能说该种模式是不合理的。但需要强调的是，如果并科制采必并制，而与未规定罚金刑之前相比又没有自由刑量的减少，就不能认为这样的立法规定是符合总体的立法意图的。当然，如果裁量中把握其换算标准，也未必不能形成司法对立法的补充。

其次是上述第五种方式，即并科制与限额制的结合。在这样的规定方式中，如果是得并制，[1]那么立法规定的刑罚就应该是在自由刑的规定方面，涵盖该罪在最严重的情况下，刑事责任的全部实现应该是何种量的自由刑，以其作为自由刑的最高限。在并科罚

---

[1] 得并制与必并制相对，是指确定刑罚时可以并处罚金而非必须并处罚金，最终是否并处罚金由法官自由裁量。例如我国《刑法》第 325 条（非法向外国人出售、赠送珍贵文物罪）规定：违反文物保护法规，将收藏的国家禁止出口的珍贵文物私自出售或者私自赠送给外国人的，处 5 年以下有期徒刑或者拘役，可以并处罚金。此为得并制的一个例证。

金的场合，其自由刑的量就应比单科自由刑的量要少，因为其中的一部分责任已经由罚金刑承担了。因此，在并科罚金的时候，自由刑的最高限难以有实现的余地。因为如果是必并制，说明罚金刑的适用不可避免，也就必然意味着其自由刑的法定刑之量要比未规定罚金刑或只规定可以并科罚金刑时要低，因为其刑事责任的一部分必然要由罚金刑实现。也就是说，在一个犯罪的刑罚中，如果只规定自由刑，并以其作为基准的话，那么如果规定了可以并科罚金，在并科罚金的情况下，不能适用最高量的自由刑，但法定刑的自由刑的最高限可以与未规定罚金刑者相同；如果规定必须并科罚金，那么罚金刑的适用已经不可避免，其结果就必然是自由刑的规定量要比单科自由刑和可以并科罚金刑要低。只有这样，所并科的罚金才具有刑事责任实现方式的意义。

最后是上述第六种方式，即并科制与比例制的结合。该种规定方式由前面的特点分析可以看出，如果并科的比例设定与选科的比例设定相同，就意味着刑罚加重；如果其比例不同，就应该设定相应的参照系，以使罚金与自由刑的关系有一个合理的搭配方式，以达到刑事责任的合理以及符合刑法的基本价值取向。由于具体的对应关系在前文已进行了比较详细的分析，此不赘述。只是在已有模式中，其对应关系又具有复杂性。

（三）对我国刑法罚金刑数额规定的评价

1. 规定模式的评价

我国《刑法》对相当数量的犯罪规定了罚金刑，通过逐个考察其罚金刑的规定模式我们发现，大多数采取的是必并制与三种数额规定模式的结合。而从立法规定上看，并不能得出现存的罚金刑规定模式是为了实现刑罚轻缓化的价值目标的结论。其根据可以从刑法条文的具体规定中予以说明。例如，我国《刑法》有多个条文规定之罪的法定最高刑为死刑，但仍然规定必须并科一定数额的罚金。[1] 从前面的分析可以看出，如果是为了使刑罚向轻缓的方向发展，并通过采取多判处罚金刑的方式实现，为了使罚金刑的多适用成为不可避免，必并制就是合理的选择。然而，罚金刑既然作为刑事责任的承担方式，就应该分担被告人刑事责任总量中的一部分，即其自由刑或其他刑的规定应相对减少，但是从法定最高刑为死刑的犯罪仍然规定必须并处罚金刑来看，在必并制的要求下，罚金刑的适用已然超出了罪责刑相适应原则所要求的合理范畴，无论是站在报应刑的角度还是站在预刑性的角度，此种并可制都将损害罚金刑的合理性基础。[2] 因此，如果采取必并制，无论与哪种数额规定方式结合，其存在的合理性及合法性也就是值得研究（怀疑）的。

2. 数额规定的评价

从我国对罚金的规定来看，传统犯罪的罚金刑仍然是无限额制，其缺点已如前述。在这里只评价有限额规定的罚金。无论是限额制还是比例制，从我国《刑法》的规定中均可以看出以下几个特点：其一，总体上说，数额大甚至很大，如对违法发放贷款罪（《刑法》第 186 条）规定的罚金刑最低限额是 1 万元，最高限额是 20 万元；对吸收客户资金不入账罪（《刑法》第 187 条）规定的罚金最低限额为 2 万元，最高限额为 50 万元。就我国城乡居民的平均收入来看，罚金数额显然过高。以吉林省为例，2013 年全年全省城镇居民人均可支配收入为 22 274.60 元，农村居民人均纯收入为

---

〔1〕　例如我国《刑法》第 263 条（抢劫罪）的规定，"……有下列情形之一的，处 10 年以上有期徒刑、无期徒刑或者死刑，并处罚金或者没收财产……"

〔2〕　这一点在现行刑法（1997 年《刑法》）与之前的刑法（1979 年《刑法》）规定的比较中可以看出。

9621.21元。[1] 可见即便在城乡居民收入已有大幅度增长的当下，50万元的罚金仍相当于一个城镇居民近25年的收入、一个农村居民超过50年的收入。可见其总体数额是相当高的。其二，与涉罪数额密切联系，犯罪行为的涉罪数额越大，其罚金刑的数额越高。无论在比例制中还是限额制中，都体现出这一特点。其三，没有明显涉罪数额的犯罪基本采取无限额制。当然，这并不是说这样的犯罪完全不涉及数额问题。在我国《刑法》所规定的可以判处罚金的犯罪中，基本上是具有贪财图利动机的犯罪，无此目的的犯罪，一般很少规定罚金刑，如在危害国家安全、危害公共安全、渎职、军人违反职责、危害国防利益、妨害社会管理秩序等不具有贪财图利动机的犯罪中，很少规定罚金刑。罚金刑规定最多的是破坏社会主义市场经济秩序罪，以及侵犯财产罪和妨害社会管理秩序罪中具有涉罪数额的犯罪。

通过分析以上罚金刑数额规定的特点，可以发现存在以下几个问题：

第一，规定罚金数额与涉罪数额密切相关，其目的是什么？如果说是为了与行为的社会危害性程度相适应，那么不同的涉罪数额与社会危害性程度的关系是不同的，有的还相当复杂，单纯以涉罪数额为基准规定罚金数额，显然并不会达到与社会危害性程度相适应的目标。同时在规定中，罚金的数额并非与自由刑的量直接成比例，有的罪的不同罪刑阶段的自由刑所规定的罚金法定数额是相同的。因此可以说不完全或主要不是与社会危害性程度相适应。对此，曾有一些学者提出，中国对经济犯罪、侵财犯罪规定罚金，是为了不使行为人通过犯罪在经济上占到便宜，不能允许其"痛苦一阵子，享受一辈子"，这种观点在我国有一定的市场。如果为此判

---

〔1〕 数据来源于吉林省统计局网站，http://tjj.jl.gov.cn/sjfb/201402/t2014021 0_1612723.html，最后访问日期：2014年3月12日。

处罚金，那么就会提出这样一个问题：罚金刑还是刑罚吗？因为所说的不使犯罪人在经济上占到便宜，也就是要剥夺其违法所得，而这个任务不是由罚金刑来完成的，而是应该由《刑法》第64条规定的没收和追缴来完成的，该条规定了犯罪分子违法所得的一切财物，应当予以追缴或者责令退赔；对被害人的合法财产，应当及时返还；违禁物品和供犯罪所用的本人财物，应当予以没收。该条的规定，应该是具有行政处置性质的制度或方法，[1] 只要该条被认真适用，犯罪分子就不可能因犯罪在经济上占到便宜。如果不是用《刑法》第64条规定的方法而是用罚金来达到使犯罪人不在经济上占到便宜的意图，其必然的结果就是罚金刑的异化，即它不再具有刑罚的性质，不是为了剥夺犯罪人合法所有的财产，而是剥夺非法所得，于是其实际性质就变成了行政措施。若果真如此，罚金就没有理由再冠以刑罚的称号，它已经不合格了。或许有人认为，能够认定的非法所得当然可以适用《刑法》第64条的规定予以没收或追缴，但对于犯罪人实际已经得到但又难以证明的部分（这部分现在是相当大的）是无法适用《刑法》第64条的规定的。罚金刑是针对这部分财产设定的。对此就存在两个问题：一是这样的目的仍然会导致罚金刑的异化；二是以这种所有权属性不明的财产作为罚金的适用对象，就会导致刑罚性质的异化，刑罚就不仅是对已经证明了的犯罪的处罚，而且是对可能存在的危害的处罚。在这种情况下，罪刑法定原则当然化为乌有，刑法也就不是现代意义上的刑法，它是一种对可能存在的事项的处罚，现代社会能允许这样的刑法存在吗？其实在我国，这样不能被证明但实际存在的违法所得在经济犯罪中是具有一定的存在范围的。但尽管如此，立法也只能通

---

[1] 我们认为，《刑法》第64条规定的没收，具有行政措施的性质，它主要是对被害人的保护和对公共安全、秩序的保护，而不是对犯罪人的惩罚，具有一定的保安处分的性质。当然这种对应并非是相互的换算关系。

过其他途径，而不是冒着使罚金刑异化的危险而以罚金刑作为处置对策。

第二，高数额的罚金刑能够得到有效执行吗？如前述，无论是限额制还是比例制导致罚金刑的数额都是很高的。这样高的罚金数额，是否有执行的可能就值得研究。如果以犯罪人的合法所得作为罚金刑的对象，那么对于工薪阶层来说，相当多的情况会导致罚金执行不能。因为最低为 1 年以上工资收入的全部，再扣除生活所需，如果没有相当储蓄的人，其执行就相当困难；如果达到最高刑，相当于 25 年左右的全部工资收入，[1] 那么其合法所得就根本不足以支付罚金。罚金执行不能也就是必然的结果，即刑罚规定本身就导致了刑罚执行的抽象的不可能性。如果犯罪人被执行了刑罚，其极大可能是株连了他人，即无辜者代替犯罪人缴纳罚金。如此一来，违反罪责自负原则是不可避免的。如果说行为人不是用合法所得而是用非法所得缴纳罚金，就又回到了第一点，罚金刑被异化了，它不再具有刑罚性质。也就是说，高额的罚金将导致罚金刑执行不能或者被异化的困境。即使可能正常执行的情况，也可以说是过苛的刑罚，即由于高额罚金的支付，导致犯罪人被剥夺的程度要超过其所犯罪行的限度。

第三，罚金刑与社会危害性程度的对应关系如何确定？如果将罚金刑作为刑事责任的实现方式，无论是与自由刑选科还是与自由刑并科，都存在一个两种刑罚的关系问题。虽然自由与金钱是不能换算的，但作为刑事责任的实现方式，立法必须规定一个大致的比例关系。否则就难以选科或并科，或者其选科和并科就不是依据其刑事责任的程度，而是委之于司法机关的任性。而这样一来，也就

---

〔1〕 此处以《刑法》第 209 条（非法制造、出售非法制造的用于骗取出口退税、抵扣税款发票罪）规定的罚金刑数额（最低 2 万元、最高 50 万元）为基底，并结合 2013 年吉林省城镇居民人均收入情况作出的换算。

失去了刑罚的公正性。在有些国家的刑罚规定中，这样的比例是存在的，如日本、法国、德国的刑法规定就是如此。[1] 但在中国的刑法中，没有这样的规定。因为无论是比例制还是限额制，其数额规定主要与涉罪数额相关，而不是直接与社会危害性程度相关，也与在社会危害性程度的量化上已经有相当经验的自由刑规定无关。那么罚金刑作为一种刑罚方法，其科处的根据也就存在疑问。一般说来，自由刑是历史较长的刑种，即无论在立法还是司法上均有相当经验，某罪的社会危害性程度的范围应该与何种范围的自由刑相适应，一般法的规定是明确的。而罚金刑，尤其是在我国，只是近年来才被广泛规定的刑罚，对其规定的适用缺乏经验是必然的。但认真研究罚金刑的根据，研究社会危害性程度与罚金刑之量的对应关系，都是将罚金刑作为刑罚尤其是可以独立适用的刑罚之必不可少的前提。即便在非独立适用时，作为刑事责任的实现方式之一，与自由刑之间的换算也是不可避免的，它应该成为立法之前提。但在我国，这样的前提是不存在的。这样的对应关系不存在或不确定，直接说明了罚金刑的立法目的不明确的现状。由此规定的罚金刑欠缺数额规定的合理性，导致执行难甚至执行不能也就是必然的结果。

（四）罚金刑的不当设定可能导致重刑

1. 不当并科导致重刑

不当并科导致重刑主要是指法官无自由裁量余地的罚金刑复合必用制导致的重刑。综观世界主要国家刑法对罚金刑的规定，以罚金刑是否单独适用为标准，可以将罚金刑分为单独适用制和复合适用制。单独适用制是指对特定犯罪仅判处罚金刑，复合适用制是指

---

[1] 以日本的规定为例，《日本刑法典》中规定的罚金刑，基本是以选科罚金为主，其罚金的数额与自由刑的期间具有比较明确的比例关系，一般是一年期间的自由刑与 10 万日元的罚金数额相对应。

对特定犯罪同时判处包括罚金刑在内的两种以上刑罚。以罚金刑是否必须适用为标准，还可以将罚金刑分为必用制和选用制。必用制是指对特定犯罪判处刑罚时必须适用罚金刑；选用制与必用制相对，是否适用罚金刑取决于法官的自由裁量。上述几种类型相互结合，又产生了第三种分类：单独必用制、单独选用制、复合必用制、复合选用制。前文所述的我国《刑法》中的必并制即为复合必用制，即对特定犯罪必须同时适用包括罚金刑在内的两种以上刑罚。以我国《刑法》第264条为例，盗窃公私财物……数额巨大或者有其他严重情节的，处3年以上10年以下有期徒刑，并处罚金。对于上述盗窃犯罪而言，在处罚时必须同时判处有期自由刑和罚金刑两种刑罚，此即为复合必用制的一个示例。在单独必用制和单独选用制的规定模式下，特定犯罪仅被判处一种刑罚。即便在复合选用制下，特定犯罪也不必然被同时判处多种刑罚，立法可能导致的重刑危险在这里还不明显。然而在复合必用制下，特定犯罪无一例外均会被判处包括罚金刑在内的两种以上刑罚，主要表现形式为自由刑或生命刑与罚金刑毫无选择余地的并科。在生命刑与罚金刑必须并科这种极端的情况下，复合必用制自身所具有的制度性重刑风险就被凸显了出来。关于生命刑与罚金刑并科适用的不当之处以及由此引致的重刑，前文已有论述，因此不再赘述。

2. 罚金刑数额不定导致重刑

根据罪刑法定原则之明确性的要求，刑罚的规定应当是明确的，禁止绝对不定期刑。这既是对法官自由裁量权的限制亦是对行为人自由的保护。就罚金刑的规定而言，罚金刑数额应当明确，立法者在制定刑法时应当对罚金刑数额的限度尤其是最高限度作出明确的规定。如果未对罚金刑数额的上限作出明确规定，在法官恣意裁断的情况下将可能作出过重的罚金刑处罚，此为罚金刑数额不定导致的重刑风险。我国《刑法》中相当多数的罚金刑数额处于不确定状态，最高限和最低限同时缺失，这无疑是我国刑法立法对罚金刑不当设定的表现，而此种立法设定将可能导致重刑。以盗窃罪为例，甲窃取了他人一辆小汽车（价值人民币 5 万元），根据《刑法》第 264 条的规定，甲盗窃公私财物且数额巨大，将被判处 3～10 年有期徒刑，并处罚金。然而，该条文并未规定罚金数额的限度，刑法总则中也没有相关的规定。至于对甲判处多少罚金则完全取决于法官的自由裁量，假设法官对甲判处 20 万元罚金，那么刑罚显然过重。但是，这种判决结果又是合乎法律规定的，至少是不违法的。由此可见，罚金刑数额不定为重刑裁判的作出创造了制度漏洞。

3. 罚金数额过高导致重刑

通过上述分析可知，罚金刑的数额需要在立法上作出明确的规定。接下来的问题则是，数额规定明确就可以避免不适当的刑罚出现吗？在罚金刑数额本身规定适当的前提下，对于上述问题似乎可以作出肯定性回答。然而，在罚金刑数额本身规定不合理时，即便立法明确规定了罚金刑的限度，重刑同样可能出现。如果罚金刑数额规定过高，远远超出了社会公众的经济承受能力，对犯罪人而言，罚金刑将会变得比自由刑更令人难以承受，罚金刑在此时已远离其刑罚轻缓化的初衷而异化为不能承受之重。正如前文已经论及的，过高的罚金刑除重刑外还有如下两个弊端：一是损害司法的权威。过高的罚金刑大都缺乏可执行性，而刑事判决得不到有效执行将会损害司法权威。二是牵连他人有违责任自负原则。犯罪人为了得到轻判可能会四处举债来缴纳巨额罚金，而所欠债务又大都由犯罪人的亲属偿还，这使他们不堪重负。

4. 缺乏换算机制导致重刑

罚金刑作为一种刑罚，具有惩罚犯罪的功能和作用。根据罪刑均衡原则的要求，行为人只需承担与其所犯之罪社会危害性程度相当的刑罚,任何过当的处罚均可谓之重刑。罚金刑与自由刑等刑罚一样都具有惩罚的性质,在二者同时适用的场合,如何合理地配置刑罚量显得尤为重要。二者同时适用时各自的刑罚量应是此消彼长的关系,如果在自由刑刑罚量不变的情况下,单方面一味地增加罚金刑的数额显然有违罪刑均衡原则。实现罚金刑与自由刑动态平衡的前提是以危害性程度为基础建立二者的换算机制,至于二者的换算则是一件十分复杂的工作,不仅涉及分则各罪的具体特点,还涉及罚金刑数额的规定模式(比例制、限额制等)。虽然建立起罚金刑与自由刑之间的换算机制困难重重,但此项工作却是十分必要的,因为缺乏换算机制而一味地增加罚金刑必然会导致重刑。

三、资格刑的设定评判

(一)资格刑的立法规定现状

我国现行《刑法》规定的附加刑除了前文提及的没收财产刑和罚金刑之外,还存在剥夺政治权利和驱逐出境两种附加刑,我们将之称为资格刑。在我们看来,资格刑就是以资格的剥夺或者限制作为刑罚基本内容的刑罚种类。一般而言,资格刑作为一种附加刑,与主刑合并适用可以发挥刑罚的综合效应,而单独适用又可以在保证刑罚效果的基础上避免刑罚的过度投入,[1] 具有轻缓性、多样性、经济性、非物质性与可恢复性等特征。[2] 因此,随着人类文明的进步和时代的发展,世界上大多数国家的刑法典中对之均有所规定,以此顺应刑罚轻缓化的发展趋势和潮流。我国现行《刑法》也不例外,从法条规定本身来看,我们可以将我国现行《刑法》规

---

〔1〕 王志祥、敦宁:"刑罚配置结构调整论纲",载《法商研究》2011年第1期,第50页。

〔2〕 李海滢、麻锐:"腐败犯罪控制视野下的资格刑研究",载《法学杂志》2009年第7期,第49页。

定的资格刑分为一般的资格刑和特殊的资格刑，前者即剥夺政治权利，后者即适用于犯罪的外国人的驱逐出境。

剥夺政治权利这种一般的资格刑，规定于现行《刑法》第54～58条之中。从规定内容来看，剥夺政治权利主要是剥夺犯罪人所享有的以下四种权利：①选举权和被选举权；②言论、出版、集会、结社、游行、示威自由的权利；③担任国家机关职务的权利；④担任国有公司、企业、事业单位和人民团体领导职务的权利。从适用方式来看，剥夺政治权利作为一种附加刑，既可以附加适用，也可以独立适用。当其附加适用时，是作为一种严厉的刑罚方法适用于严重的犯罪，即对于危害国家安全的犯罪分子应当附加剥夺政治权利；对于故意杀人、强奸、放火、爆炸、投放危险物质、抢劫等严重破坏社会秩序的犯罪分子，可以附加剥夺政治权利；对于被判处死刑、无期徒刑的犯罪分子，[1] 应当剥夺政治权利终身。当其独立适用时，则是作为一种较轻的刑罚类型适用于刑法分则条文明文规定的较轻的犯罪。驱逐出境这一特殊的资格刑，规定于我国现行《刑法》第35条之中，即对于犯罪的外国人，可以独立适用或者附加适用驱逐出境。从该规定我们不难看出，驱逐出境这一资格刑的适用对象就是犯罪的外国人，其适用主体具有特殊性，因而将其称之为特殊的资格刑；在适用方式上，与其他附加刑一样，驱逐出境既可以独立适用，也可以附加适用。

（二）资格刑规定存在的重刑导向

通过对上述我国现行《刑法》关于资格刑立法规定的描述，我们认为，驱逐出境这一特殊资格刑的设置本身并不存在太大的问

---

〔1〕 由于刑罚应当与犯罪人实施的犯罪行为的社会危害性程度相对应，因此对犯罪分子判处死刑或者无期徒刑，足以表明其所犯罪行已经属于严重的犯罪，否则，不应当对其判处这样的刑罚，不然就有违刑罚公正性的要求，是不正当的刑罚。

题，而存在问题的是剥夺政治权利这种一般资格刑的设置，这不仅体现在剥夺政治权利内容规定本身过于单一，而且也体现在剥夺政治权利的附加适用这一适用方式本身。在下面的论述中，我们将会把分析的重点放在剥夺政治权利的立法规定上，而暂不涉及对驱逐出境的分析。

如果说对犯罪人施加刑罚的目的主要在于报应和预防犯罪的话，那么资格刑的适用就是通过对犯罪人的资格之剥夺或者限制而使其受到惩罚，满足社会公众的报应情感，以及通过资格的剥夺或者限制来预防犯罪人再次利用其资格实施危害社会的犯罪行为。当然，对犯罪人生命和自由的剥夺或者限制也可以看作是对其犯罪资格的一种剥夺或者限制。但是，受刑罚公正性的制约，我们在追求刑罚功利性的同时，还必须考虑刑罚的公正性要求，必须要在刑罚公正性的限度之内而不能过度剥夺犯罪人的合法权益，否则，刑罚自身的合理性和正当性就会受到质疑。因此，如果从这一角度进行考察的话，我们认为，资格刑的设置同时具有使刑罚合理与人道的功能。

如果说以上的分析能够被认可和接受，具有一定的合理性的话，那么我国现行《刑法》所规定的一般资格刑只有剥夺政治权利一种，而且剥夺政治权利所剥夺的内容仅仅是上文所提及的四种权利，并且在剥夺或者限制的时候是一起剥夺或者限制的，这样一来，就不能不对这种制度设计本身所具有的合理性进行质疑。

首先，就剥夺政治权利而言，其作为国家对犯罪人在政治上的一种不信任或者说否定性评价很严重的刑罚种类，单从"政治"二字来看，就足以说明该种刑罚类型本身所具有的明显的政治倾向性。因而，这样一种严重的否定性评价就不宜适用于那些不应当在政治上对行为人进行严重否定性评价的犯了普通轻罪的犯罪人。如果适用于该类犯罪人，可以说完全是对犯罪人的一种过度否定和对其利益的过度剥夺，超出了刑罚公正性的必要限度，进而推知，其结果就是对犯罪人施加了过重的刑罚。但是，由于我国现行《刑法》只规定了剥夺政治权利这么一种一般的资格刑，如果以此视角进行考察的话，其适用的普遍性必然受到影响，使资格刑这种不涉及个人的自由剥夺的刑罚方法失去了其发挥作用的主要领域。但是，现行《刑法》规定的可以适用剥夺政治权利的罪名还是具有相当大的数量，如果从立法者的角度来推断其立法意图，也许可以认为他们是为了顺应刑罚轻缓化的发展趋势和潮流，通过对犯了普通的轻罪的犯罪人适用这一刑罚类型来实现其目的。然而，从剥夺政治权利本身所能推导出来的性质，决定了该种刑罚方法不应当适用于犯了普通的轻罪的犯罪人。这样一来，如果立法中规定了相当数量的可以适用剥夺政治权利的罪名，那么可以想见的结果就是，这样的立法规定将可能指引司法者在适用法律时对犯了普通的轻罪的犯罪人判处剥夺政治权利，这是对这些犯了普通轻罪的犯罪人的一种过度否定和剥夺，从而加重了刑罚的适用。

其次，由于现行《刑法》规定的剥夺政治权利本身的内容具有不可分性，所导致的后果之一就是，当剥夺政治权利作为一种附加刑单独适用的时候，是否能够实现刑罚的报应和预防犯罪的目的也不无疑问。一方面，如上文所述，剥夺政治权利单独适用时，是适用于较轻的犯罪，但由于其是作为国家对犯罪人政治上的一种严重否定，如果对犯了较轻的普通犯罪的犯罪人予以适用的话，我们姑且不讨论是否是对犯罪人的过度剥夺和否定，单就这一适用本身进行考察的话，我们认为也是不合理的。究其根本，原因在于我国现行《刑法》规定的剥夺政治权利所剥夺的四项政治权利不具有可分性，一旦对犯罪人判处适用剥夺政治权利，那么立法规定的这四种权利就会一起被剥夺或者被限制。由于这些犯了较轻的普通犯罪的犯罪人不像那些危害国家安全的犯罪人在政治上具有反动性，也不像利用国家公职人员身份或者其他资格实施犯罪的犯罪人那样，是利用这些特定的资格实施犯罪。因此对其适用剥夺政治权利这一资格刑，完全可能造成这么一种结果，即剥夺或者限制犯罪人的政治权利很可能对多数人来说无关痛痒，剥夺政治权利所规定的内容，多数人即使是在正常生活中也不需要行使，这样就造成对其适用剥夺政治权利只是作为一种形式上的惩罚而已，这不免导致刑罚的惩罚报应功能难以真正实现。

　　另一方面，从预防犯罪人再次实施危害社会的犯罪行为的角度来说，单独适用剥夺政治权利本身也可能难以真正实现特殊预防这一目的。因为，在刑事司法实践中，很多被判处单独适用剥夺政治权利的犯罪人并不是利用上述四种资格实施犯罪行为的，因此，对其适用剥夺政治权利并不能真正实现特殊预防的目的。例如，我国《刑法》第290条规定，聚众扰乱社会秩序，情节严重，致使工作、生产、营业和教学、科研、医疗无法进行，造成严重损失的，对首要分子，处3年以上7年以下有期徒刑；对其他积极参加的，处3年以下有期徒刑、拘役、管制或者剥夺政治权利。从该条文规定来看，我们不难发现，聚众扰乱社会秩序罪中对除首要分子以外的积极参加者可以单独适用剥夺政治权利这一刑罚方法，这时候对积极参加者适用剥夺政治权利显然是作为较轻的刑罚方法对其进行惩罚的。现行《刑法》之所以如此规定，在我们看来是与积极参加者实施的犯罪行为的社会危害性程度[1]相联系的。但是，积极参加者实施扰乱社会秩序的犯罪行为是不是利用了现行《刑法》关于剥夺政治权利规定的那四种资格来实施的就应当具体问题具体分析。其

---

　　[1]　关于行为人实施的犯罪行为的社会危害性程度问题，后文将予以详细论述。在这里需要说明一下，积极参加者实施的扰乱社会秩序行为的社会危害性程度之所以比首要分子轻，至少可以认为其参与扰乱社会秩序的行为给社会公众心理带来的影响要小于首要分子。

实在大多数情况下并非如此。但是，现行《刑法》却规定对其适用剥夺政治权利这一刑罚，其意义何在？是防止积极参加者再次利用这些资格实施扰乱社会秩序的行为吗？答案是否定的，因此，从预防犯罪人再次实施危害社会的犯罪行为的角度来看，可以认为，剥夺政治权利立法规定本身的形式意义要远远大于其实质意义，且在适用上具有一定的随意性。这样一来，就导致了刑罚的过剩，这可以认为是一种重刑的适用。

最后，无论从刑罚的报应目的还是从预防犯罪的目的进行思考，如同其他附加刑一样，剥夺政治权利这一刑罚方法至少也不应当附加适用于死刑。由于前文已经对没收财产刑和罚金刑不应当附加适用于死刑作了详细的论证，因此，在这里我们不对剥夺政治权利不应当附加适用于死刑进行过多的论述，以保证本书所述内容的简洁明了，避免冗长啰唆。在我们看来，剥夺政治权利之所以不应当附加适用于死刑的理由主要有以下两个：

第一，既然一个人因其所实施的犯罪行为而招致付出生命代价的结果，那么对其所施加的报应应当说已经严厉到了无以复加的地步，毕竟生命对于任何一个生命体来说都是其最重要的利益，没有什么东西能够超越于生命而居其上。也许有人认为，"生命诚可贵，爱情价更高，若为自由故，两者皆可抛"，然而在我们看来，如果从理性人的角度考察的话，这更多的是一种美好的"乌托邦"式的理想，在社会现实中人们往往存在与之不同的观点和看法。而且，如果从逻辑上进行分析，如果没有生命，何来爱情，何来自由？当然，如果是从整个人类的自由的角度来看，则应当另当别论，但从个体来看相信事实就是如此。这样一来，对实施了严重犯罪的行为人判处死刑完全能够实现刑罚的报应目的，满足被害人和社会公众的报应情感。

第二，既然犯罪人已经因其犯罪行为付出了生命的惨痛代价，那么其完全不可能利用其资格再次实施危害社会的犯罪行为，这样的话刑罚的特殊预防目的可以说已经得以实现；而对于社会公众而言，当其看到犯罪人因犯罪行为付出了生命的惨痛代价，那么其完全会认为实施这样的犯罪行为是不划算的，是要付出代价的，从而不实施危害社会的犯罪行为。正如费尔巴哈认为的那样，人是避免不快、追求快乐、权衡利弊之下进行活动的动物，如果把刑罚作为犯罪的后果预先予以规定，实施犯罪时立即执行法律上规定的刑罚，那么人们就会把不犯罪而产生的小的不快和因受刑罚而产生大的不快，合理地加以权衡，为了避免大的不快抑制小的不快而不去犯罪，就有必要在法律上预先规定犯罪与刑罚的关系。[1] 这一观点同样适用于通过刑罚的执行来增强人们对犯罪与刑罚关系的确信，增强刑罚本身的权威。也就是说，对犯罪人判处死刑也可以起到威慑潜在的犯罪人，并且有强化人们的法忠诚感的作用，实现一般预防的目的。如果刑罚的适用超出了人们正义的要求，反而会起到相反的效果，导致人们对刑罚的公正性产生质疑。如果上述分析是合理的，那么死刑附加剥夺政治权利就难免使得刑罚向重刑化方向发展。

第二节 法定最高刑、最低刑的立法设定评判

刑法分则各罪法定最高刑、最低刑的设置关涉罪刑均衡原则的立法实现。如果分则各罪法定最高刑、最低刑设置不当，将可能导致罪刑失衡，产生重罪轻罚或轻罪重罚的不良结果，进而将阻碍刑法规范目的的有效实现。简言之，如果法定最高刑、最低刑设置过低，明显低于特定犯罪应负担的刑罚量，将可能导致重罪轻罚的结

---

[1] 参见陈兴良："罪刑法定的当代命运"，载《法学研究》1996年第2期。

果，而这不利于刑法惩罚犯罪目的的实现。相反，如果法定最高刑、最低刑设置过高，明显高于特定犯罪应负担的刑罚量，将可能导致轻罪重罚的结果，这既侵犯了犯罪人的人权又使刑罚的正当性遭受质疑，使刑法的可信赖性和可接受性降低，最终不利于刑法保障人权目的的实现，并且会对犯罪的预防目的之实现产生消极的影响。一般而言，轻罪重罚是重刑的一种突出表现，在一定意义上说明法定最高刑、最低刑设置不当将可能导致轻罪重罚的重刑结果。因此，对分则各罪法定最高刑、最低刑的研究对实现罪刑均衡具有重要意义。下文将首先对"法定刑设定根据"这一问题进行研究，因为只有明确了这一前提性问题，为个罪设定合理的法定刑才成为可能；其次将对作为法定刑设定根据的行为的危害性程度进行研究，将抽象概念具体化；最后将对我国法定最高刑与最低刑设定进行评价，通过对我国现行《刑法》的分析，呈现出立法对法定最高刑、最低刑的不当设定引致的重刑危险。

一、法定刑设定根据：行为的社会危害性

犯罪的处置以刑法规定为依据，即依据刑法分则对各罪规定的法定刑进行处置。那么，法定刑的规定是如何进行的？其依据是什么呢？如果阅读我国《刑法》条文的规定，时常会有这样的疑问：为什么同是侵犯人身权利的犯罪，故意杀人罪的法定最低刑为3年有期徒刑，故意伤害罪的法定最低刑为管制，绑架罪的法定最低刑为5年有期徒刑呢？为什么同是侵财犯罪，诈骗罪的法定最高刑为无期徒刑，侵占罪的法定最高刑为5年有期徒刑呢？这其实就是在讨论法定刑的设定根据问题。罪刑法定的理念要求司法不能违反立法的规定裁量刑罚，而刑法的基本价值是实现公正。立法的规定得到遵守固然是罪刑法定的基本要求，但罪刑法定原则得到贯彻本身并不能保证刑法公正价值诉求的实现，公正价值诉求的实现还有赖

于立法规定具有实质的合理性，其中包括刑罚设定的合理性。而这种立法规定的实质合理性研究，并不是或者不仅仅是一般理念或者原则的研究可以解决的，只有分析具体规定的内容，才能够给出一个中肯的回答，而这样的问题在我国未必已经给予了充分的研究。本书写作的目的，就是试图分析这样的刑罚设定根据，同时对我国法定最低刑与最高刑的设定进行一定的评价。

如果研究法定刑的设定根据，最常见的观点就是：行为的法益侵害或者说社会危害性程度是法定刑的设定根据。在我国，社会危害性被认为是犯罪的本质特征，[1] 虽然这一点存在争议，但其争议并不在于社会危害性之于犯罪的意义，而主要在于社会危害性是否为犯罪所独有，由此引发出一个问题：在犯罪的三个特征中，到底是社会危害性还是应受刑罚惩罚性是犯罪的本质特征的争议。[2] 不可否认的是，应受刑罚惩罚性要受到社会危害性的制约。本书不想就此作过多议论，只是要肯定一点，即社会危害性对犯罪的认定居于核心的位置，离开社会危害性，刑事违法性与应受刑罚惩罚性就失去了根据。在这个意义上，社会危害性作为法定刑的设定根据应该是可以被接受的。但是，这并不能直接解决具体犯罪的法定刑的设定问题，因为社会危害性只是一个抽象的概念，在没有社会危害性内容之前，还谈不到法定刑的设定根据问题。另外，除社会危害性外，是否还有影响法定刑设定的其他因素，这也与法定刑的设定根据有密切关系。因此，在本部分中，主要分析这样两个方面的问题：

（一）社会危害性的具体内容

犯罪是行为，犯罪的社会危害性也可以说是行为的社会危害

---

〔1〕 高铭暄主编：《新编中国刑法学》，中国人民大学出版社 1998 年版，第 66~67 页。

〔2〕 马克昌主编：《犯罪通论》，武汉大学出版社 1999 年版，第 24 页。

性。那么，行为的社会危害性是什么呢？在我国，学者一般将犯罪的社会危害性概括为客观危害与主观责任的统一，[1] 或者主观恶性[2]与客观危害的统一。[3] 主观责任的主要内容即罪过在社会危害性的确定上虽然非常重要，但也只是在说明同一类型的行为在故意与过失的不同情况下其责任不同，即在区分故意责任与过失责任时具有决定性意义之外，在同是故意犯罪或者同是过失犯罪的情况下，不同犯罪的社会危害性的大小，就应该取决于客观的危害。[4] 因此，这里侧重分析社会危害性的客观危害这一侧面。

关于社会危害性的内容，有学者将其概括为几个统一，即质与量的统一、内容与形式的统一、评价对象与评价标准的统一。[5] 对此，我们持赞成态度。此外，对于客观危害性与人身危险性、现实危害与可能危害，是否均可以成为社会危害性的内容，[6] 试作简要说明。

关于客观危害与人身危险。这是指犯罪的社会危害性的表现，一方面是行为人实施之行为对刑法所保护利益所造成的具体损害，如人身伤亡、财产损失、信誉毁损、秩序破坏等客观后果；另一方

---

〔1〕 曲新久：《刑法的精神与范畴》，中国政法大学出版社 2000 年版，第 209 页。

〔2〕 这里所说的主观恶性，集中体现在责任这个概念上，是指对行为人的犯罪行为进行谴责。陈兴良：《刑法哲学》，中国政法大学出版社 1992 年版，第 27 页。

〔3〕 陈兴良：《刑法哲学》，中国政法大学出版社 1992 年版，第 126 页。

〔4〕 当然，在同一犯罪中，主观责任也有程度的区别，但对于法定刑的设定来说，关注的是一罪之总体的社会危害性的可能范围，以及与他罪的区别，由此确定不同罪名的法定刑应否同异。至于一罪中之不同情况的危害是否相同，应该是量刑问题，而不是法定刑的设定问题。

〔5〕 陈兴良：《刑法哲学》，中国政法大学出版社 1992 年版，第 127~130 页。

〔6〕 曾有学者将社会危害性概括为质与量的统一、主客观的统一、现实危害与可能危害的统一这样的三个统一。参见朱建华："论犯罪的社会危害的内在属性"，载《法学研究》1987 年第 1 期，第 49~53 页。

面是行为人的人身危险性。对此，我们赞同刑罚的裁量根据应该是客观的危害性与人身危险性的统一，但人身危险性可否成为设定刑罚的根据值得研究，[1] 是否将其作为社会危害性的内容，应该具体分析。因为所谓危害，应该是指损害，客观的危害容易理解，而主观的危害是指什么呢？它可以有以下几种可能性：一是由主观恶性程度导致的危险，即再犯罪的可能性；二是行为人之主观的恶对被害人及社会公众之正义情感的损害，使被害人及公众对行为人产生愤怒情感，不能轻易原谅犯罪人。在两者之中，我们认为，将后者作为社会危害的内容是合理的。因为所谓的社会危害性，并不是指具体的客观事实，而是一种价值事实，是一种对具体的客观事实的评价，而这种具体的评价不能不反映评价者的价值观念。例如，同样是人，在奴隶制社会，奴隶主或者自由人与奴隶不同，虽然同是人，奴隶主或者自由人具有真正的人的价值，而奴隶仅具有财产价值。如《埃什嫩那国王俾拉拉马的法典》第40条规定：倘自由民购买奴、婢、牛或任何其他物品，而不能确定卖者为谁，则彼当以盗窃论。[2] 在封建社会，同样是剥夺人的生命，对于剥夺一般人的生命与剥夺自己家族人的生命其评价不同，对于剥夺家族人的生命，若是剥夺尊亲属的生命，其评价严厉，表现为其刑罚高于一般的杀人罪。[3] 而这样对相同客观事实的不同评价，仅用危险来说明是不可能的。其可能的说明方式，就是价值评价与客观事实本身有相当大的差距。价值事实与客观事实不是相同的（但有密切联

---

〔1〕 对此，笔者赞同人身危险性不是定罪根据的观点，该观点参见曲新久：《刑法的精神与范畴》，中国政法大学出版社2000年版，第208～210页。

〔2〕 法学教材编辑部《外国法制史》编写组编：《外国法制史资料选编》，北京大学出版社1982年版，第9页。

〔3〕 如我国唐朝的法律规定，杀害尊亲属之罪的法定最高刑是凌迟处死，高于一般杀人罪的法定刑。参见《唐律疏议》，刘俊文点校，法律出版社1999年版，第388页。

系），它受到评价者的价值观念的影响，也就是对评价者（在现代社会中法律评价的主体应该是公众）之价值情感的损害程度，这是社会危害性的一个十分重要的内容。同是致死人命，故意杀人，对评价者的价值情感损害严重，而过失致死，则使评价者感到情有可原。于是，虽然具有相同的客观后果，但评价者的感受不同，对其所作出的价值评判——社会危害性程度的判断也不同，由此导致刑罚殊异。由此，可以认为，主观的危害不应该是可能的损害，而应该是对公众的正义情感的损害。为什么同是故意致人于死亡，激愤杀人的刑罚要轻，就是因为这样的杀人虽然也造成了与其他杀人相同的客观后果，但由于其对公众的正义情感损害较小，因此对其所作出的否定性评价也较小，因为可以被评价为社会危害性较小。但这里同时就应该提出一个问题：将对公众正义情感的损害作为主观的危害其意义是什么？这里的主观是指行为人的主观恶性还是指社会公众的主观情感？如果是指行为人的主观恶性，它就不应该是社会危害性的内容，因为社会危害性是对社会的危害，而行为人的主观恶性则是行为人的主观心理状态，它本身不可能直接是社会危害性。如果是指社会公众的主观情感，即对社会公众的正义情感的损害，它确实是一种对心理的影响，而不是对物质世界的改变，在此意义上，将其作为主观危害不能说完全没有道理。但是，严格说来，这样的损害也是客观存在的，当对行为人的行为进行评价时，这种损害是行为的后果，无论是从行为人的角度看，还是从社会公众的角度看，这样的损害都具有客观的性质，将其作为主观危害，并不完全合适，且容易引起误会，因此不宜称为主观危害。

再看现实危害与可能危害的统一。现实危害是容易理解的，只要是行为导致的客观变化，无论是物质性的变化还是非物质性的变化，只要行为导致了事实上的改变，只要这种变化能够被评价为对社会不利，就应该是现实的危害。问题在于可能危害是指什么。从一般词义来说，可能是非现实，不是现实的存在，而是现实的非存在，[1] 但某种现实的事态蕴含着产生另一种现实的可能，在事物自己变化的过程中，存在着某种倾向。它不是现实的存在，而是未来的存在，也可以称为危险。而危险又有两种不同的内容：一种是现实的危险，另一种是非现实的危险。所谓现实的危险，是指在特定的时空条件下，只要事态继续进展，其危险就会转化成现实，如放火引起被放火物的独立燃烧，只要无外力阻止，该事态自然发展就会导致被放火物的烧毁。这样的危险是现实的危险，这种现实的危险只在特定时空条件下存在。所谓非现实的危险，又包括两种情况：一种是现在的非现实的危险，即某种现实事态的存在如果有某种因素介入就会导致实害的产生，但这种因素当下并不存在，这样的危险是现在的非现实危险；另一种是过去的危险，即曾经存在过某种事态，该事态有导致现实危害的可能，但由于其他因素的介入（现实危险的场合）或某种预期因素的不存在（非现实危险的场合），导致可能未转化为现实而结束事态的发展，使危险成为过去存在过的状态。在刑法中研究危险，应该是指后一种危险，即过去的危险，因为认定与追究犯罪是一种事后的评价而不是事中的评价，当事态的最终结局是实害时，曾经存在过的危险就被实害吸收，如果最终结局是实害没有发生，其危险也只能是存在过，而不是存在着，只能是对曾经存在过的危险的评价。因此，作为社会危害性表现形式的危险只能是过去的危险。这种过去的危险只是对物质性的损害而言的，而对于公众的正义情感的损害仍然是现实的损害而不是危险。由此可以认为，现实的危害与可能的危害确实都是社会危害性的表现，但两者有实在与非实在的区别，对它们不能等量齐观。

---

〔1〕 高清海主编：《马克思主义哲学基础》，人民出版社 1985 年版，第 187 页。

（二）法定刑设定的其他根据存否探析

以上是从社会危害性的内部构造上，分析了社会危害性是什么这一问题。除此之外，还需要研究的就是作为法定刑的设立根据，除社会危害性之外，是否还包括其他的内容？如行为人的主观恶性程度、行为人的行为特征导致的司法机关的侦破难度不同等。或者这样的内容是否也可以包括在社会危害性之中？我们认为，这样的内容与社会危害性有关，但是又难以直接归入到社会危害性之中。先看主观恶性。主观恶性是内在的东西，它有时会通过行为充分表现出来，但更多的时候却与客观行为不一致或不完全一致，这也是犯罪人再犯可能性之判断困难的主要理由，将其直接归入社会危害性之中未免牵强。再看司法机关的侦破难度。司法机关对案件的侦破需要花费人力物力财力，这是一种支出，而这种支出是由于犯罪行为所致，侦破难度的大小直接导致支出的大小，也是对社会的一种负价值，称之为损害也未尝不可。但是，说这样的损害就是犯罪的危害，不免有些牵强。因为，把案件的侦破支出也算作犯罪的危害，这已经与行为人的罪过和目的无关。如果从刑事政策角度来看，将自首等作为减轻处罚的根据，是考虑到有利于司法的一面，但作为法定刑设定根据的社会危害性中不应包括这种内容。这样的因素不应作为社会危害性的内容。

那么它们可否成为独立的法定刑设定的根据呢？对此，我们持不赞成的态度。一方面，法律不能规制思想，思想不是立法的对象，否则就没有法治。当主观之恶通过行为表现出来的时候，就变成了行为的恶，是以行为作为立法对象；当主观的恶未通过行为表现出来时，它就应该与法定刑无关。另一方面，主观的恶是难以确定的，将不确定的东西作为立法的前提，违反法治原则。至于侦破的难易程度和支出，就更加与法定刑的设定无关，将案件的难以侦破归之于犯罪人，没有任何根据。因此，作为法定刑的设定根据，只有社会危害性程度，而社会危害性程度的内容是复杂的，需要认真研究。

二、危害程度判定——类型性的可能危害程度

法定刑的设定根据是行为的社会危害性已如前述。但是，它并不能直接成为各类犯罪或各个具体犯罪之法定刑的设定根据。因为社会危害性是法定刑的设定根据之结论，是一个最高的抽象、最概括的确定。至于具体的危害程度与各种刑罚的对应关系，并不是当然的事情，它仍然需要选择。因此，在这里就有至少两个必须研究的问题：一是刑种与社会危害性的对应关系；二是各种具体的犯罪类型的社会危害性的确定与比较。下面试分析这两个问题：

（一）刑种与社会危害性的对应关系

在当今，罪与刑在形态上不相对应，犯罪千姿百态而刑罚相对简化，每种刑罚都会与千姿百态的犯罪形态相对应已经成了世界各国的立法通例。于是就有了各自的抽象形式：罪的危害程度与刑的严厉程度。这种抽象形式使罪与刑的对应有了可能，即罪的危害程度与刑的严厉程度相对应。但这种可能向现实的发展却是一个复杂的过程。它首先遇到的是对各种不同表现形态的犯罪在危害程度上的确定。如果将社会危害性作为一条线，并将其划分为不同的线段这种抽象形式的话，就存在着哪种具体的危害表现与哪个位置的线段相对应的问题。这涉及两个必须研究的问题：一是价值观念，二是立法技术。作为价值观念，直接与一定社会状态下人们对事物的价值评价相关。如在现代社会，作为最严重犯罪的杀人罪，从罪的序列来说，这是最严重的犯罪，因为作为对人身利益的侵害已经无以复加，但作为与刑的对应，在法定最高刑的规定方面，有的国家是死刑，有的是无期自由刑，有的是有期自由刑。作为其最低刑的

设定，有的是 3 年，有的是 1 年，有的是更高自由刑。[1] 这种不同的设定，反映了一个国家或社会公众的基本价值观念的不同。但有一点需要指出的是，虽然不同国家对杀人罪的法定刑设定不同，反映了不同的价值观念，但不同国家还有着相同的一面，即同其他犯罪相比，杀人罪都是在罪的序列中最严重的犯罪，是法定刑最严厉的犯罪之一。

问题是，对不同性质犯罪的社会危害性的比较性判断所反映出来的价值观念更加复杂。例如，对于财产类犯罪、经济性犯罪，法定刑的规定相差悬殊。以盗窃罪为例，有的国家的刑法对其规定法定最高刑为无期徒刑，如中国；有的法定最高刑为 10 年有期自由刑，如俄罗斯、日本；有的法定最高刑为 5 年有期自由刑，如法国；有的与杀人罪拥有同样的刑罚，有的则有重大区别。这就反映出了不同的价值观念，即在不同类型的利益比较之间的价值序列的不同，这同时也反映出生命价值的位阶。一方面是从受害角度，对生命是否给予了特殊的保护；另一方面是从侵害角度，侵害生命是否给予特别的制裁。而在人权不断受到重视的现代社会，对人的生命给予特殊的保护，对受害人和犯罪人而言都是必要的。对受害人的保护表现在剥夺他人生命要给予最严厉的惩罚；对犯罪人的保护则是对非侵害他人之生命的犯罪不施以极刑。如果在这样的价值观念下，就可以形成相应的价值序列，并由此形成社会危害性的线段与刑罚的线段，使之在对应关系上符合现代社会的价值观念。而这种价值观念的实现还有一个技术问题，这就是下面要研究的内容。

（二）法定刑之设定与客体设定、犯罪形态设定

作为法定刑设定的技术问题，首先应该是表现在客体设定和犯

---

[1] 如德国的谋杀罪与故意杀人罪的法定刑为 5 年以上自由刑、无期自由刑；日本的杀人罪之法定刑为死刑、无期或者 3 年以上惩役；《韩国刑法》规定的杀人罪的法定刑为死刑、无期或 5 年以上劳役；《瑞士刑法》规定的杀人罪之法定最低刑为 1 年监禁。

罪形态的设定上。所谓客体设定，是指对各个罪设定保护客体，这一方面表现在各罪的客体设定上，同时也表现在类罪设定上，包括亚类罪的设定，如一章之下之节的设定等。另一方面表现在犯罪形态的设定问题上，即对于某个或某亚类犯罪的犯罪形态是设定为结果犯还是行为犯。在结果犯中，是实害犯还是危险犯；在行为犯中，是纯正行为犯还是不纯正行为犯；在不纯正行为犯中，是举动犯还是行为情节犯等。[1]

首先看客体设定，如果说法定刑的设定应该与行为的社会危害性相适应，那么这种适应首先就表现为与某罪的客体类型相适应。因为客体类型集中表现了行为的性质，也表明了社会危害性程度的可能的限度。例如，故意杀人罪的保护客体是人的生命，故意伤害罪的保护客体是人的身体健康，两者比较，人的生命是比健康更重要的利益，因而故意杀人罪的行为性质更严重，与此相适应，其社会危害性程度也就更高。一般说来，这样的客体设定是明确的，不会存在因客体设定而导致的价值序列混乱的问题。但在有些情况下，这种情况却是存在的，尤其是在经济犯罪以及其他一些犯罪中。试举一例：

《刑法》在分则第三章第六节是关于危害税收征管罪的规定。在本节中，规定了三类犯罪：一类是逃抗税款性质的犯罪，包括 201～203 条规定的 3 个罪；一类是诈骗性质的犯罪，即 204 条规定的罪名；还有一类是关于逃避、诈骗税款犯罪的预备型犯罪，包括 205～210 条规定的关于发票的犯罪。在三个类别的犯罪中，第一类是纯正的危害税收的犯罪，它造成国家税收的减少，因此税收管理秩序是该类罪的保护客体，在这里，税收管理秩序的破坏与国家税收的减少形成表里关系。第二类是发生在税收领域中的诈骗罪，是直接侵害

---

〔1〕 关于犯罪既遂形态的分类，参见李洁：《犯罪既遂形态研究》，吉林大学出版社 1999 年版，第 61 页。

国家财产的犯罪，因为骗取国家的出口退税，是以虚构事实、隐瞒真相的方法，以假报出口的手段，把国家现有资产骗归己有的犯罪。这种犯罪由于发生在出口退税这种关涉税收的领域，因而当然也会破坏国家的税收管理秩序，但与税收管理秩序相比，国家财产的所有权应该是此罪更主要的客体，是与第一类犯罪在主要性质上不同的犯罪。第三类是前两类犯罪的手段性犯罪，因为无论是伪造、虚开、买卖、盗窃增值税专用发票还是其他发票，其对国家税收管理秩序的破坏与对国家财产的侵害，都是通过抵扣税款或骗取退税的方式实现的。如果只是伪造、买卖、盗窃、虚开各类发票，而未用于抵扣税款或骗取税款，是不可能造成国家税款的流失或国家财产损失的。因此，关于发票的犯罪，只是一种手段行为，[1]将手段行为直接作为犯罪类型并非不可，但这种行为本身并不足以造成保护客体的现实侵害而只是危险，这就与实害犯不同，在法定刑的设定上也应有所体现。通过以上分析可以看出，骗税类犯罪的保护客体主要应该是国家财产的所有权，将其规定在侵害税收征管罪一节中，会导致次要客体作为分类标准的状况，是否合适值得研究。而对第三类犯罪，由于目的不同而导致相同手段行为的实质行为性质的殊异，社会危害程度不同，而法定刑的设定无法区分两者，往往导致手段行为本身的法定刑重于目的行为，很难说是合适的。[2]也就是说，由于客体设定的技术问题，往往会导致罪刑关系的失调。

以上说明，各罪之犯罪客体的设定，直接影响到罪刑关系是否

---

〔1〕 当然，由于这类行为既可以作为逃税犯罪的手段行为，也可以作为诈骗国家财产性质犯罪的手段行为，因而其行为的性质就要视目的行为而定，若为逃税犯罪，其性质就不甚严重，若为诈骗国家财产，其性质就严重得多。也就是说，同样的行为因目的不同其行为的性质也不相同。

〔2〕 梁根林：《刑罚结构论》，北京大学出版社 1998 年版，第 166 页。

相当，法定刑设定是否合适。如果客体不明，就有可能在罪刑关系上出现不协调，甚至导致严重的罪刑关系混乱的局面。

再看犯罪形态的设定。如果赞同刑法分则对犯罪的规定是以既遂为标本的学说，[1] 那么，犯罪的既遂形态就会有不同的类别，如实害犯既遂、危险犯既遂、行为犯既遂等。于是，立法者在规定各种犯罪时，也就存在着与犯罪客体的设定相关的犯罪形态的设定问题。如果说作为一般的情况应以实害犯既遂作为常态的话，那么危险犯、行为犯等就应该是特殊的形态。毕竟，刑法设定犯罪是为了保护法益，一般情况下，法益受到现实侵害也就是一般的既遂形态。虽然在有些情况下，危险犯、行为犯的设定因社会生活的复杂而不可避免，但过多的这类犯罪形态的设定，也未必是正常现象。同时，实害犯与危险犯由于其危害性程度不同，其法定刑也应该有一定的差别，尤其是在同类别的保护客体的犯罪中。但是，在我国《刑法》中，这样的问题并非是尽如人意的，试举一例：

关于涉及枪支、弹药、爆炸物的犯罪。在我国现行《刑法》中，这类犯罪均被规定为危害公共安全的犯罪，所以公共安全应作为该类犯罪的保护客体。但是，这类犯罪之于公共安全，并非具有实害，因为无论是制造、买卖、抢劫、盗窃、持有，还是出租、出借、丢失等，都不会造成公共安全的现实侵害，只能造成一定的危险，而且是抽象的危险。[2] 换言之，涉及枪支、弹药等的犯罪行为，只会造成枪支等的出现或流散到社会，这种流散到社会或出现的状态，若无其他行为的介入，是不可能直接导致不特定多数人的

---

〔1〕 关于刑法分则规定之犯罪是犯罪的既遂形态还是犯罪的成立形态，学界存在争议。笔者持既遂标本说，具体理由参见李洁：《犯罪既遂形态研究》，吉林大学出版社1999年版，第62~71页。

〔2〕 关于抽象危险犯与具体危险犯的划分，参见李洁：《犯罪既遂形态研究》，吉林大学出版社1999年版，第212~229页。

生命、健康或重大公私财产安全受到现实侵害的。因此，其对公共安全的危险，只是抽象的危险。进一步说，虽然枪支、弹药具有很大的杀伤力，导致人身伤亡的危险性大，但是由于其只是危险犯，尚未造成现实的法益侵害，因而与实害犯相比，在法定刑上就应当有所区别。然而，不容忽视的是，该类犯罪中的故意犯罪，多数法定最高刑为死刑，与实害犯的法定刑相同。诚然，枪支弹药方面的犯罪是严重犯罪，对该类秩序的保护十分重要，但若因此将实害与危险等同，仍然是混淆了危险与实害，混淆了可能与现实，而可能与现实、危险与实害在性质上是具有本质不同的，其危害程度的区别是重大的，给具有重大区别的行为规定相同的刑罚，是不公正的立法。

以上说明，要达到罪刑相当的立法要求，不但要在实质上注意社会危害性程度与刑之关系的对应，作为立法技术，在客体设定、犯罪形态设定上，也应将罪刑相当原则贯彻下去。否则，良好的立法初衷往往会因为立法技术问题最终适得其反。

三、对我国法定最高刑与最低刑设定之评价

从以上的分析可以发现，法定最低刑与最高刑的设定，绝不是可以随意进行的，它应该依据犯罪的社会危害性可能的程度来设定，而且社会危害性程度的判断又必须依据相应的价值观念进行。只有这样，法定最高刑与最低刑的设定才有充分的根据，各罪法定刑的设定才可能达到平衡。基于此观察，我国现行《刑法》在法定刑的设定上并非尽如人意，还存在着各种各样的问题，主要表现在以下几个方面：

（一）同害异罚与异害同罚现象的存在

根据应有的罪刑关系，应该是同害同罚，异害异罚，使罪的危害性程度与刑的严厉程度相对应。但在我国《刑法》规定中，并未

实现此种对应。同害异罚与异害同罚的现象同时存在。如强制猥亵、侮辱罪与侮辱罪存在同害异罚的情况;[1] 而妨害国境卫生检疫罪的危险犯与实害犯法定刑同一就应属于异害同罚的情况。[2]这种情况在我国《刑法》中并非个别,而是有一定的数量,这在一定意义上表明我国法定刑设定方面存在罪刑不平衡的情况。

（二）法定最高刑与最低刑过高的现象

依前述,就整个犯罪来说,法定最高刑的设定应与整个犯罪可能达到的最高危害程度相适应,法定最低刑应与整个罪可能达到的最低危害程度相适应。就某罪的具体罪刑阶段来说,应该是与该罪刑阶段可能达到的最高与最低危害程度相适应。但通观我国《刑法》对法定刑的规定,未必符合该要求。据粗略统计,我国《刑法》规定的犯罪中,法定最高刑为死刑的有五十余个犯罪,其中只有少数犯罪以故意剥夺他人生命作为死刑的条件,另有部分犯罪虽有故意致人于死亡的可能性,但刑法并未规定以故意致人死亡作为适用死刑的条件。也就是说,即使没有故意剥夺他人生命,也可以适用死刑。最后一部分犯罪是根本不具有剥夺他人生命内容的犯罪,如一些经济犯罪、财产犯罪、关于枪支弹药爆炸物的犯罪、贪

---

〔1〕 根据《刑法》第 237 条的规定,强制猥亵、侮辱罪的一种行为方式是行为人以暴力、胁迫或者其他方法侮辱妇女;根据《刑法》第 246 条的规定,侮辱罪的一种行为方式是行为人以暴力或者其他方法公然侮辱他人。前罪侮辱妇女既可能当众也可能私下,后罪被侮辱的"他人"也应包括妇女。由此在行为人以暴力或者其他方法公然（当众）侮辱妇女的场合,相同性质的行为将面临不同的刑罚,如以前罪论处则刑罚为 5 年以上有期徒刑,以后罪论处则刑罚为 3 年以下有期徒刑、拘役、管制或者剥夺政治权利。由此可见强制猥亵、侮辱妇女罪与侮辱罪在特定情况下存在同害异罚的情况,而且刑罚差异悬殊。

〔2〕《刑法》第 332 条（妨害国境卫生检疫罪）规定,违反国境卫生检疫规定,引起检疫传染病传播或者有传播严重危险的,处 3 年以下有期徒刑或者拘役,并处或者单处罚金……该罪对实害犯和危险犯规定了相同的刑罚,是异害同罚的一个例证。

污贿赂犯罪等。如果说，我国死刑罪名中第一类有规定死刑的合理根据，第二类可以通过司法来弥补立法的不足（如司法中控制未剥夺他人生命的犯罪不轻易选择死刑），那么第三类死刑罪可以认为是法定最高刑明显过高的犯罪。

与法定最高刑过高相比，法定最低刑过高就更加严重。据粗略统计，法定最低刑为10年有期徒刑的有4个罪名，法定最低刑为5年有期徒刑的有6个罪名，法定最低刑为3年有期徒刑的有36个罪名，而大多数犯罪的法定最低刑为罚金、剥夺政治权利和拘役。这样的总体情况可以说我国法定最低刑的设定并不存在太大问题，虽然有近50个罪名的法定最低刑为3年以上，不能说法定最低刑不高，但也不能说法定最低刑过高。问题是各个罪刑阶段的法定最低刑设定。我国《刑法》规定的犯罪约有2/3设有两个或两个以上罪刑阶段，由于我国《刑法》在设定不同罪刑阶段法定刑时主要采用的是衔接式的罪刑阶段，[1] 这就导致多罪刑阶段的基本犯（有减轻犯的情形）或加重犯的法定最低刑设定偏高。在有两个以上罪刑阶段的犯罪中，最高罪刑阶段的法定最低刑为10年以上刑罚的罪名有100多个，约占全部犯罪的1/4，其中法定最低刑为死刑（在该阶段是绝对确定的死刑）的有6个罪名，法定最低刑为无期徒刑的有8个罪名。在这样的加重性犯罪中，加重理由的规定分两种：一种是列举式的加重理由，另一种是概括性的加重理由。在前一种情况下，往往会出现所列情节中的情节不足以使法定刑提高到如此严厉程度的情况。例如，根据《刑法》第121条劫持航空器罪的规定，只要具备以下三种情形之一的即处死刑：致人重伤、致人死亡、使航空器遭受严重破坏。然而，致人重伤和致使航空器遭受严重破坏这两种情节均不足以使法定最低刑提高到死刑的程度。这

---

〔1〕 衔接式是指前一罪刑阶段的法定最高刑与后一罪刑阶段的法定最低刑相衔接的情况。

样，就势必导致法定最低刑设定过高，可能对犯罪人权益造成过分的剥夺，导致罪刑不相适应。在后一种情况下，是否符合加重犯的刑之规定要求，则委之于司法机关的判断。在我国当前情况下，这种判断也有两种情况：一种是由最高人民法院或最高人民检察院以司法解释的形式把刑法条文的概括性规定具体化；另一种是审判人员根据自己的或地方性的司法经验来确定情节的内容指涉。而在我国当前的情况下，最高司法机关的解释为了追求情节的确定性，往往用列举择一的方式确定情节的内容，而这种确定方式也就与第一种情况基本相当。而无论是哪种形式，都是依据单一情节来确定相互衔接的不同罪刑阶段的法定刑之适用，其司法的不平衡是显而易见的。也正是由于法定刑的衔接式规定与适用于不同罪刑阶段之犯罪情况的列举式的结合，导致一罪的不同罪刑程度的不同犯罪间法定刑的不断攀升，形成法定最低刑与最高刑均过重的现象。

（三）不同犯罪法定刑之不平衡

法定最低刑与最高刑的设定，不仅需要一罪不同罪刑阶段之法定刑之间达到平衡，而且在不同犯罪之间，也应该达到法定刑的平衡，若做不到这一点，罪刑相适应原则的要求就难以实现。而在我国《刑法》中，不能说已经完全达到了这种平衡，而是还存在着一些不平衡的立法规定，兹举一例：

奸淫幼女型强奸罪与嫖宿幼女罪。[1] 根据《刑法》第 236、360 条的规定，前罪基本犯的法定刑为 3~10 年有期徒刑，后者基本犯的法定刑为 5~15 年有期徒刑。无论是法定最低刑还是最高刑，后罪均高于前罪。那么，是否后罪的危害大于前罪呢？两罪相较，很难说嫖宿幼女罪的社会危害性比奸淫幼女型强奸罪的社会危害性更大，一般情况下，反倒是奸淫幼女型强奸罪的社会危害性更大

---

〔1〕 需要说明的是，嫖宿幼女罪已被《刑法修正案（九）》废除，这间接印证了本书观点的正确性。

些。理由如下：从两罪的社会危害性来看，都是侵害幼女身心健康，在这一点上没有差别。而从另一方面看，嫖宿幼女罪之幼女虽然也是受害者，但毕竟是为了金钱而出卖自己的肉体，不存在被迫性，从这一点来看，奸淫幼女型强奸罪往往比嫖宿幼女罪的危害要大。虽然奸淫幼女型强奸罪有加重犯罪，但在未达到加重程度时，法定最低刑只有3年有期徒刑，低于危害相对较小的嫖宿幼女罪；法定最高刑只有10年有期徒刑，同样低于嫖宿幼女罪。由此只能认为，两罪的法定刑明显不平衡，这显然是属于重罪轻罚与轻罪重罚的结合。

以上分析说明，我国立法在法定最高刑与最低刑的设定上存在着不合理性。

第三节　罪刑阶段立法设定模式评判

法定刑的设定模式问题，在我国已经有学者对之进行专门研究，[1]但总体说来研究不够。因为一般是把罪刑阶段设定模式只作为一个立法技术问题。在我国，立法存在的问题较多，单纯的技术问题似乎不值得专门研究。我们认为，罪刑阶段设定模式确实是一个技术问题，但这种立法技术却直接影响到立法意图的实现程度，同时也折射出立法的指导思想问题。我们通过对实务界提出的问题和理论界研究的困惑的分析，在对不同罪刑阶段法定刑之衔接式与交叉式模式的优劣进行分析后，初步得出结论：罪刑阶段设置的立法技术运用不当将可能导致刑法的重刑倾向。

一、问题的提出

法定刑设定模式问题的提出，源于司法实务中提出的具体案件

---

〔1〕　周光权：《法定刑研究：罪刑均衡的建构与实现》，中国方正出版社2000年版，第300页。

在适用法律上的难题和理论研究中对具体案例或具体法条适用问题产生的困惑。

实务界提出的问题主要是具体案件适用法律的问题。如潜入一陋室，使用威胁的方式，抢劫数额很小的财物之行为，或者刚满18岁的高中生，使用较轻的暴力，在公交车上抢劫小学生数额很少的零用钱的行为，如果按照法律的规定，[1] 都符合抢劫罪加重的犯罪构成，其法定最低刑均为10年有期徒刑；但如果从两个案例的具体情况所反映出来的社会危害性程度来看，判处10年以上有期徒刑显然过重，不符合罪刑相适应的刑法基本原则。上述处理结果会使案件缺少实质合理性，但从法律规定来看，又是完全合法的。于是出现了定罪与量刑上的困惑、形式合法与实质合理的矛盾。

类似的问题在理论研究中也有反映。首先反映在对上述案例解决的思路上。对此，可以考虑适用《刑法》第63条第2款规定的人民法院的裁量减轻权；也可以适用《刑法》第37条的规定定罪免刑；还可以考虑适用《刑法》第13条"但书"的规定，认定行为不构成犯罪。[2]

就对上述具体案例的处理来说，适用第63条第2款法院的裁量减轻权、第37条定罪免刑的规定、第13条"但书"的规定，确实是合理处理案件的较好选择。但问题在于，《刑法》第63条第2款将人民法院的裁量减轻权的核准权赋予最高人民法院，是为了大

---

〔1〕《刑法》第263条（抢劫罪）规定，以暴力、胁迫或者其他方法抢劫公私财物的，处3年以上10年以下有期徒刑，并处罚金；有下列情形之一的，处10年以上有期徒刑、无期徒刑或者死刑，并处罚金或者没收财产：①入户抢劫的；②在公共交通工具上抢劫的……

〔2〕《刑法》第63条第2款规定：犯罪分子虽然不具有本法规定的减轻处罚情节，但是根据案件的特殊情况，经最高人民法院核准，也可以在法定刑以下判处刑罚。《刑法》第37条规定：对于犯罪情节轻微不需要判处刑罚的，可以免予刑事处罚……《刑法》第13条规定：……但是情节显著轻微危害不大的，不认为是犯罪。

量适用这种权力还是限制这种权力？《刑法》第37条定罪免刑的规定，对加重犯是否适用？《刑法》第13条"但书"的规定，是否对所有犯罪都适用？下文对上述三个问题逐一进行分析：

首先，看人民法院的裁量减轻权。在1979年《刑法》中，人民法院的裁量减轻权是赋予所有人民法院的；而1997年《刑法》增加了由最高人民法院核准的限制之规定，如果从立法意图来看，对人民法院的裁量减轻权显然不是要扩大，而是要限制；而且只有最高人民法院有核准权，其他法院均不能擅自适用，说明这种限制是极严格的。也可以说，这种权力的规定只是为了在特殊情况下，由司法来弥补立法规定的划一所导致的事实上的不公正，而不是一种普遍适用的制度。因此可以说，人民法院的裁量减轻权是特殊情况下适用的权力。

其次，看《刑法》第37条定罪免刑的规定。根据《刑法》第37条的规定，对于那些犯罪情节轻微不需要判处刑罚的，人民法院可以依法裁量免予刑事处罚。对于基本犯而言，如果犯罪的情节轻微，即便行为虽已构成犯罪但也可以免予刑事处罚，对此几乎无争议。然而，对加重犯而言，行为不仅具备了基本犯所要求的犯罪构成要件，还具备了加重犯所要求的加重构成要件（加重结果或加重情节），因此加重犯可以视为基本犯的升级版。如果对加重犯适用定罪免刑的规定将造成基本犯受到处罚而加重犯却免予处罚的尴尬结果，并且易给人一种刑罚不公的不良印象。因此，我们认为，对加重犯不宜适用《刑法》第37条定罪免刑的规定。

最后，看《刑法》第13条"但书"的规定。我国《刑法》第13条是对犯罪的界定，"但书"之前是对犯罪的正面规定，而"但书"是对符合"但书"前规定之行为性质的行为在量上的限定。如果说"但书"前规定的是犯罪在行为性质上质的规定，那么"但书"就是对同质行为之刑罚可罚性的量的限定。如果从这个意义上看，《刑法》第13条"但书"的规定应该具有普遍意义，因为任何事物总是质与量的统一，而犯罪是具有刑罚惩罚性的行为，这种犯罪的法律后果就要求对行为量的严格限定。事实上也是如此。就是作为最严重的犯罪之一的抢劫罪，也不能完全排除因情节显著轻微而社会危害性达不到应受刑罚惩罚的程度，因而不构成犯罪情况出现的可能性。

但问题在于，在我国《刑法》中，有一些犯罪的法定最低刑较高甚至很高，如劫持航空器罪的法定最低刑为10年有期徒刑；抢劫罪等一批严重犯罪的法定最低刑为3年有期徒刑；如果这样的犯罪也可以适用"但书"的规定，就意味着行为或者成罪，处10年以上或3年以上有期徒刑；或者不构成犯罪。这中间显然存在着较大的间隙。如果从法律规定来推测立法意图，应该是像抢劫、劫持航空器之类的最严重的犯罪只要一出现，其危害就相当严重，应该判处3年以上或10年以上有期徒刑，除这个处罚外，不存在判处3年以下或10年以下有期徒刑的可能性，当然也就不存在因情节显著轻微、危害不大而不构成犯罪的情况。否则就无法理解为什么对这类犯罪的法定最低刑作如此规定。但事实则是，从立法所分析出来的立法意图，却不符合至少是不完全符合实际情况。在现实中，时常出现行为符合某罪的犯罪构成，但判该罪的法定最低刑仍嫌过重，甚至可以不必按犯罪处理的情况；也时常发生行为符合某罪的加重犯的构成要求，但判处加重刑罚显然过重的情况。上述现象之所以会出现，很大程度上是因为罪刑阶段设置的立法技术运用不当。

以上实务中处理案件的困难和理论上为处理此类案件设定根据中存在的困惑，都不得不让我们思考一个问题：我国刑法中犯罪的法定刑设定是否合适？法定刑设定采取何种模式才符合罪刑关系（动态）的实质要求？

二、不同罪刑阶段法定刑之设定模式

（一）两种不同模式概览

就罪刑阶段的设定模式来看，主要有两种基本模式：一种是交叉式，一种是衔接式。

所谓交叉式，是指不同罪刑阶段的法定刑在刑种或刑度上存在交叉的模式。如《法国刑法典》第311-1条规定：盗窃罪，处3年监禁并科30万法郎罚金。第311-4条规定：犯盗窃罪，有下列情形的，处5年监禁并科50万法郎罚金（具体情形略）。[1] 交叉式设定模式的基本特点在于：同一罪名的不同罪刑阶段的法定刑，不是完全不同的，法定刑的一部分甚至相当大的一部分存在着重合，即相当一段的刑罚是不同罪刑阶段的犯罪共用的。其结果就是，行为虽然属于不同的罪刑阶段，如基本犯与加重犯或基本犯与减轻犯，其可能判处的刑罚既可以是相同的，甚至还可能出现加重犯所判处的刑罚轻于基本犯所判处的刑罚。如依据《法国刑法典》第311条规定，盗窃罪的基本犯最高可以判处3年监禁，而加重盗窃罪最低刑与基本犯的最低刑是相同的，因而完全可以判处3年以下的刑罚。在各国法定刑的规定模式上，主要采取交叉式规定方式的国家较多，如德国、法国、日本、意大利、韩国等国家均以交叉式为主。

所谓衔接式，是指不同罪刑阶段的法定刑在刑种或刑度上互相衔接，不存在交叉的规定方式。如我国《刑法》第263条规定，"以暴力、胁迫或者其他方法抢劫公私财物的，处3年以上10年以

----

〔1〕 依《法国刑法典》第131-4条规定，监禁刑设定了七个幅度，分别规定了每个幅度的最高限，因此其分则各罪规定的刑罚，其所列年限是指最高限，而非绝对确定的刑罚。参见《法国刑法典》，罗结珍译，中国人民公安大学出版社1995年版，第11页注释2。

下有期徒刑，并处罚金；有下列情形之一的，处 10 年以上有期徒刑、无期徒刑或者死刑，并处罚金或者没收财产……"与交叉式相反，衔接式设定模式的基本特点在于：同一罪名不同罪刑阶段的法定刑刑种或者刑度完全不同，基本犯的法定最高刑同时是加重犯的法定最低刑，或者基本犯的法定最低刑同时是减轻犯的法定最高刑。法定刑之间衔接紧密，不存在空隙也没有交叉，符合不同罪刑阶段的行为在实际裁量的刑罚上，除有法定的加重、减轻情节以外，不可能有相同的情况。我国设定模式上，虽然也有一些条文在法定刑上存在交叉式的规定，如贪污罪、受贿罪，但其主要的规定方式是衔接式。

（二）两种不同模式之利弊探究

如果不考虑在基本犯的基础上，加重或减轻刑罚的事由之类型，仅从形式的侧面观察两种模式的利弊，那么结论是清楚的。衔接式对法官来说，是对不同罪刑阶段的行为裁量完全不同刑罚的命令，法官不能逾越，重罪重刑，轻罪轻刑，且罪的重轻与刑的重轻完全由立法规定而不是由法官裁量。这限制了法官的自由裁量权，符合罪刑法定主义的基本要求。而交叉式在立法上存在着不同罪刑阶段的刑罚的交叉，不同罪刑阶段行为所可能判处的刑罚并不是非此即彼，而是亦此亦彼，即具有一定的模糊性。在交叉的范围内，对行为人裁量何种刑罚，属于法官自由裁量权的范围。在刑法规定了不同罪刑阶段，而不同罪刑阶段的刑罚又处于亦此亦彼状态的情况下，就势必会扩大法官的自由裁量权，而罪刑法定原则的基本价值目标之一，就是通过立法限制法官的自由裁量权。显然，交叉式与罪刑法定原则在形式上是处于不协调状态的。

但是问题的关键在于，加重犯与减轻犯，并不是与基本犯不同的犯罪，而是在基本犯的基础上，由于存在某种事由而规定加重或减轻刑罚，从而形成加重犯与减轻犯。由于加重与减轻及与基本犯关系的复杂性，导致基本犯与加重犯或减轻犯在刑罚的关系上并不像形式上那样单纯。因此，为了使对法定刑设定之不同模式的评价有根有据，以下几个问题的研究应该具有前提的意义：其一，加重或减轻事由可能存在的内容；其二，加重或减轻事由可能的设定方式；其三，各种加重减轻事由与基本犯的关系。只有在解决了以上问题的基础上，对衔接式与交叉式的分析与评价才有针对性，才有实际价值。

1. 加重或减轻事由可能存在的类别

加重或减轻事由是导致刑罚加减的事由，而刑罚的加减并不是一种自然事态的结果，而是说明行为的价值内容即社会危害性的结果。从这个意义上说，能够作为刑罚加重或减轻事由的，就应该是对行为社会危害性有影响的内容，如果不是影响行为社会危害性的因素，当然也就不会成为刑罚加减的内容。

影响行为社会危害性程度的内容有很多，对内容从不同的角度可以进行不同的类别划分，以便能够清楚把握之。本书采取将其划分为影响行为人人身危险性程度的事由[1]和影响行为社会危害性的事由两类的方法，依此分析加重、减轻事由的基本类别。

首先看行为人的人身危险性程度的事由所导致的对社会危害性的影响。除罪过之外，能够说明行为人主观恶性程度的事由主要有以下几项：其一，行为人的目的和动机。一般说来，行为人的目的主要与故意的内容相关联，一般可以构成故意的内容，这里不多作说明。犯罪动机对行为人主观恶性程度影响较大。同是盗窃，为了解决一时的生活之需而盗窃与为了满足挥霍需要而盗窃，表明行为人的主观恶性程度不同。其二，行为人的一贯表现。行为人的惯行

---

　　[1] 关于人身危险性是社会危害性的表现还是与社会危害性并列，理论界观点不一。我们认为，在人身危险性表现于外时，是造成社会心理不安的因素之一，在此意义上，其具有社会危害性表现形式的意义。

对于说明行为人的主观恶性程度有重要作用。一贯表现良好，偶然犯罪，一般说明其主观恶性不大，一般造成的社会影响也较小；相反，惯行恶劣，甚至有刑事前科，一般说明其主观恶性大，若表现于外，所能够造成的社会影响一般也较大。其三，行为人的犯后态度。犯罪后的态度如何，是认罪悔过，还是顽抗推诿，表明行为人对自己行为的态度不同，而这种不同直接表明行为人的主观恶性程度，也会对社会造成不同的影响。总之，不同的人身危险性，之于内，是说明了行为人的主观恶性不同；之于外，则可以说明对社会的影响不同，因而也是社会危害性的表现形式之一。

其次看影响行为的社会危害性程度的事由。这种事由可以有很多表现形式，如果从行为本身的因素和行为后果因素进行分析，也可以看出该类事由的大体脉络。

第一，行为本身的因素。作为行为本身的因素，主要有以下情况：一是行为手段或方法。行为的手段与方法既包括使用工具的情况，如用危险性大的工具，用释放后难以控制的自然力的手段实施犯罪行为，与使用危险性小的工具相比，其行为本身危险程度就有很大区别；也包括对工具的使用方法，同是用利器，用残忍的方法实施的杀伤行为，与以一般方法实施的杀伤行为其危害自然不同。二是行为对象。同样的工具和手段施于不同的被害人，表明其危害不同。如对没有反抗能力或反抗能力较弱的老、幼、病、残、孕实施侵害，与对具有正常体魄的人实施侵害所造成的危害就不相同。三是行为的时空条件。不同的时空条件往往影响行为的完成可能性与可能造成的社会影响。在被害人容易得到救助的时空条件下实施行为或在相反的时空条件下实施行为，行为完成的可能性不同，行为本身的危险也就不同，在难以被发现的时空条件下与大庭广众之下实施行为所造成的社会影响不同，而社会影响又是社会危害性的重要表现之一。同样的行为在社会治安状况较好的情况下实施与在社会风气不良的社会状况下实施，其对社会的影响也不相同。当然，就行为本身的各种因素来看，它们对行为社会危害性程度的影响不是独立的，它们或者说明行为人的主观恶性程度，或者表现出对社会的客观危害和不良影响。当然，这种说明或影响又是值得提出的，尤其是在实际的危害后果与其他状态下的危害后果相同或相似时，行为自身的各种因素就可以作为难以具体测量的危险、不良影响的具体标志，而在说明行为人的主观恶性程度或行为的社会危害性程度时起作用。

第二，行为后果因素。行为的后果也可以分成以下几个方面：第一方面是犯罪结果，即行为侵害某罪的犯罪客体所形成的结果，如故意杀人罪的死亡人数、盗窃罪的侵财数额、故意伤害罪的伤害程度等，都是行为侵害犯罪客体所造成的犯罪结果。可以说，犯罪结果是行为后果因素中说明行为社会危害性程度的核心因素。当然，还需要指出，在犯罪结果中，物质性的犯罪结果由于其具有物质性的表现形式，其程度容易确定，而非物质性结果的确定就相对困难，因而非物质性犯罪结果的量的确定往往通过其他因素表现出来，这就是第二个方面——行为后果因素。行为后果因素的表现形式是多方面的，犯罪结果是其重要表现形式，除此之外，还有各种犯罪结果之外的后果因素，如非法所得的数额，虽然违法所得在某些犯罪中并非作为犯罪结果的内容，如受贿罪的受贿数额、生产销售数额等，它不能直接说明犯罪结果的量，[1] 但其能反映出生产经营的规模，也就能间接地说明对社会的影响；结果之外的损失数额，包括犯罪行为导致的直接损失与间接损失数额，可以直接或间接地说明行为给犯罪客体造成的威胁大小。这些因素虽然不是犯罪结果，但在说明物质性犯罪结果的量的方面具有重要的意义。第三

---

〔1〕 由于受贿数额不是犯罪客体的表现形式，因而其改变也就不具有犯罪结果的意义，它只能成为犯罪之社会危害性的参照物。

个方面是行为所造成的社会影响。犯罪行为所造成的社会影响是多方面的，既可能是地方性的，也可能是全国性的，还可能是国际性的；可能是对社会治安秩序的影响，也可能是对国家声誉等的影响；可能是一般性的影响，也可能是政治性影响；可能是强烈的影响，也可能是比较微弱的影响，等等。虽然影响的内容、程度、方式等可以不同，但无论是何种影响，总是由行为造成表现于外的后果因素，因而可以作为行为社会危害性程度的一个重要内容或表现。以上后果因素在一个案件中可能只存在一种，但更多的是几种后果因素同时存在，共同说明行为人之行为的社会危害性程度。

在影响行为人的主观恶性程度和行为的社会危害性程度的各种因素中，一个具体案件一般是多方面因素并存的，总合起来才可以确定其社会危害性与人身危险性，进而正确定罪与量刑。但作为刑罚的加减事由，尤其是作为立法设定加重、减轻犯罪形态根据的事由，却未必是每一个犯罪都存在，或其多种情况的总和才是达到超出基本犯所能容纳的范围，必须设定罪的加重或减轻形态的程度。因此，在不同的犯罪中，作为设定加重、减轻犯罪形态的事由，还是需要根据不同犯罪的情况进行必要的选择。而选择出来的具体内容采取何种设定方式，就是需要研究的另一个问题。

2. 加重或减轻事由与法定刑关系可能及应有的设定方式

（1）对加重与减轻事由的规定方式。如果作为决定加重犯或减轻犯的事由，就应该在立法上予以规定。就其规定方式来说，依据刑法，不外乎有三种规定方式：

第一，综合规定的方式，即对基本犯的刑罚予以修订的理由是综合的。在基本犯的基础之上，设定一个综合事由而成立加重犯或减轻犯。例如，我国《刑法》第232条故意杀人罪规定的"情节较轻的"，就是对故意杀人罪减轻犯的减轻事由的综合规定。至于什么情况属于情节较轻，这并非一个确定的单项指标，而是一个包含多项内容的综合指标，它既可以是某个具体内容出现就符合减轻犯的规定，如激情杀人，也可能是多种具体情况的结合，如长期受被害人的欺辱，又是在激情之下的杀人。而我国《刑法》第305条规定的伪证罪在基本犯基础上规定的"情节严重的"，则属于对加重犯加重事由的综合规定，这种综合指标中所包含的内容亦是多方面、不确定的。

第二，列举式规定方式，即在基本犯的基础上指出具有某种情况或具有以下所列的某种情况之一的，是加重或减轻犯。例如，我国《刑法》第257条第2款规定，"犯前款罪（暴力干涉婚姻自由罪），致使被害人死亡的"属于该罪的加重犯，其加重事由是单一事项。而《刑法》第263条抢劫罪的加重犯则列举了8种情况，只要具有8种情况之一的，就构成抢劫罪的加重犯。

第三，综合与列举相结合的规定方式，即既有单项列举，又有综合指标的规定方式。如我国《刑法》第264条关于盗窃罪加重犯的规定，加重犯的加重事由均是将数额与情节相并列，数额是单项列举，情节则是综合规定。在我国现行《刑法》中，这种单项列举与综合指标并列规定的方式在加重性犯罪的规定中占了相当比例。

（2）不同事由规定方式与罪刑阶段设定方式的组合。

第一，综合式方式与衔接式的组合。综合式加重或减轻事由的设定方式之特点，是情况的综合性，因而可以使基本犯与加重或减轻犯的社会危害性处于完全不同的程度。这种综合方式的特点导致在加重与减轻犯的法定刑设定上与衔接式的合拍是一目了然的。

第二，综合式方式与交叉式方式的组合。因为综合方式的特点，导致其与交叉式法定刑设定方式的不一致性，因为只有基本犯与加重或减轻犯的社会危害性程度存在交叉的情况下，法定刑的交叉才是合理的，而综合方式恰恰是由于加减事由的综合性导致其可以与基本犯较明确地区分开来，再设定交叉式法定刑虽然可能，却又带来本应避免的不确定性。

第三，列举方式与衔接方式的组合。列举方式的特点在于行为符合基本犯的情况下，只要具备了所列举的事由或列举的某项事由之一的，就构成加重或减轻犯，而具备该事由却不一定使行为的总体社会危害性程度高于基本犯的法定刑所可以容纳的限度。例如，行为人入户抢劫，采取胁迫手段，抢得数额较小的财物的案件，由于具有了入户抢劫的情节，属于加重抢劫。但是，由于手段缓和，抢劫数额小，没有造成人身的现实侵害，其总体的社会危害性未必比某些抢劫罪的基本犯更大。如行为人以暴力手段，抢得数额接近巨大的财物，并造成被害人接近重伤但尚不构成重伤的伤害结果。这种情况由于不具备加重抢劫罪的任何一种情况，因而只能属于抢劫罪的基本犯。但如果从行为总体的社会危害性来看，前事例的危害不大于甚至小于后事例的社会危害性。因此可以认为，如果采取单项指标列举的方式，在相当多的情况下，基本犯与加重、减轻犯的社会危害性会存在交叉。在社会危害性存在交叉的情况下，罪刑阶段采取衔接式的规定方式，不具有适当性，它会使一些情况下依法裁量的刑罚有失公正，而这种实质的不公正又来源于加重减轻事由与罪刑阶段设定的不当组合。

第四，列举方式与交叉方式的组合。这种组合应该说，具有加减事由规定方式与罪刑阶段设定方式的相一致性，是合理的。

第五，结合式方式与衔接方式或交叉方式的组合。这样的两种组合，它集合了前4种组合的全部优点和缺点，使之在不同的情况下出现。如结合式中的综合事项，会存在组合方式中之第一、第二的优点和缺点，而结合式中的列举事项，则会存在组合方式中之第三、第四的优点和缺点。但有一点值得指出，在结合式中，有些列举事项本身也不是单项指标而是综合指标。如在我国《刑法》中经常出现的"后果严重"的事项，其内容虽指后果，但由于后果本身的多样性，导致其包括了情节中的相当部分内容，难以将其作为单纯的单项指标。

通过上述分析我们可以得出以下初步结论：一是罪刑阶段的设定模式和加重或减轻事由的规定方式本身关涉立法的合理性和正当性；二是罪刑阶段的设定模式与加重或减轻事由的规定方式采取何种组合搭配同样关涉立法的合理性和正当性；三是立法技术的不当运用，包括罪刑阶段的立法规定模式的不当选择，可能导致罪刑失衡，进而可能导致重刑。

遏制重刑取向下立法技术的运用要求

一般说来，从立法技术层面进行考察，立法技术本身是价值无涉、中性的，无所谓"好的"立法技术或者"坏的"立法技术之分别。道理很简单，如同医学技术一样，先进的医学技术可以救人，也可以杀人，救人与杀人的"好"与"坏"只是对运用医学技术行为和结果的评价，而不涉及对医学技术自身"好"与"坏"的评价。这也就意味着，对于刑法立法技术的评价仅有是否运用得当的问题，而无"好的"或者"坏的"刑法立法技术的区分。[1]如果这一观点能够被认可和接受，那么我们完全有理由得出结论，即立法技术的不当运用是当代中国刑法呈现出重刑化品性的一个不容忽视的原因，而不是立法技术本身就存在导致刑法重刑化的问题。简言之，立法技术的不当运用导致重刑，突出表现在以下两个方面：一是犯罪圈的不当扩大在实质上就对本来不应当施加刑罚的行为施加了不当的刑事制裁，在一定意义上造成刑法谦抑性的立法搁浅，是刑罚依赖症的一种表现。由此，一旦"罪"之立法技术造成犯罪圈的不当扩大，那么该种立法技术之运用就是一种导致重刑

---

〔1〕 吴亚可："我国恐怖主义犯罪的立法规整方式检讨——反恐特别刑法之提倡"，载《刑法论丛》2016 年第 4 期，第 68 页。

化刑法的不当的立法技术运用。二是法定刑的立法设定趋于苛重、趋于严厉在实质上是对犯罪的过度反应，是对犯罪人的一种过分剥夺和否定评价，在一定意义上造成罪刑均衡原则在刑法立法上被弃置不顾，无益于刑罚公正的立法实现。因此，一旦"刑"之立法技术的运用导致刑罚的立法设定出现趋于严厉、过度的现象，那么该种立法技术之运用也是导致重刑化刑法的立法技术不当运用的一种表现。基于此种认识，为了遏制和扭转当代中国刑法的重刑化趋向，顺应全球化背景下刑罚轻缓化的发展趋势和潮流，回应当代中国刑罚公正的现实呼声，运用妥当的、合适的立法技术来制定、创设、型构刑法规范文本，就成为刑法立法者在立法实践中绝对不能回避和不应忽视的一个重大问题。否则，美好的立法愿景将止于立法技术的不当运用，而立法技术的不当运用将极易导致重刑化刑法的生成。因此，在下文中，我们将对导致现行刑法呈现出重刑化品性的立法技术不当运用的立法事实进行纠偏和匡正，寻求适当的立法技术之运用方式，以达至刑法立法的科学、合理、完善，进而将刑法谦抑性精神、罪刑均衡原则、刑罚公正要求等精神和原则真正地在刑法立法中加以实现，制定出亚里士多德"良法，守法"之法治公式所要求的良性刑法，从而为当代中国的刑事法治建设提供源源不竭的功能性助力，满足社会的现实发展需要和国民的现实生活需要。

第一节　"罪"之立法技术纠偏

一、刑法分则各罪"定量"因素的废止

我国现行刑事立法以行为的社会危害性程度作为区分刑事违法行为和一般违法行为的标准，这就形成了我国现行《刑法》"立法定性+定量"的立法规定模式，而不同于德、日等国以行为类型作

为区分刑事违法行为和一般违法行为标准的立法规定模式，即"立法定性不定量"的立法规定模式。在现行刑事立法采用"立法定性+定量"的规定模式之下，如果从是否会导致重刑的视角进行分析考察的话，我们认为，至少在以下两个方面这一立法规定模式具有导致重刑的可能性：

一方面，有学者认为，"立法定性+定量"的犯罪模式下，不法行为犯罪化的决定权由立法者掌握，虽然也不排斥司法者在适用刑法时享有必要的自由裁量权，但司法者无权在行为该当刑法分则构成要件时是否成立犯罪方面进行自由裁量，而只能在行为该当的犯罪的法定刑幅度内行使自由裁量权，这样就通过立法严格限定了不法行为犯罪化的范围，这种犯罪化模式放掉了一批危害不大的不法行为。[1] 如果按照这一分析路径进行推理，倒是可以得出我国现行刑事立法具有限缩犯罪圈范围、呈现出轻刑化的品性，具有一定意义上的合理性。但是，认可了该种分析路径的合理性并不代表在对立法模式进行考察时只存在这一种分析问题的路径。我们认为，上述分析可以说是从微观的视角对刑法分则规定的具体各罪进行考察所得出的结论，所谓的限缩犯罪圈的范围只是在具体各罪上的限缩。如果从宏观的视角进行考察，由于该立法模式下的刑事违法行为与一般违法行为的区别不在于行为类型的不同，而在于行为的社会危害性程度之"量"的不同，这就要求对二者进行区分的表明社会危害性程度的"量"应当具有规定上的明确性，只有如此才能进行准确的区分。然而，由于受立法语言表达的局限性和立法的简洁性所限，刑法条文中多采取"数额较大""情节严重""情节恶劣"等模糊性的语言来作为对"量"的立法规定。这样一来，由于区分标准的不明确性，即使立法作出了"量"的规定，在一定

---

〔1〕　胡月军："刑事政策视野中的犯罪定量因素"，载《刑法论丛》2011 年第 1 期，第 168 页。

意义上也可以认为和没有规定是一样的效果。从立法本身来看，进一步导致了所有的行为类型均有被认定为犯罪的可能性，这不是限缩了犯罪圈的范围，而是扩大了刑事立法的打击范围，扩大了犯罪圈的范围。当然，这是从立法本身得出的结论而不涉及司法操作中的具体应用。

另一方面，不可否认，在现行刑事立法中对于表明犯罪行为的社会危害性程度的"量"，也就是入罪门槛的设置也有一些采用的是明确列举的规定方式。例如，《刑法》第 264 条关于盗窃罪的规定，除了"数额较大"这一表示行为的社会危害性程度的数额之量规定以外，《刑法修正案（八）》还增加了"入户""多次""扒窃""携带凶器"四种表示行为社会危害性程度的情节之"量"规定。但是，这些情节是否足以表明，抑或说能够准确地表明盗窃行为的社会危害性程度的"量"一定达到了应当入罪的程度，不无疑问。即使有《刑法》第 13 条"但书"所规定的"情节显著轻微危害不大的，不认为是犯罪"这一总则性的规定，但是在具有这些情节时，如果适用"但书"对行为人进行出罪处理的话，那么就可以认为立法意图是前后矛盾的。一方面，在立法者看来，当行为人具有所明确列举的情节时，其行为的社会危害性程度已经达到了应当入罪的标准；另一方面却适用"但书"认为"情节显著轻微危害不大的，不认为是犯罪"。这也从一个侧面说明了明确列举方式本身的不合理性，其不足以完全表明行为的社会危害性程度之"量"是否达到了值得动用刑法进行规制的程度。与这一点相联系，进一步进行思考。如果不能适用"但书"对行为人进行出罪处理，那么，一旦行为人具有这些明确列举的情节，其社会危害性程度从立法规定本身看即已达到了入罪的标准。但是，由于这样的规定具有绝对性，其完全排斥了其他情节对行为的社会危害性程度进行综合考察的作用，就不可避免地造成对于该类行为一律入罪，而不考虑其他情节，犯罪圈的不当扩大也就是可以想见的事情了。

综上，对于现行刑事立法采用"立法定性+定量"的立法规定模式所导致的重刑问题，究竟应当采用何种技术性规定方式予以解决，其实也就是犯罪之"定量"因素的保留与废止问题。我们认为，可以通过删除分则具体条文关于犯罪之定量因素的规定，同时保留作为出罪规定的《刑法》第13条"情节显著轻微危害不大的，不认为是犯罪"的"但书"规定来加以解决。

首先，以行为性质作为划分刑事违法行为与一般违法行为的标准，符合刑法的明确性要求，并且也符合法的性质所要求的以行为性质确定刑法规制的范围。这样一来，刑事违法行为与一般违法行为分立，不会出现所有的行为类型都可能被认定为是犯罪的现象，在立法层面上实际上就缩小了犯罪圈的范围。

一方面，由于刑罚的严厉性，导致一般认为刑法具有比较明显的社会伦理性质，即犯罪行为一般说来不仅在于其行为对社会具有危害性（这种对社会具有的危害性质，应该是一切违法行为的特点，不具有社会危害性的行为不但不能构成犯罪，也不能构成一般违法[1]），而且应该具有比较明显的伦理违反性，正如日本学者小野清一郎指出的：伦理规范是国家法律的根底。所谓法，实际上就是国家认可、限定、组织和形成的伦理。法的实质是伦理，不法本身就是背伦理。[2] 否则，我们就无法理解就行为给社会带来相当大危害的违法行为，为什么不能因为危害的严重而出于其他法而入于刑法，如民事、经济违约行为就属于这种情况。既然犯罪与一般

---

〔1〕 如有学者指出：具有社会危害性的行为除了犯罪以外，还包括民事违法和行政违法等行为，这些违法行为（包括刑事违法——犯罪）具有共同的性质——社会危害性，但在其社会危害性程度上具有一定的差别。参加陈兴良：《刑法哲学》，中国政法大学出版社2000年版，第158页。

〔2〕 ［日］小野清一郎：《犯罪构成要件理论》，王泰译，中国人民公安大学出版社1991年版，第17页。

违法的区别主要的不是社会危害行为的程度，而是行为的性质，那么，就会提出这样一个问题，对性质恶劣的行为，为什么一定要作出行为程度的限定呢？我们已经不是以行为的社会危害性程度而是以行为的性质作为划分犯罪与一般违法的界限，在性质恶劣的行为中，严格区分行为程度的必要性是值得怀疑的。

另一方面，立法的明确性的标准，应该是具有正常智力水平的人，也就是社会上的一般人能够理解法律的内容，能够确定何种行为在没有行为程度要求的立法情况下是刑法所禁止的，或者何种程度的何种行为在有行为程度要求的场合是刑法所禁止的，以作为决定自己行为的依据。对行为本身的规定，一般说来是容易做到的，如盗窃行为、诈骗行为、杀人行为、伤害行为等，但如果对行为的程度进行规定则会困难重重。

此外，法作为行为规则，其作用主要是引导国民的行为方向，即规定作为社会的个体存在，人应当做什么、可以做什么、禁止做什么。要保证规范的被遵守，就应当在立法上明确法律所禁止的行为类型，只要是符合法定的行为类型，就是为法律所禁止的行为。当然，任何行为都有程度的差别，但这种差别只是量差，而不是质差，这种量差不能改变行为的性质，如果某种行为应该为刑法所禁止，就说明这种行为在评价上是一种性质恶劣的行为，需要得到严厉的否定性评价，这种评价是对行为性质的评价，而不是对行为程度的评价。当然，行为程度对于危害程度的确定具有至关重要的意义，也就是对行为是否值得用刑法惩罚有意义，而对行为性质的确定应该不具有决定性。只有不加"量"之限制的行为规定，对国民的命令与禁止才是更明确的。例如，盗窃罪的刑法规定不但规定盗窃行为，而且规定表示行为程度的"数额较大"，《刑法修正案（八）》增加了"入户盗窃""多次盗窃""扒窃"和"携带凶器盗窃"这四种表明行为程度的情节规定，行为性质与行为程度二者结合才能确定刑法所禁止的行为范围。这种立法规定，传递给国民的信息是：盗窃行为不是一般被刑法所禁止的，只有盗窃达到较大的数额，或者"入户盗窃""多次盗窃""扒窃"和"携带凶器盗窃"的行为才是刑法所禁止的；作为其另一种信息，就是盗窃若达不到较大数额，或者不具有其他四种情节，就是刑法所允许的。刑法是否禁止盗窃的关键不在于行为的性质，而在于行为的程度。于是，这样的立法作为规则就具有了一定的不明确性或者过于具体，而明确性，是规则有效的前提，不明确的规则难以要求国民遵守，与此同时，明确性也并非等同于过于具体，过于具体的立法规定难以准确表明行为的社会危害性程度。当然，应该承认，如果对行为程度的规定可以达到明确，与刑罚的严厉程度相适应，规定行为的程度也并非绝对不可以。

其次，保留"但书"规定为轻微行为出罪设置了合理的通道。不可否认，如果采取以行为性质而不是行为程度作为区别犯罪与一般违法的界限，不可避免地会出现不值得用刑罚惩罚的轻微行为之处理问题。在相当多的犯罪中，如一般的侵财犯罪、经济犯罪、妨害社会管理秩序的犯罪、渎职犯罪等，都会出现该问题。我们认为，对于这些轻微行为，利用《刑法》第13条"但书"完全可以进行非犯罪化处理。我们认为刑法分则中的情节、结果、后果等弹性规定，存在相当大的问题。从逻辑上看，如果有了总则第13条"但书"的规定，分则各罪中的情节等的规定就只有两方面的意义：其一，在确定其有情节等问题的意义上有价值，以区别于没有情节问题的犯罪，即相对应的没有情节等规定的犯罪，只要行为一出现就具有可罚性，即将总则第13条"但书"规定的范围限定化。其二，限定成罪的情节范围。而在这两个方面，刑法分则中情节等的规定都未必是有效的。

先看第一个方面，未规定情节等的情况下，未必只要行为一出现就一定构成犯罪，就连法定最低刑为 3 年有期徒刑的抢劫罪，也存在着因情节显著轻微不构成犯罪的问题，如中学生抢小学生零用钱的轻微事件就是明显的例证。再看第二个方面，如果是为了限定成罪情节的范围，其情节就应该具有明确性，或者列举，或者用其他方法明确限定其内容，但作为基本犯的成罪情节，以概括的情节规定为主，即用情节严重、情节恶劣等语言表述，而这样的语言只不过是将情节显著轻微危害不大的总则性规定以相反的方式予以确认而已，并不具有明确的限定情节范围的作用；此外，分则条文采用具体列举的方式所导致的与"但书"的矛盾前文已作分析，在此不作赘述。因此可以说，我国《刑法》分则各罪中的情节规定确实存在着很值得研究的问题，因此，从立法论层面来说，应该删除各罪在犯罪成立上的情节规定，将其统一作为司法问题，由司法机关自行解决，而刑法只保留总则的情节性宣示或规定，以与我国的法体系相适应。这样一来，既避免了立法的过多弹性、不确定性语言，又不妨害立法意图的实现，同时也不至于因为立法者在列举具体情节内容时挂一漏万，而使司法处于尴尬境地。

综上，可以得出如下结论：从立法技术的角度进行思考的话，在整个法体系的设定过程中，刑事犯罪行为与一般违法行为之界限，应该以行为性质而不是行为程度进行划分。以行为性质划分犯罪与一般违法的界限，可以保持规则的明确性，便利达到立法语言的准确性，不妨碍轻微行为的非罪处理，同时可以限缩犯罪圈的范围。因此，以行为性质作为设定犯罪与一般违法的界限，符合罪刑法定原则，有利于实现法治的理想，顺应刑罚轻缓化的历史发展趋势，应该成为设定国家法体系的理性选择。

二、共同犯罪立法模式的转向

我国现行刑事立法关于共同犯罪的立法规定模式体现了一种

"主体间"关系思维，即以"共同（犯罪）关系"作为共犯制度设计的核心内容，在认定各犯罪参与人之间是否成立共同犯罪时，仅仅是从各犯罪参与人之间是否具有共同的犯罪故意，以及是否具有共同的犯罪行为作为成立共同犯罪的条件。这就造成一些从事实意义上进行观察似乎可以认定为犯罪的参与行为，但却并不是规范评价意义上的"威胁法益的功能性实行行为助力"的参与行为被纳入犯罪圈的范围之中，从而造成犯罪圈的不当扩大。把从本质上不是犯罪的行为纳入犯罪圈之内，这就导致了重刑适用的出现。

　　与此同时，正如前文所分析的那样，由于我国现有共犯制度要遵循"主体间"关系思维模式，这就造成多元身份主体共同实施犯罪行为时产生定性方面的难题。其原因就在于在"主体间"关系思维模式之下，以"共同（犯罪）关系"来认定共同犯罪，合乎逻辑的必然结论就是要求各共同犯罪参与人所犯罪名的统一，唯有如此，才能寻得可以凭借的刑罚确定参照系。然而，我国现行《刑法》分则条文对于具体各罪的设计并非是像俄罗斯等国家那样采用的是"行为统罪"的立法规定方式，而是采用对于某种特定行为，针对具有不同身份者分别规定了不同的犯罪的立法规定方式。例如，对于侵吞、窃取、骗取或者以其他手段非法占有公司财物的行为，刑法分则条文对于具有国家工作人员身份者，具有公司、企业或者其他单位人员身份者，以及不具有这些特定身份者分别规定了贪污罪、职务侵占罪和盗窃罪、诈骗罪、侵占罪等不同的罪名。在我们看来，这些不同罪名所规制的行为在实质上是一样的，属于同一种性质的行为类型，不同之处就在于行为主体是否具有特殊的身份，以及所具有的特殊身份不同而已。这样一来，在要求共同所犯罪名统一的前提之下，当多元身份主体共同实施犯罪行为时，究竟应当以《刑法》分则条文对不同身份者规定的哪一个罪名来确定共同所犯的罪名就会产生一定疑问。

例如，如果以对国家工作人员所规定的罪名来确定罪名，那么对非国家工作人员就可能造成处罚的过重；如果以对非国家工作人员规定的罪名来确定共同所犯的罪名，那么对于国家工作人员显然要适用该罪名进行处罚，这样一来就会导致其他有国家工作人员身份者在单独或者共同实施同样的行为时确定的罪名和被判处的刑罚不一样。这完全可以说"同样行为，异样处理"，刑法所要求的均衡性原则就会荡然无存。这时候，无论是以哪一种处理方案作为对比基准，都会造成这样一种情况的发生，即如果在单独犯罪的情况下，适用的罪名相对于共同犯罪时适用的罪名重或者轻，但在共同犯罪的情况下却可能出现相反的适用，进而导致罪刑之间的不相均衡，由此相对于轻者即为重，重刑的适用也就成为可能。

如果上述分析正确的话，可以说我国现行刑事立法关于共同犯罪的立法所体现的"主体间"关系思维就是导致这种重刑适用可能的原因所在。因此，我们有必要思考应当采用什么样的立法技术来对现有共犯立法模式之下产生的共同犯罪参与行为处罚范围的不当扩大，和有身份者与无身份者共同实施犯罪行为可能导致的重刑适用问题进行解决。在我们看来，当在一种思维模式之内试图解决其面临的一些问题难以取得令人满意的效果时，就有必要跳出该思维模式的束缚，从新的视角对该问题进行反思，以期取得解决问题的新方式。既然现行刑事立法关于共同犯罪的立法规定采用的是"主体间"关系思维以至于产生了上述问题，其实也就给我们指出了一条思考问题的新路径，那就是从"主体间"关系思维走向"单方化"思维。所谓"单方化"思维，是指着眼于单个行为人的犯罪参与样态，根据不同犯罪参与样态的事实特征，以"分列式"方式分别规定其处罚条件，[1] 而不同于我国"统括式"参与犯处罚条

---

[1] 王志远：《共犯制度的根基与拓展——从"主体间"到"单方化"》，法律出版社 2011 年版，第 300 页。

件立法所体现的"主体间理念"。[1] 其实，"单方化"思维理念并非是我们凭空设想、杜撰出来的一种思考方式，这一思维理念至少在德日等国共同犯罪立法中已经有所实践。例如，《德意志联邦共和国刑法典》第 26 条规定，故意地确定了他人达于其故意实施了的违法行为者，作为教唆者与行为人同样处罚。第 27 条规定，故意地给他人达于其故意实施了的违法行为提供了帮助者，作为帮助者处罚。从条文逻辑上不难看出，在德国作为狭义共犯的教唆犯和帮助犯的成立并不要求与正犯之间具有在"主体间"关系思维模式之下所要求的经验常识意义上的"共同（犯罪）关系"即可成立。对教唆犯和帮助犯之所以要进行处罚，不是因为其与正犯之间形成了共同的犯罪故意和共同的犯罪行为，而在于其行为本身应当受到处罚，也就是对正犯实施的实行行为提供了对"威胁法益的功能性实行行为助力"。因此可以说，德国的教唆犯制度实践思维完全是在"单方化"的意义上展开的，这种纯粹的"单方化"思维也明确地体现在片面帮助犯问题的解决思路上。[2]

　　在明确了什么是"单方化"思维之后，让我们来看一下在这一思维理念的指引下的共同犯罪立法对上述第一个问题，即共同犯罪处罚范围的不当扩大的解决是否有帮助作用。我们认为，采用"单方化"的参与犯处罚条件设定模式能够充分考虑参与犯的自身特点，直接从犯罪参与人自身寻找应当进行处罚的根据。也就是说考虑单个的犯罪参与人在何种条件下应受处罚，应受何种处罚，这就可以使对参与犯处罚条件的设定更为清晰、明确，从而可以摆脱

----

〔1〕　王志远：《共犯制度的根基与拓展——从"主体间"到"单方化"》，法律出版社 2011 年版，第 300 页。

〔2〕　王志远："德日共犯制度实践思维当中的'主体间'与'单方化'——我国共犯制度思维合理性的域外视角审视"，载《法律科学》2013 年第 6 期，第 167 页。

"主体间"关系思维所要求的以"共同（犯罪）关系"来认定共同犯罪所可能导致的犯罪圈范围不当扩大的问题，即把不应当认定为共同犯罪的参与行为排除在共同犯罪之外。设想一下，如果我们依照"单方化"的思路将帮助犯的处罚条件规定为"帮助他人实施应受刑罚处罚的危险行为的，是帮助犯"，那么对于貌似帮助犯的日常生活行为，就可以通过考虑帮助行为对于危害结果的发生是否起到了"侵害法益的功能性实行行为助力作用"这一因素，将其加以排除，而这样的"单方化"考虑在"主体间"视角下可能会被湮没或者忽视。[1]

再来看第二个问题，即多元身份主体共同实施犯罪的罪名确定问题。正如前文所述，"统一定罪说"才是我国现行共犯制度模式之下对于共同犯罪人定罪处罚的合乎逻辑的必然结论，而"分别定罪说"难以说明其自身的合理性根据，而正是在这一点上，"分别定罪说"的观点陷入了困境。但是，按照我们的想法，多元身份主体共同犯罪情况下的定性问题从本质上讲是一个量刑问题，是为了求得确定参与犯应受处罚的参照系，而且刑法为不同身份者所设定的单独罚则对于其参与共同犯罪情况下的刑罚确定应当具有指引、限定意义。[2] 以此观之，量刑是目的，定性本身只是为了实现这一目的的一种方式，如果过度重视定性本身的问题，在定性问题上纠缠不清而忽视其所要实现的目的，那么可以说是本末倒置、因噎废食了。既然明确了目的是什么，并且现有的要实现这一目的的方式本身难以达到这一目的的实现，那么就有必要对实现这一目的的方式作出改变，也就是采用"单方化"的思维设定各共同犯罪参与

---

〔1〕 王志远：《共犯制度的根基与拓展——从"主体间"到"单方化"》，法律出版社 2011 年版，第 301 页。

〔2〕 王志远："多元身份主体共同犯罪之定性难题及前提性批判"，载《法律科学》2010 年第 2 期，第 86 页。

人的处罚条件。按照"单方化"思维，参与犯之所以受处罚，是因为其行为虽然没有直接符合分则的处罚条件或者直接全部地导致危害结果，但是却通过帮助、教唆、利用、组织、分担或者并行等方式间接地促成了刑法所力图避免的危害结果的出现。同时，按照"单方化"的思维方式，参与犯应受刑罚的确定根本无需经过一个罪名确定的过程。如此一来，对参与同一犯罪实施的不同身份者按照刑法为不同身份者所设定的单独罚则论处就不会存在罪名确定这一障碍了。[1]

也许有人会提出质疑，上述内容似乎并不关涉共同犯罪立法的技术性问题，是不是偏离了本书所要研究的内容。对于这一质疑，我们可以明确的作出回答：我们的论述中其实已经提出了完善现行刑事立法关于共同犯罪规定的技术性缺陷的建议。也就是说，由于法律文本作为立法者理念的载体，无论其语言表达，还是其逻辑构造，都体现着立法者的理念，因此可以说，如果立法者立法理念存在问题，那么法律文本的语言表达及其逻辑构造本身就会存在缺陷，这就是立法技术不当运用的表现。因此，当由"主体间"关系思维转向"单方化"思维，立法技术本身的改变也就成为必然，即改变现行《刑法》中关于共同犯罪的"统括式"规定方式，而采用以"分列式"对参与犯的处罚条件及处罚原则进行规定。

三、犯罪未完成形态立法规定模式的完善

(一) 立法存在的问题

我国《刑法》对犯罪未完成形态的规定主要存在三个问题：

第一，总则处罚范围规定不当。在总则中不应原则性规定一概处罚犯罪未完成形态，而是应在充分考虑分则各罪的性质和行为的

---

〔1〕　王志远："多元身份主体共同犯罪之定性难题及前提性批判"，载《法律科学》2010 年第 2 期，第 87 页。

类型化特征之后再来决定犯罪未完成形态的处罚范围。目前的立法规定过于粗疏，未能充分考虑分则各罪的具体情况，在总则的指导下存在处罚轻罪未完成形态的可能，而这有违罪刑均衡原则，是重刑的体现。

第二，分则立法模式不一致。实际上我国分则立法是兼有犯罪成立模式和犯罪既遂模式的混合模式。这就给司法实践中个罪的解释和适用带来了困扰，如果未能正确判断特定犯罪采取的是何种立法模式，将可能导致对犯罪未完成形态的误判，进而可能导致重刑处罚。刑法分则罪名的立法规定模式实际上是混合式，既有犯罪既遂模式也有犯罪成立模式，立法规定并不一致，这导致了对危险犯、实害犯、行为犯、结果犯等概念的不同理解。进一步，又引发了两个相关的问题：其一，理论上聚讼不止和实践上法律适用的不一致；其二，错误的法律适用所导致的重刑。

第三，总则处罚原则规定不当。处罚原则规定不当主要体现在犯罪预备和犯罪中止的规定上。首先，分析犯罪预备的处罚原则。《刑法》第 22 条第 2 款规定，对于预备犯，可以比照既遂犯从轻、减轻处罚或者免除处罚。由此可见，"可以"意味着法官有自由裁量权，但需注意的是，"可以"的另一理解则是"可以不"，也就是说法官既可以比照既遂犯对预备犯从轻、减轻或免除处罚，也可以按照既遂犯的处罚对预备犯进行处罚。因此，预备犯可能面临最重同于既遂犯的处罚，最轻免除处罚的刑罚后果。根据行为的社会危害性程度，无论如何都不能将预备犯与既遂犯等同视之，因此施加给预备犯同于既遂犯的刑罚显然违背了罪刑均衡原则。由此可见，预备犯的处罚原则存在加重处罚的可能。其次，分析犯罪中止的处罚原则。《刑法》第 24 条第 2 款规定，对于中止犯，没有造成损害的，应当免除处罚；造成损害的，应当减轻处罚。由此可见，在我国，中止犯的刑罚处遇有两种，即减轻处罚和免除处罚，选择何种刑罚处遇的关键在于行为是否业已造成损害结果。就犯罪预备阶段的中止而言，由于实行行为尚未着手，损害尚未发生，因而对于预备阶段的中止犯应当免除处罚自不待言。而在实行行为着手后犯罪进入实行阶段，此时行为已有发生损害的现实危险，在构成要件之结果发生前行为事实上也可能已经造成了部分损害，根据现行《刑法》的规定，行为人在造成损害后构成要件结果发生前中止犯罪的应当减轻处罚。在损害轻微的情况下如此规定一方面可能产生罪刑不均衡的结果，另一方面不利于犯罪中止制度目的的实现。我们认为，在损害轻微的情况下原则上应当免除处罚，只有在行为已经符合其他犯罪的构成要件时方得处罚，这不但可以鼓励行为人主动中止犯罪、积极阻止犯罪结果的发生，从而挽救法益侵害于危险之际，而且符合罪刑均衡原则。现行《刑法》以是否发生损害为依据区分免除处罚和减轻处罚两种情形，在实际上剥夺了法官的自由裁量权，使得法官在出现损害时只能适用减轻处罚的规定，但此种情况又确实属于不需要刑罚处罚的情形，这实际上是一种重刑导向。除了如上分析的犯罪预备和犯罪中止中存在的问题外，刑法关于犯罪未完成形态的处罚原则还存在一个较明显的疏漏，即对从轻或减轻处罚的幅度规定较为模糊，给法官留下了过大的自由裁量空间，也可能让法官无所适从，这可能导致罪刑不均衡的情况出现。

（二）立法完善建议

1. 在总则中增加犯罪既遂的规定，明确犯罪既遂的标准

在这一问题上《俄罗斯联邦刑法典》可资参考，其第 29 条规定，如果行为人实施的犯罪行为中包含规定在本法典中的某一犯罪构成的全部要件，则是犯罪既遂。反观我国现行《刑法》的规定，现行《刑法》在总则部分仅规定了犯罪的预备、未遂和中止这三种未完成形态，而对犯罪的完成形态——犯罪既遂——并没有作出明文规定。这引发了两方面的争论，即犯罪既遂标准的争论和分则立

法模式的争论。[1] 关于犯罪既遂标准的争论主要有如下几种观点：一是犯罪构成要件齐备说，二是犯罪目的实现说，三是犯罪结果发生说。此外，还有对上述学说的修正学说。各种学说的论争反映出人们对犯罪既遂的不同理解，对犯罪既遂标准的众说纷纭具有双面性：一方面，不同理论观点的论争有助于刑法理论的发展和完善，不同观点之间的交锋和激荡碰撞能够繁荣学术市场，使得优势理论脱颖而出得到广泛认可和接受，而不是通过外界强制力量压制不同观点而阻碍学术进步。另一方面，如果各种学说的论争缺乏对话的前提基础，则最终只是各种理论观点的自说自话，这无益于刑法理论研究的深入发展，不仅耗费研究者的精力而且无法很好地指导司法实践，甚至会阻碍司法实践的良性发展。我国刑法理论对犯罪既遂标准的论争大多是论者在各自立场下的自说自话，对不同观点的批判并非对其前提进行批判，而只是单纯地指出对方观点存在的弊端。当然，需要说明的是，就学术研究而言，任何一种理论都有其缺陷，批判一种理论如果只触及皮毛而不动筋骨则难以使人信服。因此，在我国当下的现实情况下，在立法上规定犯罪既遂有其必要性：一方面可以统一司法实践中的法律适用，另一方面可以结束"不经济"的学术争论而将研究的视线和重点转移到立法究竟应采取何种既遂标准这一应然论争之上。

2. 在总则中对犯罪未完成形态的处罚作形式上的概括规定

在总则中对犯罪未完成形态的处罚作形式上的概括规定，至于哪些罪的未完成形态需要处罚则交由分则具体规定。

（1）建议改变现行《刑法》在总则中对犯罪未完成形态原则上一概处罚的规定，改为根据分则各罪的行为性质和行为的类型化

---

〔1〕 需要说明的是，刑法总则中是否规定犯罪既遂并不必然引发犯罪既遂标准和分则立法模式的争论，我国刑法分则立法模式的"混乱"才是引发争论的最主要原因。

特征，具体判断特定犯罪是否具有未完成形态、具有哪些未完成形态、对未完成形态是否有处罚的必要，在进行上述判断之后具体规定犯罪未完成形态的处罚。实际上并非所有犯罪均存在全部的未完成形态，有的犯罪根本不存在未完成形态，如过失犯罪；有的犯罪只存在一种或两种而非全部未完成形态，如行为犯[1]仅存在犯罪预备和犯罪中止形态而不存在犯罪未遂形态，因为实行行为一旦着手，行为即已达既遂，因此并不存在犯罪未遂的余地。即便存在未完成形态，对其是否有处罚的必要仍需进一步研究，这就将问题引向了未完成形态的处罚根据。以犯罪未遂为例，一般认为处罚犯罪未遂的处罚根据在于行为的危险性，亦即行为对刑法所要保护的法益存在现实的危险。基于不同的学术立场（行为无价值论、结果无价值论和二元的行为无价值论），学者们对行为的危险性的理解亦有不同，倾向于结果无价值立场的论者将行为的危险性理解为"作为结果的危险"，申言之，就是行为造成法益侵害的现实危险；倾向于行为无价值立场的论者则将行为的危险性理解为行为自身存在的类型化危险，即对法秩序的破坏、对国民法安全感的威胁。尽管站在不同的立场上，学者们对行为的危险有不同的理解，但对犯罪未遂的处罚根据在于行为的危险这一见解并无大的分歧。

接下来的问题是，行为的危险在具备何种内容、达到何种程度时才应受刑罚处罚。换言之，行为在何种条件下才具有了犯罪所要

---

〔1〕　生产、销售假药罪即是行为犯，《刑法》第141条规定："生产、销售假药的，处3年以下有期徒刑或者拘役，并处罚金……"这是经由《刑法修正案（八）》修正后的条文内容。1997年《刑法》原条文的内容是"生产、销售假药，足以严重危害人体健康的，处……"由此可见生产、销售假药罪已经变成了行为犯。行为人只要着手实施了生产、销售假药的行为就已成立犯罪（既遂），因此生产、销售假药罪不存在犯罪未遂形态。如果行为人为生产、销售假药准备设备、厂房、原料则可能成立生产、销售假药罪的犯罪预备，如果行为人在预备阶段中止则可能成立犯罪中止。

求的相当的社会危害性。我们认为，犯罪未遂只有在同时满足下述两个条件时方应受到刑罚处罚，才具有应罚性：一是行为指向重大法益；二是行为造成了侵害法益的具体危险。理由如下：

第一，刑法目的的要求。刑法的最终目的是保护全体国民的基本生活利益（自由、安全等），为了实现这一最终目的，刑法需要在刑罚的保障下确证一种理想的生活秩序。[1] 因为在理想的生活秩序下每个人在充分实现自己利益的同时尊重他人的正当利益，在彼此合作又互不侵犯的社会生活秩序下人们的基本生活利益才能够得到有效保障。对他人基本利益的侵犯必然导致秩序的破坏，此时刑法需要现身，刑罚需要发动，由此可以说刑法经由对法益（刑法所保护的基本生活利益）的保护意图实现对法秩序的维护，进而实现对整个社会秩序的维护，最终实现对全体国民的基本生活利益的有效保护。刑法上述目的的实现既有赖于刑罚的发动（特殊预防）和威慑（消极的一般预防），还有赖于国民的自觉遵守刑法（积极的一般预防），而后者显然是刑法目的的最佳实现途径。如何让国民自觉遵从法律乃至信仰法律，这无疑是需要认真研究的问题。一般而言，刑法能否得到国民的自觉遵从，易言之，刑法的积极一般预防目的能否实现的关键在于刑法的内容是否能够在最大程度上得到最大多数国民的理解、认可和认同，是否能够有效契合大多数国民的"常识、常理、常情"（"三常"），是否符合大多数国民的正义情感。换句话说，刑法的规定只有在符合上述要求时才能得到国民的自觉遵从乃至信仰，否则，就只能依靠刑罚的强制性强迫国民

---

[1] 需要指出的是，刑法自身无力型塑一种理想的生活秩序，理想生活秩序的形成有赖于道德、伦理、宗教、自治体内部规范（如公司规章、行业规范等）、法律规范（包括刑法）等的共同作用。刑法作为维护法秩序的最后手段，通过刑罚告诉人们法规范是有效的，任何对法规范的破坏行为都将受到应有的法律惩罚，任何人都不能心存侥幸。刑法的作用在于确证法规范的有效性，进而维护法秩序乃至整个社会秩序。

接受，但是压制必然无益于规范的自觉内化，甚至在一定意义上会造成国民消极抵制法律的有效适用，而当国民不信赖刑法时，刑法的目的也就难以最终实现。因此刑法的规定要考虑国民的感受，不能违背国民的正义情感。回到未遂犯的处罚范围这一问题上，刑法有关犯罪未遂的规定需要符合国民的正义情感、符合国民的"三常"观念，对于那些指向一般法益的侵害危险不应予以处罚，因其尚未达到处罚所需的社会危害性程度。如盗窃数额较大财物的未遂就不应当给予刑罚处罚，这一点也为相关司法解释所支持。

第二，犯罪未遂与犯罪预备的体系性关系决定了犯罪未遂要求行为有侵害法益的具体危险。对于那些未产生法益侵害具体危险的行为不应认定为犯罪未遂，如果行为产生了法益侵害的抽象危险则可能认定为犯罪预备。如果将具有侵害法益抽象危险的行为作为犯罪未遂来处罚，那么对于该行为类型的犯罪预备如何处罚，就会成为一个问题。

综上所述，我们认为，刑法对分则各罪未完成形态的规定应在充分考虑下述两方面的问题后，在分则部分予以具体规定：一方面，要考虑特定罪名是否存在犯罪未完成形态以及存在哪些未完成形态；另一方面，要考虑未完成形态是否需要刑罚处罚。上述两方面问题可以说是犯罪未完成形态的存在范围和处罚范围问题，下面简要进行分析：

第一，犯罪未完成形态的存在范围。这里将研究范围限定在不存在争议的直接故意犯罪。[1] 直接故意犯罪并非全都具有犯罪未

---

〔1〕 一般认为，过失犯罪、间接故意犯罪不存在犯罪未完成形态，但存在不同观点：首先，就过失犯罪而言，有学者认为过失犯罪也存在未完成形态，只是因不具有应罚性而不予处罚。其次，就间接故意犯罪而言，有学者认为间接故意犯罪在一些情况下存在未遂等未完成形态，如张明楷教授认为间接故意犯罪也可能存在犯罪未遂和犯罪中止这两种犯罪未完成形态。参见张明楷：《刑法学》，法律出版社2011年版，第309页。

完成形态，至于哪些直接故意犯罪具有未完成形态以及具有哪些未完成形态需要结合行为的类型化特征具体分析。下面以危险犯中的放火罪为例来具体分析这类犯罪的未完成形态的存在范围，旨在说明具体分析各罪未完成形态的必要性。根据《刑法》第114、115条的规定，放火尚未造成严重后果的，处3年以上10年以下有期徒刑；放火致人重伤、死亡或者使公私财产遭受重大损失的，处10年以上有期徒刑、无期徒刑或者死刑。由此可见，放火行为足以造成危害公共安全的危险时即构成犯罪，且是放火罪基本犯的既遂。就放火罪而言，即使未出现人员伤亡或财产重大损失等实害结果也可能成立基本犯的既遂。由此可以认为，放火罪的基本犯事实上处罚的是行为的危险，一旦放火行为着手，行为类型化的危险即已出现，同时犯罪即达既遂（基本犯的既遂）。因此，放火罪的基本犯不存在未遂形态。至于犯罪预备和犯罪中止则可能存在，例如行为人为实施放火行为而购买汽油的行为即可认定为犯罪预备，行为人在购买汽油前、购买汽油时或购买汽油后实施放火行为前，主动放弃犯罪预备行为或者放弃实行行为的可认定为犯罪中止。对于大多数危险犯来说，由于刑法将原本属于犯罪未遂的行为独立成罪导致未遂行为的既遂化，这使得危险犯并不存在未遂形态，但可能存在预备和中止形态。

第二，犯罪未完成形态的处罚范围。在理论上和实践中并非对犯罪未完成形态一概予以处罚，而是有选择地进行处罚。一般来说，对那些社会危害性程度较低的犯罪未完成形态不予处罚。具体而言，对轻罪的未完成形态一般不予处罚，仅对重罪的未完成形态予以处罚。我国刑法总则对犯罪未完成形态作出了总括性的处罚规定，而未像德国、日本等国的刑法那样，在总则中规定犯罪未完成形态的处罚以分则有具体规定为限。但事实上，在我国绝大多数犯罪的未完成形态均没有作为犯罪予以处罚。[1]

（2）鉴于犯罪未完成形态处罚的司法现状和刑法理论上对犯罪未完成形态处罚范围的研究成果，我们认为，刑法对犯罪未完成形态的处罚不是原则而是例外。因此，在立法规定上可以借鉴德国、日本、韩国等的刑法规定，并结合我国的实际情况来完善我国现行《刑法》关于犯罪未完成形态的规定。

首先，对犯罪预备的规定。建议在总则中不规定犯罪预备的处罚范围，而是在分则中具体规定犯罪预备的处罚，而且处罚范围仅限于社会危害性特别严重的重罪的预备行为，如故意杀人罪，放火、爆炸、投放危险物质等以危险方法危害不特定多数人生命财产安全的犯罪，恐怖犯罪等。

其次，对犯罪未遂的规定。其一，建议在刑法总则中规定"未遂犯的处罚以法律有明文规定为限"。其二，在分则中按照犯罪的性质（轻罪、重罪）和类型化特征（有无未遂形态）圈定犯罪未遂的处罚范围。其三，在总则中增加不能犯的规定"行为不能发生犯罪结果，又无危险的，不予处罚；有危险的，仍予处罚，但可以减轻或者免除处罚"。[2] 这主要基于以下两点考虑：一是行为因对

---

〔1〕　例如张明楷教授在论及犯罪未遂时就曾指出，"尽管刑法总则对未遂犯的处罚没有规定以分则有明文规定为限，但事实上绝大多数犯罪的未遂没有作为未遂犯处罚。……在我国，表面上任何一种故意犯罪都有成立未遂犯的可能性，但事实上并非如此。换言之，刑法文字上似乎处罚所有故意犯罪的未遂，但实际上未遂犯的处罚具有例外性。"参见张明楷：《刑法学》，法律出版社 2011 年版，第 316 页。就同一罪行为而言，犯罪未遂的社会危害性程度要高于犯罪预备和犯罪中止，如果对犯罪未遂的处罚是例外，那么对犯罪预备和犯罪中止的处罚就更是例外。

〔2〕　对不能犯处罚的类似规定可见于我国台湾地区"刑法"和《韩国刑法典》。我国台湾地区"刑法"第 26 条规定：行为不能发生犯罪之结果，又无危险者，不罚。《韩国刑法典》第 27 条规定：即使因实行手段或者对象的错误不可能发生结果，存在危险性时，仍予处罚。但可以减轻或者免除处罚。参见郑军男、王茜："韩国刑法不能犯之探究——以韩国刑法第 27 条为核心"，载《当代法学》2013 年第 1 期，第 83 页。

象错误或手段错误等原因自始不能导致构成要件结果发生时，行为对法益没有任何威胁，如果行为自身也不存在类型化的危险，则可以认为行为没有任何危险。因此，无危险的不能犯欠缺处罚根据，不可罚。二是对于有危险的不能犯在处罚上要区别于普通的未遂犯，因为不能犯的危险程度毕竟要小于普通的未遂犯，基于罪刑均衡的考虑，有必要对有危险的不能犯规定可以减轻或者免除处罚，而普通未遂犯的处罚原则是可以从轻或者减轻处罚。

最后，对犯罪中止的规定。建议在刑法总则中对犯罪中止增加如下规定：其一，行为人自愿主动地阻止犯罪结果的发生，虽然犯罪结果的不发生与中止行为无关，只要行为人主动努力阻止犯罪结果发生的，即应当免除处罚，共同犯罪亦同。其二，建议在刑法分则危险犯条文下增加一款，即行为人的行为虽足以造成特定危险，但是在结果发生之前行为人自动中止的，可以从轻或者减轻处罚。

3. 在总则中对犯罪未完成形态的处罚原则作出细化的规定

首先，对于犯罪预备。建议在刑罚总则中规定：对于预备犯，应当从轻、减轻或者免除处罚。

其次，对于犯罪中止。建议在刑罚总则中规定：对于中止犯，未发生构成要件之结果的，应当免除处罚；但行为已构成其他犯罪的，依有关规定定罪处罚。

最后，对于轻缓的幅度。建议在刑罚总则犯罪未完成形态之下新增一条规定未完成犯罪的刑罚裁量。至于具体应当如何规定则有待于进一步研究，我们认为《意大利刑法典》和《俄罗斯联邦刑法典》的立法例可资参考。[1]

---

〔1〕《意大利刑法典》第 56 条规定，对犯罪未遂者的处罚是：如果法定刑为无期徒刑，处以 12 年以上有期徒刑；在其他情况下，处以为有关犯罪规定的刑罚并减轻 1/3 至 2/3。如果犯罪人自愿中止行为，只有当已完成的行为本身构成其他犯罪时，才处以为该行为规定的刑罚。如果自愿阻止结果的发生，处以为犯罪未遂

四、法律拟制立法技术的运用建议

（一）立法存在的问题

1. 部分法律拟制的规定模糊

这里所说的法律拟制是就刑法分则具体的罪名设定而言，是指刑法分则将事实上不属于某一特定罪名行为类型的行为视作该行为类型行为的情况，法律拟制就意味着将原属异类的行为通过立法人为地纳入特定行为类型中使其同化。例如，《刑法》第 267 条第 2 款的规定即是法律拟制的适例，该条文规定，"携带凶器抢夺的，依照本法第 263 条的规定定罪处罚。"也就是说，对携带凶器抢夺的行为，应依照抢劫罪的规定定罪处罚。此条文将事实上的抢夺行为拟制成抢劫行为，并依抢劫罪的刑罚处罚，是刑法分则中典型的法律拟制规定。然而问题在于，刑法分则中并非所有法律拟制的规定都像上述拟制那样清楚明确。通过对刑法分则条文的分析我们发现，有相当数量的法律拟制规定是模糊不清的，对这些模糊不清的立法规定存在两种不同的解读，进而形成了法律拟制与注意规定的分歧，在一定意义上凸显出了法律拟制立法规定和注意规定立法规定的不明确性。例如，《刑法》第 238 条第 2 款规定，非法拘禁他人或者以其他方法非法剥夺他人人身自由并使用暴力致人伤残、死亡的，依照故意伤害罪、故意杀人罪的规定定罪处罚。就该规定而

规定的刑罚并减轻 1/3 至一半。参见《意大利刑法典》，黄风译，中国政法大学出版社 1998 年版，第 22 页。《俄罗斯联邦刑法典》第 66 条规定：①在对未完成的犯罪裁量刑罚时，应考虑致使犯罪未能进行到底的情节。②对预备犯罪裁量刑罚时，其期限或数额不能超过本法典分则相应条款犯罪既遂的最重刑种的最高刑期或数额的 1/2。③对犯罪未遂裁量刑罚时，其期限或数额不能超过本法典分则相应条款犯罪既遂的最重刑种的最高刑期或数额的 3/4。④对于预备犯罪和犯罪未遂，不得判处死刑和剥夺自由终身。参见赵微：《俄罗斯联邦刑法》，法律出版社 2003 年版，第 274~275、292 页。

言，其究竟是法律拟制还是注意规定存在不同的理解。有学者认为本款是法律拟制，如张明楷教授认为，《刑法》第238条第2款后段的规定，属于法律拟制，而非注意规定。[1] 有的学者则认为，该规定是注意规定而非法律拟制，本书亦持此种观点。简要分析如下：

根据《刑法》第238条第2款的规定，犯前款罪（非法拘禁罪的基本犯），致人重伤的，处3年以下10年以上有期徒刑；致人死亡的，处10年以上有期徒刑。使用暴力致人伤残、死亡的，依照本法第234、232条的规定定罪处罚。由此可见，第238条第2款前段是对非法拘禁罪结果加重犯的规定，后段是对非法拘禁情形下故意伤害罪、故意杀人罪的规定。前后两段规定的不同之处在于行为人的主观心态和行为的暴力程度不同，前段规定所涉的行为类型是非法拘禁，行为人对致被害人重伤或死亡所持的主观心理态度只能是过失，行为的暴力程度仅限于非法拘禁罪基本犯的暴力程度，亦即不能超过轻伤以上的暴力程度。[2] 后段规定所涉及的行为类型则是故意伤害和故意杀人。具体而言，行为人对致被害人伤残所持的主观心理态度只能是故意，既可以是直接故意也可以是间接故意；对致被害人死亡所持的主观心理态度则既可以是故意也可以是过失，[3] 如果是故意则成立故意杀人罪，如果是过失则成立故意伤害罪。后段行为的暴力程度不同于非法拘禁行为，后段为轻伤以

---

〔1〕 参见张明楷：《刑法学》，法律出版社2011年版，第792页。更为详细的论述，可参见张明楷：《刑法分则的解释原理》（下），中国人民大学出版社2011年版，第645~647页。

〔2〕 至于暴力程度以何种标准进行判断，本书认为应采社会一般人在行为时的认知标准来判断，即以与行为人具有相同认知水平的人在行为时的平均认知为判断标准，如果社会一般人认为暴力足以造成他人轻伤以上伤害的，则此时暴力程度已超非法拘禁罪所能容纳的范围。

〔3〕 此处的过失指涉行为人对死亡结果的发生所持的主观心理态度。

上伤害的暴力程度。由此可知,《刑法》第 238 条第 2 款后段的规定并非法律拟制而是注意规定,旨在提醒司法者注意,在非法拘禁的情况下如果发生了被害人重伤或死亡的结果,不能一概以非法拘禁罪的结果加重犯定罪处罚,而是应在考虑行为人主观罪过和行为暴力程度的基础上根据故意伤害罪、故意杀人罪的规定定罪处罚,这样才能实现罪刑均衡。

除了《刑法》第 238 条第 2 款外,还有一些条文规定得较为模糊,使得理论上和实践中对法条的性质产生了不同理解,司法者在法律拟制与注意规定间的摇摆不定既不利于法秩序的统一,而且在特定情况下会作出有违罪刑均衡的裁判结论。

2. 部分法律拟制的规定设定不当

以《刑法》第 196 条第 3 款为例,该款规定,"盗窃信用卡并使用的,依照本法第 264 条的规定定罪处罚。"根据该条款规定,如果行为人盗窃信用卡后又使用了该信用卡的,按盗窃罪的规定定罪处罚。该条款将原本属于冒用信用卡的行为拟制成了盗窃行为并按照盗窃罪的规定定罪处罚,可见该条款属于法律拟制。[1] 但是,在我们看来,此条款却是法律拟制立法技术不当运用的一个典型适例,因为在一些情况下本条款的适用将导致罪刑之间的不均衡性。

举例言之,甲盗窃了他人的信用卡对乙谎称说是路上拾得的,

---

〔1〕 有学者认为《刑法》第 196 条第 3 款既是法律拟制又是注意规定。具体而言,在对机器使用时,由于机器不能被骗,因此盗窃信用卡并在机器(ATM 机)上使用的符合盗窃罪的犯罪构成,此时本条款是注意规定;在对人使用时,行为人盗窃信用卡后又冒用他人信用卡使人(如银行柜员、商铺销售员等)陷于认识错误进而交付财物的行为符合信用卡诈骗罪的犯罪构成,此时本条款是法律拟制。对上述观点的详细论述,可参见张明楷:《刑法学》,法律出版社 2011 年版,第 714 页。本书基于下述两方面原因,主张对《刑法》第 196 条第 3 款中的"使用"一词作限制解释,即仅限于对人使用:一是同一刑法条文不能既是注意规定又是法律拟制,这会给刑法理论和实践带来不必要的混乱;二是 ATM 机不能被骗。因此将"使用"限制解释为对人使用进而将本款规定理解为法律拟制是妥当的。

甲让乙拿该信用卡到商场购物，乙随后到商场刷卡消费人民币20 000元，甲分得了15 000元财物，乙分得了5000元财物。对于本案，甲的行为应定性为盗窃罪，乙的行为则应定性为信用卡诈骗罪。至于犯罪数额，乙的诈骗金额为20 000元，甲的盗窃数额则可能存在争议（15 000元或者20 000元），在此暂且抛开争议，将甲的盗窃数额认定为较高的20 000元。在行为性质和犯罪数额确定之后，我们来看甲、乙将面临的刑罚。根据《刑法》第196条第1款的规定，冒用他人信用卡进行信用卡诈骗活动的，数额较大的，处5年以下有期徒刑或者拘役，并处2万元以上20万元以下罚金。根据最高人民法院、最高人民检察院《关于办理妨害信用卡管理刑事案件具体应用法律若干问题的解释》第5条的规定，数额在5000元以上不满5万元的，应当认定为《刑法》第196条规定的"数额较大"。据此乙的信用卡诈骗行为已达数额较大，将面临5年以下有期徒刑或者拘役并科2万元以上20万元以下罚金的刑事处罚。再来看甲将面临的刑罚，根据《刑法》第196条第3款的规定，盗窃信用卡并使用的依照盗窃罪定罪处罚，甲盗窃他人的信用卡后交给他人使用并分得赃物，且数额较大，[1] 其行为构成盗窃罪。根据《刑法》第264条的相关规定，盗窃公私财物数额较大的，处3年以下有期徒刑、拘役或者管制，并处或者单处罚金。据此，甲将面临3年以下有期徒刑、拘役或者管制并科或者单科罚金的刑事处罚。对甲、乙可能面临的刑罚进行两相对比，我们会发现甲的刑罚

---

〔1〕 根据2013年最高人民法院、最高人民检察院《关于办理盗窃刑事案件适用法律若干问题的解释》第1条的规定，盗窃公私财物价值1000元至3000元以上的为数额较大，3万元至10万元以上的为数额巨大。据此甲的犯罪数额无论是15 000元还是20 000元均属于盗窃数额较大。

要明显轻于乙，而甲行为的社会危害性却要明显高于乙，[1] 这就出现了罪刑不均衡的情况。

（二）法律拟制的立法完善建议

（1）立法上应明确区分法律拟制与注意规定，对法律拟制应采用统一的表述方式。建议有二：

第一，对法律拟制统一采用"……（描述客观行为）的，以……（具体的罪名）论处"的表述方式；对注意规定统一采用"……（描述客观行为）的，依照本法第××条的规定定罪处罚"。

第二，在刑法总则中增加一条对法律拟制的原则性规定，明确采用前述第一种规定方式的条款为法律拟制，采用前述第二种规定方式的条款为注意规定。

（2）法律拟制设定应该充分考虑行为性质，避免不当的拟制。立法在设定法律拟制时应充分考虑以下几点因素：

第一，相似性的考虑。相似性是指被拟制行为与拟制目标行为[2]在行为性质、行为类型和法益侵害性等方面具有相同或相似的特征。例如，携带凶器抢夺行为与抢劫行为即具有相似性，二者在行为性质上均属于非法占有他人财物的犯罪，在行为类型上均有对行为人使用暴力的可能，在法益侵害上均对他人的人身和财产权益造成侵害或威胁。

第二，相当性的考虑。相当性是指被拟制行为与拟制目标行为之间具有同等或近似的社会危害性程度。上述携带凶器抢夺行为与抢劫行为均对他人的人身和财产权益造成了现实的侵害或者威胁，

---

〔1〕　在上述案件中，甲盗窃了他人的信用卡并让乙使用，最终分得了大部分犯罪所得；而乙一方面不知道信用卡是偷来的，另一方面其最终分得了较甲少的犯罪所得。由此可见甲行为的社会危害性要明显高于乙。

〔2〕　以《刑法》第267条第2款为例，该款条文将携带凶器抢夺的行为拟制成抢劫行为，其中携带凶器抢夺的行为即是被拟制行为，抢劫行为即是拟制目标行为。

而且二者的暴力程度也基本相当，因此二者具有相当性。

第三，必要性的考虑。运用法律拟制的原因之一是基于立法简洁性的考虑（法律经济性考虑），[1] 将 A 行为拟制成与其具有相似性和相当性的 B 行为，并适用 B 行为的刑罚规定。如果刑法规定的法律拟制不能实现避免立法重复的目的，则不具有拟制的必要性。

第二节　"刑"之立法技术的匡正

一、附加刑改革的基本思路

（一）没收财产刑的废止

如果本书第四章中关于死刑或无期徒刑附加的没收财产刑，以及对危害国家安全罪附加的没收财产刑均无存在的合理根据的话，那么这种附加适用就是一种重刑化的刑法立法。不管该种附加规定是不是立法者的有意为之，其都是对附加适用这一刑罚适用方式的不当规定，是一种立法技术的不当运用。因为，这样的附加刑适用规定方式超出了刑罚公正性的必要限度要求。换言之，法律文本要想准确反映立法者的立法理念，那么就需要采用一些技术性的规定方式，如果立法者规定没收财产刑并非是要实现重刑适用的目的，那么没收财产刑的附加适用规定并没有准确表明立法者的立法意图，没有划定附加适用的范围，是一种技术性的缺失。如果立法者本来就是要实现重刑适用的目的，由于这一适用方式的规定并不符合社会公众的正义直观，与其"常识、常情、常理"相违背。因此，这一规定方式本身即使准确反映了立法者的立法理

---

[1]　刑法设置法律拟制，形式上的理由是基于法律经济性的考虑，避免重复。参见张明楷："如何区分注意规定与法律拟制"，载《人民法院报》2006 年 1 月 11 日，第 B01 版。

念，也是一种表达不合理理念的技术运用，其自身的合理性也就存在疑问。那么，要使没收财产刑的适用符合轻刑化的历史发展趋势，合乎逻辑的必然结论就是废止这些情况之下的没收财产刑的附加适用。

与此同时，在废止这些情况之下的没收财产刑的附加适用之后，作为没收财产刑的规定，就剩下不多的可以与罚金刑进行择一选择的情况了，即对某些犯罪的比较重的罪刑阶段，有并处罚金或没收财产的选择；还有重罪的附加没收财产（法定最高刑未达无期以上）。例如，贪污或者受贿数额巨大，依法应判处 3 年以上 10 年以下有期徒刑，并处罚金或者没收财产。在这样的情况下，其实就是两种财产刑并存。如果说，两种财产刑有相互衔接或其他的互补关系的话，其并存是有必要的。例如，同是自由刑，我国规定了有期徒刑、无期徒刑、拘役和管制四种；同是财产刑日本规定了罚金与科料（在数额上衔接）；如果不存在这样的关系（我国的两种财产刑就不存在这样的关系），其是否有必要并存就实在值得研究。当然，这里也还存在一个保留一种财产刑的选择问题，即同是财产刑，是保留罚金而取消没收财产有利，还是保留没收财产而取消罚金科学？这也直接关系着没收财产刑的存在依据。我们认为，这个问题的解决只有在分析了两种财产刑的利弊之后才可以得出合理的结论。

1. 没收财产刑与罚金刑的利弊分析

如果我们坚持以下前提，即没收财产刑是刑事责任的实现方式之一；没收财产刑也有量的分割；没收财产刑也存在着与自由刑的量的对应关系，那么，没收财产刑的利与弊可以作以下概括：

其优点是：其一，对不同经济状况之人可以直接达到实质上的公正。在罚金刑的诸特征中，由于对不同经济状况的人在社会危害相同情况下判处相同数额的罚金，只是形式上的公正而存在着实质上的不公正,这是罚金刑的最大弊端。[1] 而没收财产刑正好可以弥补这个弊端。因为没收财产刑的数量是以全部或部分(也是全部的一定比例)为量的规定方式,而不是直接的与全部财产无比例关系的确定量的份额。因而,相同比例的没收财产,如个人财产的1/3或1/2,那么无论对何种经济状况的人,其受剥夺的感觉就具有一致性的一面。因为,财产状况不同的人其相同比例的绝对数额显然不同,但比例相同,也就具有一定的公正性。其二,执行没有困难。由于没收财产是对业已经查明的现有财产的没收,而不是不管其财产状况的一定具体数额,也就不存在执行不能的情况,只要司法机关采取相应的查封、扣押等措施,其执行就可以很顺利,这一点就不像罚金刑那样难以执行。[2] 其三,一般没有株连的可能性。因为其判处是在查明个人财产的基础上进行的,其执行也就不存在由于个人财产不足又不想被适用换刑处分而让他人代为缴纳的实质株连的情况。这样三个优点,又恰恰弥补了罚金刑的三大缺点。[3]

但是,没收财产刑在具有以上优点之同时,也具有缺点,即有实质不公正的一面。如果说,对财产状况不同的人判处相同比例的没收财产与判处相同数额的罚金相比,有其实质合理性的方面,但仍具有实质的不合理性的方面,这就是其判决的基础。对于生命刑、自由刑、资格刑来说,由于刑罚的剥夺内容具有人身专属性,因而不同人犯相同的罪,裁判相同的具有人身专属性的利益剥夺,就基本上是公正的(有不公正的一面,但相对小)。因而,其判决

---

〔1〕 何鹏主编:《现代日本刑法专题研究》,吉林大学出版社1994年版,第245页。

〔2〕 尤其在我国,罚金刑的判处根据并不以行为人的财产状况为内容,且多为并科罚金,又没有罚金刑的换刑措施,导致我国罚金刑执行难的状况已经相当严重。

〔3〕 何鹏主编:《现代日本刑法专题研究》,吉林大学出版社1994年版,第245~247页。

的基础就是不同人的相同性，基础同一，也就达到了平衡，受剥夺的感觉基本平衡。而没收财产则不同，财产是身外之物，不具有人身专属性，它不是天生平等的，不同的人其财产状况可以有天壤之别。因为每一个人的财产状况不同，财产的来源也不同。对于富有者来说，如果其财产是勤劳所得、智慧所致，对其剥夺包含着对其付出的否定；而对于一个贫穷者来说，若其微财是由于其不务正业、游手好闲所致，对其剥夺少的财产也无异于已包含了对其不正当行为的一种认同。而且，相同比例的没收财产，未必就会导致被剥夺感觉的平衡，如果一个拥有个人财产价值 1000 元的人和拥有个人财产价值 100 万元的人同时被判处 50%的没收财产（因罪行相同），前一个人的没收财产具体数额是 500 元，后一个是 50 万元，相差 1000 倍，其受剥夺的感觉根本不同。因为，这种受剥夺感不仅表现在给现实生活带来的困难，更表现在由于被剥夺之财产的支配权的丧失而带来的不自由，以及要补足该财产所要付出的神、力。而相同比例之具体数额的差别在后一方面的表现突出，其具体差别越大，这种受剥夺的感觉就越大，500 元的剥夺以其后一个月甚至不足一个月的简单劳动就可以获得，而 50 万元的剥夺若以简单劳动而论恐怕倾其一生的努力也难以补足。可见，这样的不平等性是没收财产刑所不可避免的，而这种不平等相对于罚金刑的不平等更加严重。当然，没收财产刑也可以通过具体数额的判处方法来实行，如判处 5000 元没收财产，而不是依据财产全额的比例。但这样一来，没收财产与罚金就只是名称不同而失去了实质的差别。

2. 补救的可能之分析

就没收财产刑来说，如果要补救其弊端，只能有两种选择：一种是放弃比例制，采取确定数额制，其结果是导致其与罚金刑一致；另一种是保留比例制，但对相同危害的行为，根据其财产状况的不同，判处不同比例的没收财产，但这样一来，其形式上的公正也就失去了，在没有形式公正的前提下，追求实质的公正是违反罪刑法定原则的，因为这种情况下司法的自由裁量必不可免，且无限扩大，法律的公正形式荡然无存。就罚金刑来说，如果要补救其弊端，这种做法已经被一些国家在立法上予以规定，"日额罚金制"[1]的思路就是有价值的。让罚金之日数与刑事责任的程度相适应，实现了立法的形式公正，让一日的罚金额与行为人的财产状况相适应，实现了立法的实质公正，至于一日数额的确定根据，则可以同时考虑前述两方面的被剥夺的感觉而综合确定。

从以上分析可以看出，如果在两种财产刑中作择一的选择，结论应该是比较清楚的。根据两者的利弊分析可知，罚金刑利大弊小，有补救可能，且补救措施容易操作；而没收财产刑则是利小弊大，补救困难。两者相较，如果在两种财产刑中择一种予以保留，其必然的结论是保留罚金刑，废止没收财产刑。在这个问题上，当前世界各国罚金刑的规定较为普遍，而没收财产刑的规定很少，就绝不是一种偶然，而是一种在罪刑法定原则的基本精神所要求之下的必然选择。因此，如果一种刑罚方法本身并没有存在的必要，却在立法中占有一隅，那么只能说是立法技术的问题，其没有考虑该种刑罚方法存在的合理性根据，那么该规定本身所反映的立法技术缺陷也就暴露无遗。

（二）罚金刑的改革方向

在没收财产刑与罚金刑二者择一的选择中，如果我们选择了废止没收财产刑而保留罚金刑，那么就涉及对罚金刑存在的弊端进行改革，避免罚金刑的不当适用导致的重刑问题，这也需要在技术规定层面作出一定的改变。

---

[1] 何鹏主编：《现代日本刑法专题研究》，吉林大学出版社 1994 年版，第 248～250 页。

1. 明确改革罚金刑的价值目标

改善中国的罚金刑，首先必须确定改革的目的与方向，即明确罚金刑的扩大、改善，主要是为了回避短期自由刑的弊害，扩大较轻刑罚的适用，还是为了弥补单科自由刑的刑罚量的不足？这个问题若从上一个层次的视角看，就是中国罚金刑的改革，是朝向刑罚的苛重化还是轻缓化发展的问题。如果不能明确改革罚金刑的价值目标，那么立法技术的中介桥梁功能的发挥将会有所偏差，反映到法律文本的制定所产生的问题也就成为必然。对于罚金刑的改革问题，虽然有人认为中国的刑罚还不够重，不足以应付目前犯罪率上升的局面，因而应该继续加重刑罚，但认为中国现在的刑罚偏重，应向轻缓的方向发展的观点已日渐有力。我们认为，无论是为了使中国的刑事法律与世界刑事法律的发展方向相适应，还是为了讲求刑罚的社会成本，中国的刑罚都须向轻缓的方向发展。当然，这并不意味着要盲目追求轻刑化，而是要符合中国的社会现实。

2. 罚金刑应以独立适用为原则

如果中国的罚金刑以向轻缓发展为目标而改革与扩大适用，就应以独立适用作为主要的适用方法。因为只有独立适用的扩大，才表明罚金刑作为轻刑在发挥应有的作用，若并科适用，则可能导致重刑化。为使罚金刑的独立适用成为可能，首先就应在立法上对罚金刑主要以选择刑的形式加以规定，即在现在立法的基础上，扩大罚金刑作为选择刑的范围，缩小其作为并科刑的范围。为了使罚金刑的正面作用得到充分发挥而抑制其负面效应，在适用对象上，对财产犯罪及一些利欲型犯罪规定罚金刑应当慎重。诚然，在有些情况下，依刑罚剥夺的利益与犯罪行为侵害的利益在形态上相同或相似，有利于刑罚的剥夺功能在实现刑罚目的中的意义，但这不是绝对的。更重要的是应该追求犯罪的侵害与刑罚的剥夺之间在价值方面的相互接近，这在一般情况下比形态上的相似更重要。因此，对财产犯等犯罪的处罚，未必非规定罚金刑不可。因为附加适用罚金刑时，如果准许超过责任的限度，只为预防目的而适用，有成为过剩刑罚之虞；若适用时不允许超过责任的限度，就立刻面临自由刑和罚金刑换算的复杂过程，难以大量适用；单独适用罚金刑则有可能助长犯罪者的投机心理。当然，我们并不主张对财产犯罪及其他利欲型犯罪完全不能适用罚金刑，只是不赞成普遍规定附加罚金刑的方式，即使规定并科，也应该以"可以并科"为原则，尽量避免"应当并科"的规定。

3. 以较轻犯罪作为主要适用对象

罚金刑若以单独适用为主，其主要的适用对象就应该是比较轻的犯罪。这既与罚金刑的轻刑地位相适应，也符合回避短期自由刑弊端的目的。由于在中国刑事立法上单独适用罚金刑的范围较窄，应该考虑对一些较轻犯罪增加选科罚金刑的规定。特别是一些过失犯罪和一些较轻的故意犯罪。一般说来，在这些犯罪中，行为人的主观恶性较小，有些社会危害性也不大，对这样的犯罪单独适用罚金刑，可以充分发挥罚金刑的优点。可以预见，随着中国的刑罚观的转变，必然导致短期自由刑的问题突出，对较轻犯罪单独适用罚金刑也会越来越引起人们的注意。在这个方面，可以借鉴外国的立法经验。

4. 修改罚金刑数额规定的基本思路

如前文所述，中国的罚金刑的数额规定是存在问题的。因此，要使中国的罚金刑真正达到立法的初衷，就需要进行修改。即使在立法上不可能短期修改，其基本的修改思路的研究也是有实际意义的。如果在坚持罪刑法定原则，以刑罚逐渐向轻缓化方向发展作为基本的前提，那么，罚金数额规定的修改就应该在以下几个方面予以考虑：

（1）维护罚金刑作为刑罚的性质。罚金刑是刑罚种类之一，这在一般意义上是不会出现疑问的，但由于罚金刑本身的特点，如不具有人身专属性、不具有人身拘束的性质、与人的财产状况相关等特点，以及罚金刑在立法规定上被作为附加刑，并以并科制作为主要的设定方式等，导致在罚金刑的实际适用上是否真的与其他刑罚具有相同的性质在实质上是存在疑问的。正是因为如此，强调罚金刑的刑罚性质就并非多此一举，而是具有现实意义。要维护罚金刑的刑罚性质，就要在立法上和司法上真正将其作为刑事责任的一种实现方式，而不是将其作为置于刑事责任之外的为了实现某种特殊的政策性目的而适用的犯罪对策。因此，以剥夺犯罪人的合法所得为内容，就是罚金刑本来的意义。否则，必然导致罚金刑的异化，而与罪刑法定原则发生冲突，造成刑法的重刑化。

（2）确定罚金刑与自由刑的比例。如果将罚金刑真正作为刑罚的一个种类，那么无论是罚金刑的并科还是单科、选科，都存在一个罚金刑与自由刑的比例问题。当然，首先应该明确，罚金刑作为刑罚的种类之一，它首先需要确定其实现刑事责任的数额标准，即各种程度的刑事责任怎样与不同的罚金刑数额相对应。因为罚金刑作为一种具有可分性的刑罚，也就与自由刑一样，存在着罪与刑的对应问题。但是，由于在刑罚规定中只规定罚金刑未规定自由刑的状况一般并不多见（在其他国家的刑法典中只规定罚金刑而不规定自由刑的犯罪不是普遍情况，[1] 只有在行政刑法中单独规定罚金刑的较多，但这样的行为在我国相当部分是根本不构成犯罪的，我国至今也没有行政刑法[2]），在我国根本就不存在，因此罚金刑均与自由刑并科或选科，这样一来，在确定罚金刑与刑事责任的对应

---

〔1〕　如《日本刑法典》中单处罚金的犯罪不足 10 个罪名。

〔2〕　在我国行政性的法规中，至今尚无直接规定完整的刑法规范的立法例。因而我们认为，我国至今尚无行政刑法。但我们认为，为了保持刑法典的稳定，行政刑法的规定是具有积极意义的。

关系时，就不可能不考虑罚金与自由刑的对应情况。例如，《刑法》第309条规定的扰乱法庭秩序罪的法定刑是3年以下有期徒刑、拘役、管制或者罚金，罚金刑在这里是选科刑，只能独立适用，那么这里就存在这样的问题：其罚金的数额在不同的事件中是否都相同？如果不同，其数额确定的根据是什么？在这里，罚金刑是与3年以下有期徒刑、拘役、管制相并列，并且是相对应的。如果说三种自由刑的关系是依次递减（在危害程度上）的话，罚金刑则不然。罚金刑列在管制之后，并不意味着其危害性程度不值得科处管制时，才可以判处罚金，而是设立了另一个制裁系列，即剥夺金钱与剥夺或限制自由并列。这样，根据行为的社会危害性程度，如果应判处自由刑时，在三种自由刑中进行选择，如果不必判处自由刑（不是危害程度低，而是根据预期，不关押也可以达到适用刑罚的目的时），就选择罚金刑的适用。这就涉及：如果判处自由刑与2年有期徒刑相当，与6个月拘役程度相当，或者与1年管制相当，在不同的情况下选择罚金，其罚金刑的数额应该是多少？显然，罚金数额的确定不应该是司法机关的任性，或完全只依赖于司法机关的裁量，根据罪刑法定原则的要求，应该在立法上设定这样的对应关系，以便利于司法。这样一来，立法上确定自由刑与罚金刑的比例就是不可避免的。在选科罚金时，应该确定在何种罪中可以选科罚金，即自由刑最高是多少时可以把罚金刑作为选择刑，那么罚金刑数额的规定限额也就应该与其比例关系相对应。因为，具有对应关系的刑罚才可以说是公正的。因此，自由刑与罚金刑之间的比例关系是必不可少的。同时，犯罪与刑罚的关系不是等量报复，不是把各种具体的损害（这种损害状态是多样的）直接与形态相同或相似的刑罚相对应，而是以国家的名义施用的等值的、理性的报应，因此刑罚种类的设定就不可能与犯罪之损害的样态直接对应。这种理性的、等值的报应就必然要求人的不同利益之间的量的对应关系，因此自由刑与罚金刑之间的对应，同作为对犯罪的责任实现方式就必须有换算的标准。只有这样，罚金刑才不至于成为司法者的任性。

（3）以限额制为罚金刑数额规定的主要方式。如果以上的分析能够成立，那么作为罚金刑数额的规定方式就应以限额制为主。其主要理由就是：无限额制不符合罪刑法定原则所要求的明确性；比例制难以明了罚金比例与刑事责任程度的关系。当然，在限额制罚金刑中，也存在一个重大的问题，即罚金刑本身所具有的不公正问题。罚金刑与自由刑不同，它不具有人身专属的性质，由于个人之间财产状况不同（有时这种不同是差异极大的），因此相同数额罚金对于财产状况不同的人来说其受剥夺程度的感觉是相当不同的。但这种不公正的解决，应该是在罚金刑制度设定上要解决的问题，而不能以比例制罚金解决。因为无论是何种犯罪，都难以确定其只能由特定的财产状况的人实施，因此比例制解决不了这个问题。

（4）对不同模式的罚金设定不同的数额。无论是选科罚金还是并科罚金，其均有减少自由刑的意义，因而也就具有了使刑罚走向轻缓的意义。由于罚金刑也是刑事责任的一种实现方式，因此选科罚金与并科罚金又有重要区别。选科罚金，是以罚金刑作为全部刑事责任的实现方式；并科罚金，是以罚金刑作为部分刑事责任的实现方式；这种不同性质也就导致了其对数额的要求不同或不完全相同。如果从可能的角度看，可以有三种可能：（就罚金刑与自由刑的关系来说）一是既可以选科也可以并科；二是只能选科；三是只能并科。如果是只能选科，罚金刑的量一般应该可以与自由刑的全部量或部分量[1]相对应。如果是可以并科，自由刑的最高限应该

---

　　[1]　在罚金只与部分自由刑之量相对应的情况下，该罪的严重程度就不能单独判处罚金刑。而这样的规定方法只有在罚金刑的立法规定与司法经验比较成熟的情况下才可以达到较好的效果。

与该罪可能出现的最大危害相适应，因为刑罚应该有最严厉处罚的规定，而可以并科意味着其最严重的危害与单科自由刑相对应；而罚金刑的数额则不可以与该罪的最严重的社会危害性程度相对应，因为在该种情况下，适用罚金刑，就意味着由自由刑和罚金刑分担该罪的刑事责任，罚金刑不能单处。这样，可以并科模式中的罚金刑的数额规定应该与选科制不同。〔1〕 在必须并科罚金刑的模式下，是该罪的所有情况下刑事责任必须由自由刑与罚金刑分担，不可能出现只由自由刑或罚金刑单独实现刑事责任的情况。在这种情况下，其自由刑的规定就应该比相同危害性而规定可以并科罚金时的要低，因为其不存在以自由刑独自实现刑事责任的情况。同时，在并科罚金时，无论是可并制还是必并制，都不存在以罚金刑作为刑事责任的全部实现方式的问题，那么，其罚金数额的确定还具有一个重要意义，即罚金刑在该罪中可以分担刑事责任的份额。如果高到可以承担全部数额，就是选择式；如果低到可以不科罚金，就是可并制，而不能由罚金刑或自由刑的任何一种作为唯一的刑事责任承担方式时，就自然是必并制。而在三种情况下，数额规定应该不同。同时根据罚金刑与自由刑的对应关系，不同的数额规定，意味着罚金刑可能的刑事责任实现方式之比例、程度的确定。这样的立法，也就可以为司法提供具有可操作性的罚金刑的科处方向。

总之，中国的罚金刑应该改革。改革的方向应该以刑罚的轻缓为目标，综合考虑我国刑事法律的特征，直面我国的现实问题，全面认识及研究外国的罚金刑并可参考外国的成功经验。

（三）修改资格刑的基本思路

如果说资格刑在刑罚体系中的设置是将其作为刑事责任的一种

---

〔1〕 在此情况下，罚金刑不可能成为该罪全部刑事责任的实现方式，只能成为部分刑事责任的实现方式，因而与可以作为全部刑事责任实现方式的选科罚金应该有区别。

实现方式，是为了顺应刑罚轻缓化的历史发展趋势和潮流，那么可以认为这种刑罚种类的存在本身是具有合理性的。但是，这只是解决了资格刑作为一种刑罚种类存在的正当化根据问题，并不能必然表明资格刑的内容设置就是合理和正当的，二者分别处于不同的层面。如果从立法技术角度进行考察的话，我国现行《刑法》规定的资格刑所存在的问题主要表现在两个方面：

第一，剥夺政治权利的附加适用。由于我国现行《刑法》中所规定的剥夺政治权利必然附加适用于死刑，如果从刑法功利性不能超出刑罚公正性的角度考虑，这种附加适用必然是一种刑罚的过度适用，导致刑罚的过剩。那么，要想从立法技术性的角度来解决这一问题，在我们看来，解决的方法显然是比较简便易行的，即废止这样的立法规定即可实现刑罚公正性的要求，不会导致剥夺政治权利附加适用于死刑所带来的重刑适用。

第二，剥夺政治权利内容规定的单一性和缺乏针对性。无论是从一般预防，还是从特殊预防的角度考虑，由于现行《刑法》规定的剥夺政治权利内容相当单一，仅仅规定了剥夺犯罪人的四种权利，且在适用时不具有可分性，这就造成剥夺政治权利的适用缺乏针对性，在适用时难以实现资格刑的设定目的，甚至导致因适用剥夺政治权利而带来的重刑化。那么，要想充分发挥资格刑应有的作用，在我们看来，就有必要对资格刑的内容进行重新设定，以使其内容符合现实需要，具有一定的针对性。《刑法修正案（八）》新增加的禁止令制度，以及国外的资格刑的设定方式对我国资格刑的设定可以说具有--定的启发和借鉴价值。

首先，我们看一下禁止令制度中对行为人所禁止的内容，《关于对判处管制、宣告缓刑的犯罪分子适用禁止令有关问题的规定（试行）》第3条规定，人民法院可以根据犯罪情况，禁止判处管制、宣告缓刑的犯罪分子在管制执行期间、缓刑考验期限内从事以下一项或者几项活动：①个人为进行违法犯罪活动而设立公司、企业、事业单位或者在设立公司、企业、事业单位后以实施犯罪为主要活动的，禁止设立公司、企业、事业单位；②实施证券犯罪、贷款犯罪、票据犯罪、信用卡犯罪等金融犯罪的，禁止从事证券交易、申领贷款、使用票据或者申领、使用信用卡等金融活动；③利用从事特定生产经营活动实施犯罪的，禁止从事相关生产经营活动；④附带民事赔偿义务未履行完毕，违法所得未追缴、退赔到位，或者罚金尚未足额缴纳的，禁止从事高消费活动；⑤其他确有必要禁止从事的活动。根据该规定可以看出，在禁止令的规定中包含有剥夺行为人从事特定职业资格的内容，其设定目的与资格刑在一定意义上不谋而合。正如有人认为的那样，"剥夺从事特定职业资格"以禁止令的面貌重新出现在刑法中，并且有所超越，虽然禁止令目前还不具有独立的地位，但是这至少表明立法者对资格刑有了较为积极的认识，今后将禁止令继续改造，演变为独立的、真正的资格刑似乎是可以考虑的立法方向。[1] 这从一个侧面反映了我国现有资格刑内容有待进一步丰富和完善的。

此外，从世界各国刑法典关于资格刑内容的规定来看，资格刑主要是剥夺如下一些资格：一是剥夺选举权和被选举权。剥夺犯罪人之选举权，是为了防止犯罪人行使选举权以影响选举之神圣，或对选举结果有不良影响。从世界各国刑法的规定来看，绝大多数的国家均把选举权与被选举权作为资格刑的内容之一。例如，《罗马尼亚刑法典》第 64 条将剥夺选举权或被选举权作为国家权力机关成员及担任政府机关或社会团体成员的权利作为禁止行使一定权利的内容之一。又如，《西班牙刑法典》中规定：处以完全褫夺权利之刑者在"服刑期间剥夺选举权及担任公职选举权"。二是剥夺担

---

〔1〕 李怀胜："禁止令的法律性质及其改革方向"，载《中国刑事法杂志》2011 年第 11 期，第 14 页。

任公职的权利。所谓公职就是与国家公共事务有关的职务。由于公职人员是代表国家行使权力，因此要求其具有较高的信誉、良好的素质，因而犯罪人不能够担任。故各国刑法大都规定剥夺担任公职为资格刑的内容。例如，《德意志联邦共和国刑法典》第45条（担任公职、选举及投票资格之丧失）第1项规定：因犯重罪被判处1年以上自由刑者，在5年期内，丧失担任公职和公开选举资格。又如，《意大利刑法典》第28条第2项规定：担任各种公职，从事各种非义务性公务及公共服务以及由此而取得准公务员身份之资格为褫夺公权的具体内容之一。三是剥夺从事一定职业的权利。所说的一定职业，一般是指从事各种特种职业，如医师、律师、司机等。例如，《意大利刑法典》第30条（褫夺营业权）规定：褫夺营业权，是指犯人在规定期间内，凡就经官署特许或就具备特种资格或应向官署具领执照之职业、工业、实业、商业、手工业，一律不得经营。上述特许资格及执照在该期间内丧失效力。四是撤职。撤职是撤销犯罪人担任的原职务。《苏俄刑法典》第31条规定了这种刑罚。几乎所有的苏联各加盟共和国的刑法典（乌克兰和爱沙尼亚的刑法典除外）都规定了这种刑罚。五是禁止驾驶。禁止驾驶就是剥夺驾驶车辆的权利。例如，《德意志联邦共和国刑法典》第44条第1款规定：犯罪发生于驾驶动力车辆之际或与之有关或由于违反驾驶人之义务，因而判处自由刑或罚金者，法院得禁止于街道驾驶一切或特定种类之车辆，其期间为1个月以上3个月以下。六是剥夺荣誉称号、军衔等。例如，《意大利刑法典》第28条中的无期褫夺公权中褫夺权利之第4项是"学位、荣誉、勋奖及其他公共之荣衔"；第6项是"因上列各项官职、公务、学位、资格、荣誉、勋奖、荣衔而取得之荣誉权利"；第7项是"将来取得或接受上列各项官职、公务、学位、资格、荣誉、勋奖、荣衔而取得之资格"。七是剥夺亲权及民事权利。例如，《瑞士刑法典》第53条（剥夺亲权及监护权）规定：因轻罪或重罪违背其为亲权人、监护权人及财产管理权人之义务，并因此受自由刑之宣告者，法官得褫夺其亲权、监护权或财产管理人之资格。有其他情形，法官认为犯重罪或轻罪之行为人，不适合执行亲权或担任监护人或财产管理人之职务时，应通知监护督导官署。

上述对国外立法关于资格刑内容规定的分析可以发现，资格刑内容的设置其实并不限于我国现行《刑法》所规定的剥夺政治权利涵盖的四种权利，其内容是相当丰富的，并且针对不同的行为人和不同的情况可以分别加以适用，从而能够更好地发挥资格刑在预防犯罪方面的作用，使行为人没有可能再次利用特定的资格实施相关的犯罪行为。同时，对于行为人根据情况剥夺不同的资格，具有一定的针对性，就可以避免剥夺其他不需要被剥夺的资格，避免刑罚的过剩，减少重刑适用的可能性。因此，从立法技术层面进行考量的话，我国现行《刑法》对资格刑的设置就应当在内容上予以丰富完善，并且在适用方式上具有针对性，唯有如此，才能真正发挥资格刑作为刑罚方法的功能和作用。

二、法定刑幅度的立法完善

（一）立法存在的问题

简要概括一下前文观点，关于法定刑幅度的规定，现行《刑法》主要存在以下三个方面的问题：

1. 部分罪名的法定最高刑过高

这一问题突出表现在死刑罪名的设置上，我国《刑法》现有四十余个死刑罪名，其中有些罪名判处死刑不以造成他人死亡为必要，此种规定有违罪刑均衡原则。因此，我们认为，对于未造成他人死亡的犯罪不宜设置死刑，尤其不宜设置绝对死刑。这是因为，设置绝对死刑使得法官在没有法定减轻情节（如自首）的情况下只能有一种选择，那就是对犯罪人判处死刑。事实上，立法设置绝对死刑不当地限制了法官的自由裁量权，使得一些虽然不具有法定减轻情节但具有法定从轻情节或者酌定从轻情节的犯罪行为最终被施以极刑，在一定意义上有违罪刑均衡原则的要求。不仅如此，立法设置绝对死刑还与《刑法》第48条关于死刑适用条件的规定相抵牾。根据《刑法》第48条的规定，死刑只适用于罪行极其严重的犯罪分子，对于那些未造成他人死亡且有从轻情节的犯罪行为难言罪行极其严重，对此种行为判处死刑显然属受刑人不能承受也不应承受之重。以劫持航空器罪为例，根据《刑法》第121条的规定，行为人以暴力、胁迫或者其他方法劫持航空器，致使航空器遭受严重破坏的处死刑，由此可见，我国现行《刑法》中存在未造成他人死亡的犯罪行为绝对被判处死刑的情况。[1] 基于此种认识，我们认为，在未致死他人的情况下规定绝对死刑有违罪刑均衡，此种法定最高刑的设置不当。

2. 部分罪名的法定最低刑过高

刑法中除存在法定最高刑规定过高外，还存在法定最低刑规定过高的问题。问题主要表现在拥有多罪刑阶段的罪名中，我国《刑法》规定的犯罪约有2/3设有两个或两个以上罪刑阶段，加之在设定不同罪刑阶段的法定刑时主要采用衔接方式的罪刑阶段规定模式，这就导致多罪刑阶段高阶段的法定最低刑偏高。在有两个以上罪刑阶段的犯罪中，最高罪刑阶段的法定最低刑为10年以上有期徒刑、无期徒刑或者死刑的各罪规定占分则各罪总量的相当大比例。

（二）立法完善建议

第一，根据行为的社会危害性合理确定法定刑幅度。建议根据

---

[1] 当然，这里的绝对被判处死刑在下述前提下才成立：①没有法定的减轻处罚情节；②未适用《刑法》第63条第2款关于减轻处罚的特殊规定，即"犯罪分子虽然不具有本法规定的减轻处罚情节，但是根据案件的特殊情况，经最高人民法院核准，也可以在法定刑以下判处刑罚"。

行为类型可能的社会危害性程度调整法定最高刑和最低刑，使法定刑幅度趋于合理，以实现罪刑相适应。刑法分则对各罪的规定实际上是对类型化行为的描述，由于分则各罪规定的是一类行为，因此个案具体行为的表现就必然具有个性化特征，不同案件中行为的社会危害性程度也就千差万别，只是不同案件中的核心行为具有一致性（这是将众多个性化行为归为一类的基础）。因此，在设定某一行为类型的法定刑幅度时，要充分考量行为可能具有的社会危害性程度，在基本确定了行为类型中各行为可能具有的社会危害性程度后，决定法定最低刑和法定最高刑的设置。如果法定刑幅度设置不合理则可能出现轻罪重罚或重罪轻罚的情况，这无疑是罪刑不均衡的体现。至于如何判断行为的社会危害性程度，应结合行为性质、行为对法益的侵害程度以及法益的重要性等因素综合确定。

第二，调整分则各罪的法定刑幅度，实现罪间法定刑规定的协调。《刑法》中除了部分罪名的法定最高刑、最低刑规定过高外，还存在罪间法定刑幅度不协调的问题。因此在确定各罪的法定刑幅度时不能孤立的就罪言罪，还应顾及罪间法定刑幅度的协调。建议在确定各罪法定刑幅度的时候要以各罪可能的社会危害性程度为基础并顾及罪间体系性的协调。

三、罪刑阶段立法模式的调整

（一）立法存在的问题

现行《刑法》关于罪刑阶段的立法设置存在的主要的问题是"罪"之规定与"刑"之规定立法设置不协调，具体表现为"罪"之列举式与"刑"之衔接式组合产生的弊端。

《刑法》中存在拥有多罪刑阶段的罪名，如《刑法》第232条故意杀人罪即是多罪刑阶段的适例。根据该条文的规定，故意杀人情节较轻的处3年以上10年以下有期徒刑，故意杀人的一般情形则处 10 年以上有期徒刑、无期徒刑或者死刑。可见故意杀人罪包括两个罪刑阶段，一个是基本罪刑阶段，另一个则是轻罪刑阶段，两个罪刑阶段的刑罚量相互衔接。通过考察我国刑法分则的具体规定，刑法中多罪刑阶段罪名的刑罚设置大多采用的是衔接式的立法规定模式。本书的第四章对衔接式已有所论及，通过分析我们发现，衔接式本身并不必然导致罪刑失衡。在加重或减轻罪刑阶段的"罪"之描述采用综合规定而非具体规定时，基本犯和加重、减轻犯的社会危害性程度一般不存在交叉的情形，而是各自处于不同的程度，在上述前提下对基本犯和加重、减轻犯规定相互衔接的刑罚幅度是能够保证罪刑均衡的。因此，问题并不在于"刑"之规定的衔接式本身，而是在于衔接式是否与"罪"之规定模式相协调。如果罪之规定采用具体的列举式而非概括的综合式，则会出现不同罪刑阶段之罪行社会危害性程度相当的情况，此时"刑"之规定如果采用衔接式则会导致罪刑不均衡。

兹举一例。《刑法》第 264 条盗窃罪有多个罪刑阶段，盗窃数额较大的处 3 年以下有期徒刑、拘役或者管制，并处或者单处罚金；盗窃数额巨大的处 3 年以上 10 年以下有期徒刑，并处罚金；数额特别巨大的处 10 年以上有期徒刑或者无期徒刑，并处罚金或者没收财产。由此可见，盗窃罪以数额的多寡为标准划分了三个罪刑阶段，盗窃数额较大、数额巨大和数额特别巨大分别对应不同的刑罚幅度，而这些刑罚幅度（就主刑而言）相互衔接。至于何为数额较大、巨大和特别巨大，刑法条文并无明确的量的规定，但由于较大、巨大和特别巨大从文字表述上以及一般人的理解上是相互接续的，一旦数额巨大的标准确定，数额较大和特别巨大的标准也旋即确定，即便数额较大、巨大和特别巨大是一个区间段而非一个具体的数额（如 5000 元），数额也是相对确定的。因此，盗窃罪的罪之描述对数额的规定是具体的，某一特定数额不能既是较大又是巨大而只能有一个具体确定的属性。问题在于，盗窃罪中的数额能够在多大程度反映盗窃行为的社会危害性程度？盗窃数额的多寡与盗窃行为的社会危害性大小是否绝对对应？盗窃数额是否为决定盗窃行为社会危害性大小的唯一因素？对后两个问题而言，答案显然是否定的。因为行为的社会危害性的大小由多种因素共同决定而非单一因素所能独自决定，只不过在众多因素中有一些处于优势地位，对行为社会危害性的影响更大些。一般认为，社会危害性的大小取决于被侵害的法益的价值、行为的危险性以及行为人主观的可谴责程度。盗窃罪中的数额直接反映了盗窃行为造成的财产损失，间接地反映了被侵害的法益的价值，〔1〕可见盗窃数额只与法益的价值有关，只是决定行为社会危害性的因素之一。假设盗窃数额是决定盗窃行为社会危害性的因素而且是唯一因素，那么以数额为标准划分盗窃罪的罪刑阶段，各罪刑阶段行为的社会危害性并不会存在交叉的情况，此种情形下，"刑"之规定采用衔接式是合理的。如果上述假设不成立，则"刑"之规定采用衔接式则会导致罪刑失衡。根据上文的分析，上述假设是不成立的，因此我国现行《刑法》对盗窃罪的规定存在罪刑失衡的危险。

由于我国多罪刑阶段罪名的"刑"之规定普遍采用衔接式，"罪"之规定采用具体列举规定的也为数众多，而"罪"之具体规定无法全面反映行为的社会危害性程度。因此，可以说我国《刑法》多罪刑阶段罪名大多存在罪刑失衡的危险。

---

〔1〕 需要指出的是，法益的价值不能等同于行为人造成的实际损害的价值，而是与对社会共同生活有影响的利益的价值有关。因此盗窃数额并不直接决定被侵害的法益的价值而只是犯罪结果，盗窃数额大并不当然意味着被侵害的法益的价值也大。参见［德］汉斯·海因里希·耶塞克、托马斯·魏根特：《德国刑法教科书》，徐久生译，中国法制出版社2001年版，第66页。

（二）立法完善建议

1. 罪之立法规定模式选择

建议根据各罪行为的类型化特点并结合司法实践经验对罪之规定的模式作出个别化选择。笔者认为，刑法分则各罪之规定究竟是采用概括的综合式（如情节严重）还是具体的列举式（如入户盗窃）没有必要也不能整齐划一，各罪应采用与其行为类型化特征一致的立法规定模式。至于特定罪名应采用何种罪之立法规定模式应以刑法理论为指导并结合具体的司法实践经验最终予以确定。

2. 刑之立法规定模式选择

刑之立法规定模式的选择需要根据罪之立法规定模式来确定，二者相协调才不会出现罪刑失衡。如前文所述，罪之立法规定模式主要有两种，[1] 即概括综合式和具体列举式；刑之立法规定模式主要有两种，即衔接式和交叉式。据此二者的搭配方式共有四种：一是综合式与衔接式组合；二是综合式与交叉式组合；三是列举式与衔接式组合；四是列举式与交叉式组合。前文对四种模式组合的利弊已有较为详细的分析，此不再赘述。通过比较分析，我们认为，综合式与衔接式的组合、列举式与交叉式的组合这两种组合方式利大于弊，分则各罪的立法应采取上述两种组合方式之一。申言之，如果罪之规定采综合式，则刑之规定应采衔接式；如果罪之规定采列举式，则刑之规定应采交叉式。如此，才能从立法上避免刑罚趋重的倾向，为法官能充分考虑案件事实所具有的各种情节提供空间，从而使得裁判结果能够符合社会公众的一般正义观念。

---

　　〔1〕　罪之立法规定模式还可能存在具体列举式与概括综合式的混合模式，本书认为混合模式下刑之立法规定模式宜采用交叉式。因为罪之具体列举式如果不与刑之交叉式组合会存在罪刑不均衡的危险，而此种危险又无法通过法官行使自由裁量权予以化解；罪之概括综合式与刑之交叉式相结合虽然也存在罪刑不均衡的危险，但法官可以通过正确行使自由裁量权来规避此种风险。因此在权衡利弊之后，在罪之规定采用混合模式的场合，刑之规定宜采用交叉式。